성공적인
은퇴를 위한 **생애 설계**

경력 / 변화 / 네트워크 관리

성공적인
은퇴를 위한
생애설계
경력 / 변화 / 네트워크 관리

━━

초판발행: 2017년 7월 25일

2쇄 발행: 2018년 6월 20일

저자: 한국표준협회 은퇴연구회

펴낸이: 박 용 | 펴낸곳: (주)박문각출판

표지디자인: 이옥진

디자인: 강현화·이현숙

등록: 2015년 4월 29일 제2015-000104호

주소: 06654 서울시 서초구 효령로 283 서경B/D

전화: (02)3489-9400

홈페이지: www.pmg.co.kr

정가 15,000원

ISBN 979-11-6151-145-0 / ISBN 979-11-6151-147-4(Set)

성공적인 은퇴를 위한 생애설계

경력 / 변화 / 네트워크 관리

행복한 제2의 삶을 위한
은퇴 대비 지침서

한국표준협회 은퇴연구회

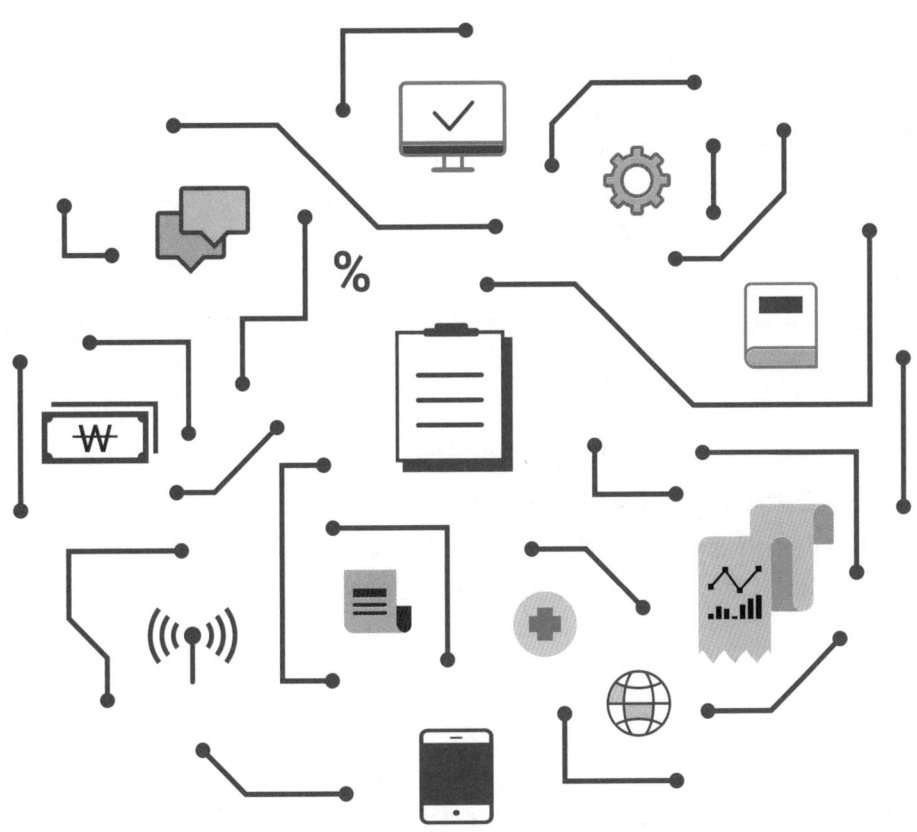

점점 빨라지는 은퇴, 준비하고 계신가요?

머리말

정상을 향하여 땀 흘리며 걷는 산행 길은 마치 세상을 살아가는 인생길과 같다는 생각이 듭니다. 물론 인생이라는 산은 아무런 준비를 갖추지 않고도 가볍게 오를 수 있는 동네 뒷산이 아닌 높고 큰 산입니다. 동네 뒷산이라면 운동화만 신고도 가볍게 오를 수 있지만 설악산이나 지리산 같은 큰 산을 오르면서 장비를 갖추지 않고 도전을 했다가는 큰 낭패를 보게 됩니다.

지혜로운 사람은 산에 오르기 전부터 미리미리 준비합니다. 산에 오를 수 있는 체력을 비축하고, 코스에 대한 정보를 파악하고, 등산에 필요한 물자와 산행의 조력자 등을 철저하게 갖추는 절차를 밟습니다. 반면 이러한 준비 없이 무작정 산에 오르는 사람들은 혹여나 있을지도 모르는 위험한 상황에서 아무런 행동을 할 수 없습니다. 실제로 산에서 사고를 당하는 대부분의 경우가 무모한 산행이 원인입니다.

이처럼 단시일의 산행에도 철저한 계획과 준비가 필요한데, 한평생을 사는 인생길에 목표와 계획, 그리고 철저한 준비가 없으면 어떻게 될까요? 상상만 해도 끔찍한 일입니다.

최근 '백세 시대', '반퇴 시대'라는 말을 많이 듣습니다. 이는 의학기술의 발달로 인간 수명이 연장되었다는 긍정적인 면과 함께 퇴직과 은퇴 이후의 삶을 미리 준비해 둬야 한다는 의미도 담고 있습니다. 따라서 지금은 은퇴 이후에 대한 체계적인 준비가 필요한 시점입니다. 이에 본서에서는 퇴직, 은퇴 후의 삶을 설계하고 준비하는 데 필요한 역량 중 경력, 변화, 네크워크 관리에 대해 정리하였습니다.

첫째는 경력 관리입니다.
노년에 아무것도 하는 일 없이 놀고 먹는 것, 그리고 한가로운 것은 감내하기 힘든 고통입니다. 현직에 있을 때 철저한 경력 관리를 통해 퇴직 후에도 할 수 있는 일을 만들어야 합니다. 은퇴 이후 30~40년을 놀고 먹기에는 100세 시대의 남은 시간은 너무도 길기 때문입니다.

둘째는 변화 관리입니다.

최근 들어 인공지능(AI), 사물인터넷(IoT), 빅데이터, 로봇 등 4차 산업혁명 시대가 도래했다는 이야기를 많이 듣게 됩니다. 앞선 시대에서는 오랜 기간에 걸쳐 지식과 정보가 쌓여져 온 것과 달리 현재는 며칠 만에도 수많은 정보와 지식이 탄생합니다. 따라서 퇴직, 은퇴 후의 삶을 대비하기 위한 역량 개발도 이러한 변화 트렌드에 맞게 준비해야 합니다.

셋째는 네트워크 관리입니다.

지금을 '우(友)테크의 시대'라고 합니다. 우리는 지금껏 앞만 보고 달려오느라 친구 사귀는 법을 등한시해 온 경향이 있습니다. 그러나 친구가 많은 사람이 그렇지 않은 사람보다 건강하고 오래 살 수 있다는 연구 결과도 있습니다. 믿고 의지할 친구가 많다는 것은 든든한 패를 쥔 것이고, 이를 통해 은퇴 이후 삶을 행복하게 꾸려갈 수 있습니다.

산은 오르는 것이 끝이 아니라 내려오는 일이 남아 있습니다. 인생의 하산 길 역시 산을 오를 때처럼 어렵고 힘든 일이 많습니다. 퇴직 후의 창업 실패, 금융사기, 중대 질병, 황혼이혼, 성인 미혼 자녀와의 동거 등 노후 준비는커녕 인생의 후반전에 태클을 거는 위험 요소들이 산재해 있기 때문입니다. 특히 직장인의 경우 평생직장이 보장되지 않고, 조기 퇴직과 명예퇴직이 일반화돼 있어 인생의 후반전을 준비하는 것이 쉽지 않습니다.

그럼에도 우리가 틈틈이 인생의 후반전을 준비해야 하는 것은 장수(長壽), 즉 오래 사는 것이 축복이 되어야 하기 때문입니다. 노후가 잘 준비된 사람에게는 장수가 축복이 되지만 노후 준비가 잘돼 있지 않은 사람에게 장수는 고통이 될 확률이 높기 때문입니다.

본서가 은퇴 이후의 삶을 준비하는 분들, 은퇴 이후의 삶을 맞고 계신 분들 모두에게 있어 행복한 인생의 후반전을 설계하는 데 많은 도움이 되었으면 합니다.

한국표준협회 은퇴연구회

이 책의 활용법

01. 학습목표/학습열기

본격적인 학습을 시작하기 전에 각 장에서 담고 있는 핵심 내용과 그 단원의 학습 목표를 압축시켜 담은 부분입니다. 명확히 제시된 학습목표를 통해 학습 동기 부여를 할 수 있으며, 학습열기를 통해 학습할 내용의 핵심을 파악할 수 있습니다.

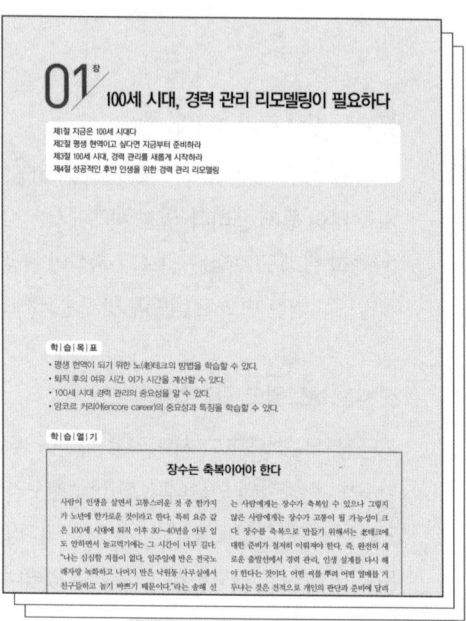

02. 이론학습

생애설계 가운데 경력, 변화, 네트워크 관리와 관련된 심도 있는 이론들을 담았습니다. 경력 관리 부분에서는 ▷100세 시대 은퇴 이후의 삶을 준비하는 이유 ▷재취업을 위한 전략 ▷창업과 귀농 방법 ▷경력 관리를 해 나가면서 갖춰야 할 자질 등을 다뤘습니다. 변화 관리 부분에서는 ▷4차 산업혁명으로 대표되는 미래의 변화에 대응하는 전략 ▷나의 현재 생활에 대한 진단과 분석 ▷성공적 후반 인생과 전직을 위한 변화 관리 등을 담았습니다. 네트워크 관리 부분에서는 ▷타인과의 관계 정립 방법 ▷퇴직 후 행복한 가족 관계 등 휴먼 네트워크의 중요성에 대해 다뤘습니다.

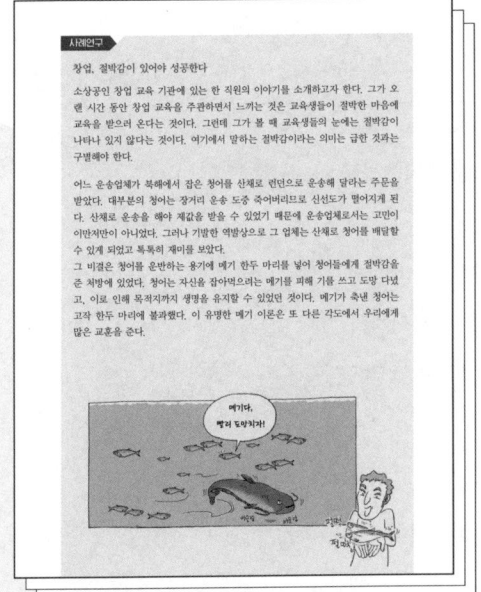

03. 사례연구

사례연구는 학습자들이 습득한 이론과 관련된 사례 및 교육적 시사점을 제시하는 부분으로, 학습자들이 앞에서 배운 이론을 보다 쉽게 이해하는 데 도움을 주는 역할을 하는 부분입니다. 본서에서는 경력 관리 사례, 은퇴 후 창업 사례, 성공과 관련된 유명인들의 사례 등을 다양하게 실어 '은퇴 이후의 삶'을 준비하는 것이 왜, 그리고 얼마나 중요한지를 보다 쉽게 이해하도록 제시하였습니다.

04. Worksheet와 자가진단/체크리스트

Worksheet는 학습자들이 습득한 이론을 바탕으로 문제를 풀어 보면서 실력을 점검할 수 있도록 하는 역할을 합니다. 학습자들은 앞에서 습득한 이론과 사례를 토대로 문제를 풀면서 학습 능력을 판단해 볼 수 있습니다.

또 이론의 내용을 바탕으로 한 자가진단과 체크리스트는 학습 내용을 토대로 자신의 상황을 판단하는 진단지입니다. 자신의 상황, 능력, 하고 있는 노력과 의지 등을 점검해 봄으로써 자신에 대해 정확한 평가를 내리고 이를 통해 장점은 개발하고 단점은 개선하고자 하는 의지를 키울 수 있습니다.

이 책의 차례

이 책의 차례

점점 빨라지는 은퇴, 준비하고 계신가요?

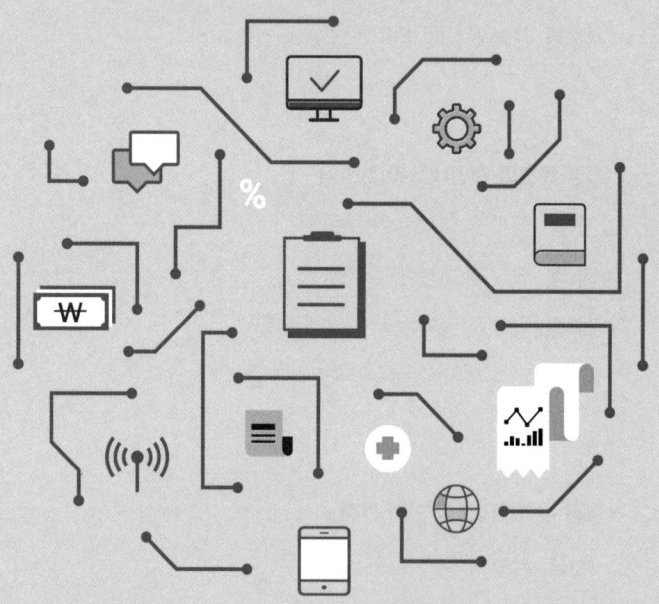

PART 1

경력 관리

01^장 100세 시대, 경력 관리 리모델링이 필요하다

학|습|목|표

• 평생 현역이 되기 위한 노(老)테크의 방법을 학습할 수 있다.
• 퇴직 후의 여유 시간, 여가 시간을 계산할 수 있다.
• 100세 시대 경력 관리의 중요성을 알 수 있다.
• 앙코르 커리어(encore career)의 중요성과 특징을 학습할 수 있다.

학|습|열|기

장수는 축복이어야 한다

사람이 인생을 살면서 고통스러운 것 중 한가지가 노년에 한가로운 것이라고 한다. 특히 요즘 같은 100세 시대에 퇴직 이후 30~40년을 아무 일도 안 하면서 놀고먹기에는 그 시간이 너무 길다. "나는 심심할 겨를이 없다. 일주일에 반은 전국노래자랑 녹화하고 나머지 반은 낙원동 사무실에서 친구들하고 놀기 바쁘기 때문이다."라는 송해 선생의 말이 새삼 가슴에 와닿는다.

장수는 축복인가, 저주인가? 노후가 잘 준비돼 있는 사람에게는 장수가 축복일 수 있으나 그렇지 않은 사람에게는 장수가 고통이 될 가능성이 크다. 장수를 축복으로 만들기 위해서는 老테크에 대한 준비가 철저히 이뤄져야 한다. 즉, 완전히 새로운 출발선에서 경력 관리, 인생 설계를 다시 해야 한다는 것이다. 어떤 씨를 뿌려 어떤 열매를 거두냐는 것은 전적으로 개인의 판단과 준비에 달려 있다. 다시 말해 老테크의 핵심은 철저한 준비와 경력 관리에 있다는 점을 명심해야 한다.

제 ❶ 절 지금은 100세 시대다

01 ㅣ 장수는 축복이어야 한다.

지금은 100세 시대. 어느 순간 '100세 시대'라는 말이 자주 들리고 자연스럽게 쓰이고 있다. 과학과 의료 기술의 눈부신 발전으로 인류는 100세 시대를 열었다. 2016년에 발표된 유엔미래보고서에 의하면 2030년에는 '평균 수명 130세 시대'가 열린다고 한다.

우리나라만 하더라도 1970년의 기대 수명은 62세였지만, 2016년에는 85.5세로 20세 이상 급격히 늘었다. 과학계와 의료계에서는 조만간 기대 수명이 120세인 알파 에이지 시대가 도래할 것이라고 예측하고 있다. 이는 평균 수명이 늘어나면서 30~40대에 큰 질병이나 사고가 없으면 웬만하면 100세까지는 무난하게 산다는 얘기다.

오래 사는 것, 즉 장수는 축복인가, 저주인가? 당연히 장수는 축복이어야 한다. 노후가 잘 준비된 사람에게는 장수가 축복이 된다. 하지만 노후 준비가 잘돼 있지 않은 사람에게는 오래 사는 것이 고통이 될 가능성이 높다. 고령화가 급속히 진행되면서 직장인들은 55세~60세인 정년 이후에도 40년은 더 살아야 한다. 우리 일생을 전체적으로 볼 때 태어나면서부터 30년을 공부하는 기간이라고 한다면 그 이후의 30년간은 직장 생활을 하면서 보내게 되는 기간이라 할 수 있다. 그러나 이 기간 동안 열심히 벌고 열심히 모아도 은퇴 이후 30년~40년의 노후를 준비, 대비한다는 것은 결코 쉬운 일이 아니다. 더욱이 최근의 현실은 30년 동안 직장 생활을 유지해 나가는 것조차 어렵게 되었다.

장기간 이어지는 경제 불황으로 최근 우리나라의 주요 산업인 조선·철강을 비롯한 많은 기업에서 근로자 조기 퇴직이 이어지고 있는데, 이는 앞으로 닥칠 퇴직 쓰나미의 예고편에 불과하다고 할 수 있다. 예컨대 1955~63년생인 1차 베이비붐 세대(약 710만 명)의 퇴직 쇼크가 가시기도 전에, 2차 베이비붐 세대(1968~74년생, 약 540만 명)의 퇴직이 바로 이어지기 때문이다. 또 그 뒤엔 1차 베이비부머의 자녀인 에코 베이비붐 세대(1979~85년생, 약 540만 명)가 기다리고 있다. 이는 곧 1955~85년생의 퇴직이 30년 동안 숨 돌릴 틈 없이 이어진다는 이야기다.

최근 직장 생활은 30년이 아닌, 보통 10년에서 20년 이내로 진행된다. 특히 대기업일수록 평균 근속 연수는 10년 내외다. 최근에는 한 대기업이 경영 악화를 이유로 이제 갓 입사한 신입 사원에까지 퇴사를 종용하면서 사회적 이슈가 되기도 했다. 그러나 기업의 조기 퇴직은 앞으로 일반화될 것이다. 취업을 위한 스펙을 만들겠다고 들인 투자 비용을 회수하지도 못한 채 퇴장하는 것이다. 그래서 많은 직장인들이 경제적인 이유 등으로 퇴직이나 은퇴 후에도 계속해서 일을 할 수밖에 없다. '퇴직은 있어도 은퇴는 없다'는 평생 현역 바람이 불고 있는 이유이기도 하다.

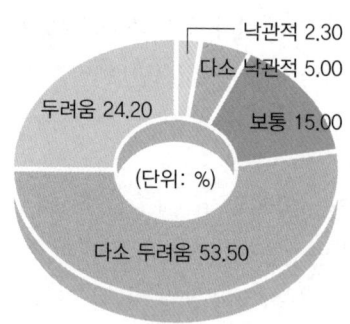

자료: 행복가정경제연구소
(2014년 6월~2015년 9월, 대기업 임직원 2001명 대상)

[퇴직 후 삶에 대한 생각]

02 ｜ 직장인, 노후 준비 못한다.

"노후 준비는 잘돼 있습니까?"라는 질문은 죽을 때까지 살아갈 수 있는 경제력이 갖춰져 있는지 묻는 말이다. 그러나 56세까지 일하면 도둑이라는 '오륙도', 45세에 정년퇴직한다는 '사오정', 38세에 퇴직이라는 '삼팔선'이라는 말이 있을 정도로 예고 없이 빠르게 찾아오는 퇴직은 노후 준비를 방해한다.

여기에 높은 물가에 따른 생활비 부담, 주택 마련, 부모님 봉양, 자녀 부양과 교육비 그리고 자녀들의 결혼 자금 등의 무게도 더해진다. 특히 우리나라에서는 자녀에게 투자되는 과도한 교육비가 노후 준비를 위협하는 큰 요인 중 하나다. 실제로 자녀들 스펙 만들기(스펙 7~8종 세트)에 투입되는 돈이 최저 3억 원 이상이라는 보건복지부의 조사 결과도 있다.

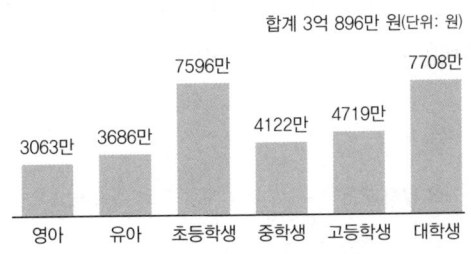

합계 3억 896만 원(단위: 원)

자료: 보건복지부(2012년)

[대학 졸업까지 자녀 1명당 양육비]

그러나 자녀들 스펙 만들기에 투자한 돈을 회수하기도 힘든 취약한 사회 시스템은 문제를 더욱 어렵게 하고 있다. 자녀들이 대학을 졸업한 뒤에도 취업을 못하는 것은 물론 취업을 해도 비정규직이나 저연봉 일자리에 취직하는 경우가 많아 부모에 대한 의존이 계속되기 때문이다.

● 독립하지 못하고 부모에 기대 사는 자녀들을 일컫는 신조어는?

캥거루족	경제적·정신적으로 자립심이 부족해 부모에게 계속 의존하려는 젊은 세대
빨대족	30대 이후에도 부모의 노후 자금에 빨대를 꽂아 제 돈처럼 사용하는 자녀들을 비꼬아 일컫는 말
자라족	위기 시 목을 등껍질에 감추는 자라처럼 어떤 문제가 생기면 부모라는 방어막 뒤로 숨는 사람들을 이르는 말
연어족	부모로부터 독립했다가 경기 불황 등으로 인한 생활고로 다시 집으로 복귀하는 젊은 직장인들을 이르는 말
리터루족	독립했지만 높은 전세가와 육아 문제 등으로 부모의 곁으로 다시 돌아가는 사람 또는 그런 무리

미래에셋 은퇴연구소에 의하면 인생 후반을 좌우하는 5대 리스크로는 ① 은퇴 창업 실패 ② 금융 사기 ③ 중대 질병 ④ 황혼이혼 ⑤ 성인 미혼 자녀와의 동거가 있다. 이처럼 노후 준비는커녕 인생의 후반전에 태클을 거는 위험 요소는 산적해 있다.

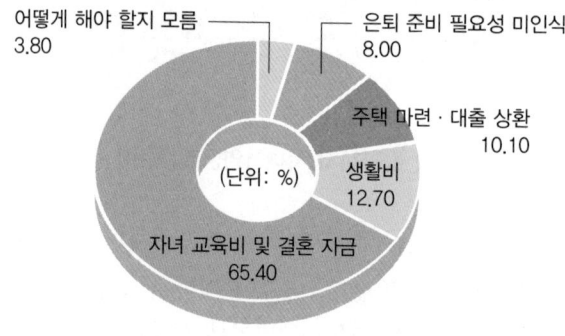

어떻게 해야 할지 모름
3.80

은퇴 준비 필요성 미인식
8.00

주택 마련 · 대출 상환
10.10

생활비
12.70

(단위: %)

자녀 교육비 및 결혼 자금
65.40

자료: 행복가정경제연구소
(2014년 6월~2015년 9월, 대기업 임직원 2001명 대상)

[노후 준비를 충분히 하지 못한 이유]

제 ❷ 절 평생 현역이고 싶다면 지금부터 준비하라

01 ｜ 놀고먹기에는 시간이 너무 길다.

필자는 바쁠 때 택시를 자주 이용하는데, 그러다 보니 회사 택시를 운전하는 60대의 기사들을 자주 만나게 된다. 그들의 얘기를 듣다 보면 대부분이 퇴직 후 2~3년을 하는 일 없이 보냈다고 한다. 친구들과 만나면 술 마시는 일밖에 없었고 그러다 보니 건강만 나빠지더라는 것이다. 그들이 이구동성으로 하는 소리는 '노는 기술이 없으니까 노는 것도 쉽지 않더라'는 것이었다.

사람이 살면서 고통스러운 것이 네 가지가 있다고 한다. 첫 번째는 고생스러운 것이고, 두 번째는 다른 사람들의 냉대이며, 세 번째는 고민하는 것이고, 네 번째는 노년에 한가로운 것이다. 특히 100세 시대를 앞두고 있는 지금 30~40년을 놀고먹기에는 그 시간이 너무 길다.

우리나라 사람들처럼 은퇴 이후의 삶에 대해 막연하게 대처하는 나라는 드물다고 한다. 은퇴 후 마음대로 사용할 수 있는 가용 시간은 11만 시간에 이르는데, 이는 30년 동안 직장에서 근무한 시간과 비슷하다고 한다. 그러나 대부분은 이 시간을 TV 보는 데 쓰고 있어 가용 시간을 생산적인 시간으로 활용해야 한다는 지적이 많다.

실제로 통계청의 '2014년 생활 시간 조사'에 따르면 60세에 은퇴한 뒤 기대 여명인 25년간의 시간은 약 22만 시간이다. 여기에 수면·식사 등 일상생활에 꼭 필요한 필수 시간과 질병 등으로 일상생활이 불가능한 와병 시간을 제외하면 가용 시간은 11만 시간이라고 한다. 이는 우리나라 근로자의 연간 근무 시간(2163시간)의 50배에 달한다. 그러나 대부분의 은퇴자가 이 11만 시간의 대부분을 TV를 보거나, 아무것도 하지 않고 쉬는 등 소극적 여가에 할애한다고 한다. 특히 은퇴 후

TV 시청 시간은 3만 3200시간으로, 총 가용 시간의 3분의 1에 달하는 것으로 나타났다. 이는 운동이나 봉사 활동, 학습 같은 적극적 여가(3만 633시간)를 모두 합친 것보다도 많은 수준이다.

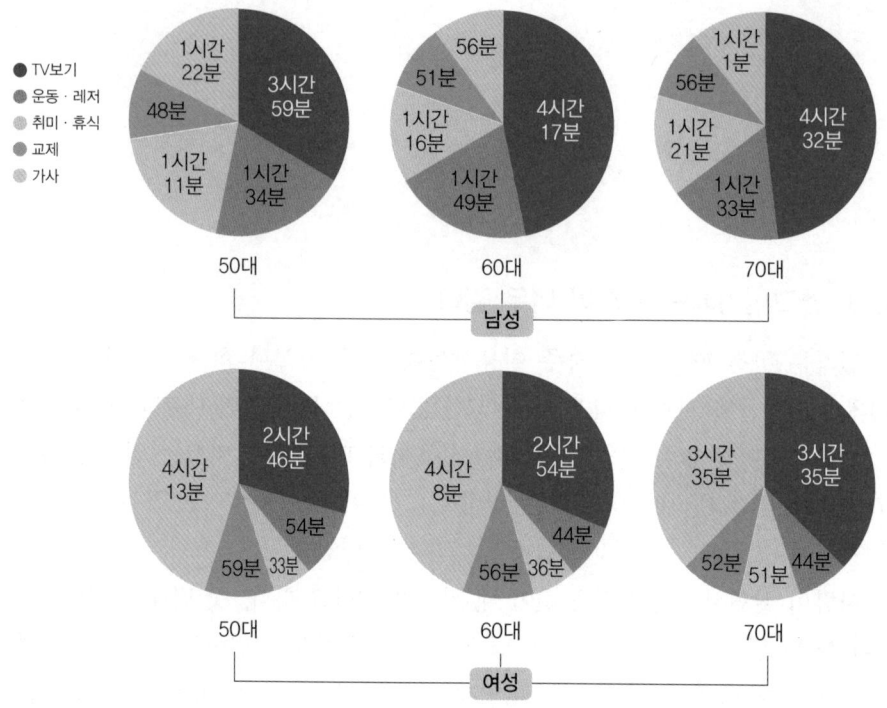

자료: 삼성생명 은퇴연구소(2012년)

[남녀 은퇴자들의 하루]

방송에서 어떤 MC가 전국노래자랑을 30년 가까이 진행하고 있는 송해 선생에게 "선생님은 연세가 아흔(1927년생)이신 데 건강 비결이 무엇입니까?"라는 질문을 던졌다. 필자가 생각하기에 MC의 질문 의도는 송해 선생이 술도 많이 마시고, 배도 엄청 나왔고, 얼굴색이 어두운데도 불구하고 어떻게 장수할 수 있는지 그 비결을 물어보는 것 같았다. MC의 이러한 질문에 송해 선생의 대답이 우문우답(愚問愚答)이었다.

"사람이 왜 죽는 줄 아는가? 사람은 심심해서 죽는다. 그런데 나는 심심할 겨를이 없다. 일주일에 반은 전국노래자랑 녹화하고 나머지 반은 낙원동 사무실에서 친구들하고 놀기 바쁘기 때문이다." 송해 선생님의 말씀인 즉 바빠서 죽을 시간이 없다는 뜻이었다.

청춘이란 인생의 어떤 시기를 말하는 것이 아니라 마음의 상태를 말한다. 다시 말하면 80, 90세의 노인에게도 일이 있고 열정이 있다면 그 마음은 청춘이라는 것이다. 흔히 은퇴 후 30년 시기를 핫 에이지(hot age)라고 한다. 말 그대로 열정을 가지고 또 다른 인생을 사는 시기라는 말이다. 사람은 나이를 먹어서 열정이 사라지고 할 일이 없어지면 그때부터 늙기 시작한다고 한다. 특히 마음이 가장 먼저 늙는다고 한다. 따라서 은퇴 후에도 또 다른 인생을 개척하려는 노력이 필요하다. 이는 재테크보다 훨씬 나은 자산이 될 수 있다. 즉, 재테크가 아닌 노(老)테크를 준비해야 한다. 이러한 노력과 준비된 자에게만 핫 에이지가 오는 것이다.

02 ㅣ 평생 현역이려면 노(老)테크를 잘해야 한다.

노년에 할 일 없이 놀고먹는 것은 감내하기 힘든 고통이다. 10~11만 시간의 가용 시간을 어떻게 활용하느냐에 따라 은퇴 후의 삶이 여생(餘生: 나머지, 덤 인생)이 되느냐, 여생(麗生: 화려한 인생)이 되느냐로 갈려지게 된다. 노(老)테크를 잘하면 평생 현역으로 살 수 있는 것은 물론 더 화려한 인생을 만들 수 있다.

필자가 알고 있는 사람들 중에 취미 생활을 퇴직 후의 일로 연결한 사람들이 많이 있다. 이들은 직장 생활을 하면서 자기가 좋아하는 일을 찾아낸 사람들이다. 여러분도 그것을 찾아내라. 그리고 그냥 즐기는 수준을 넘어 죽기 살기로 파고들어라. 예컨대 글쓰기, 분재, 사진 촬영, 수공예, 집수리, 집짓기 등 취미 활동을 선택한다. 그리고 매주 토요일이나 일요일 중에 하루를 선택해 4시간만 꾸준히 투자해라. 그렇게 5년을 투자하면 전문가가 되고 10년을 계속하면 프로가 될 수 있다. 그러면 조기 퇴직의 공포를 떨쳐낼 수 있고 더 나아가 전직을 할 수 있는 용기도 생기며 평생 현역이 될 수 있는 기반도 마련될 수 있다.

'교통비가 없어 모임에 못 나간다', '축의금·부의금이 없어서 경조사에 참석을 못한다'는 이야기를 한 번쯤 들어봤을 것이다. 필자는 이처럼 말로만 듣던 이야기를 가까운 친구를 통해 직접 목격한 적이 있다. 필자는 그 친구를 어느 상갓집에서 아주 오랜만에 만나 소주 한잔 기울이면서 이런저런 얘기를 듣게 되었다. 그 친구는 2008년 금융위기 때 구조조정을 당해 원치 않던 퇴직을 하게 되었다고 한다. 때문에 어쩔 수 없이 자영업 전선에 뛰어들었는데 식당·노래방·프랜차이즈 술집 등 하는 족족 모두 망했다고 했다. 좋지 않은 결과가 계속되니 집에서는 아무 것도 하지 말 것을 권했고, 그때부터 친구는 모든 관계를 끊고 두문불출했다고 한다. 당연히 친구들 만나는 것은 물론 경조사 참석도 하지 않았다.

그러다가 지금은 편의점의 현금 수송 차량을 운전하고 있다고 했다. 한 달에 250만 원 정도를 벌고 있는데, 차량 수리비(50만 원)와 차량 감가상각비(50만 원)를 제외하면 150만 원을 버는 셈이라고 했다. 그렇게 번 150만 원 가운데 100만 원은 집사람에게 송금하고 나머지 50만 원은 비자금으로 모으고 있다면서 지금의 생활이 너무 행복하다고 했다. 그러나 친구의 행복한 이유를 들은 나는 웃어야 할지, 울어야 할지 잠시 난감해졌다. 친구는 집사람을 안 봐서 좋고(지방에서 근무하기 때문에 한 달에 한 번 집에 간다고 한다), 아내에게 돈 달라는 소리를 안하게 됐으며 가계에도 보탬이 되는 것은 물론 무엇보다 정년이 없어 좋다고 했다. 그러면서 75세까지 일하기 위한 체력 관리를 위해 퇴근 이후에는 열심히 운동을 하고 있다고 했다.

필자의 선배 중 한 명은 난과 분재에 대해 열심히 공부했다. 그러다가 경기도 연천의 민통선 가까이에 500평의 땅을 아주 싸게 매입했다. 그리고 분재 농장이라는 간판을 걸고 주말에는 농장에서 난과 분재를 가꾸곤 했다. 그러던 2008년 금융위기 때 선배는 다니던 회사에서 명퇴 권고를 받고 퇴직을 했다. 이후 선배는 명퇴 위로금을 농장에 투자해 본격적으로 농장을 경영하게 되었다. 그 결과는 다행히도 좋았고, 현재 선배는 고소득을 거두면서 여유롭게 살고 있다. 또 한 대기업에서 근무했던 선배 한 명은 마음 맞는 친구들과 공동으로 오피스텔 한 채를 매입하고 일주일에 하루를 투자해 경매 공부를 하고 있다고 한다. 친구들과 만나 취미 활동은 물론 경매 실전도 하면서 바쁘게 지내다 보니 지금이 살아온 인생 중 가장 행복한 시기인 것 같다고 했다.

고령화 사회, 장수는 당연히 축복이어야 한다. 오래 사는 축복을 누리기 위해서는 老테크에 대한 준비를 철저히 해야 한다. 완전히 새로운 출발선에서 경력 관리, 인생 설계를 다시 해야 하는 것이다. 어떤 씨를 뿌려 어떤 열매를 거두냐는 것은 전적으로 개인의 판단과 준비에 달려 있다.

제 **3** 절 100세 시대, 경력 관리를 새롭게 시작하라

01 ㅣ 직장인의 행복과 즐거움을 알아야 한다.

직장인의 최고 관심사는 무엇일까? 필자가 강의를 시작하기에 앞서 교육생들에게 가장 듣고 싶은 이야기가 무엇이냐고 질문하면, 대다수의 사람이 재테크에 대한 이야기라고 대답한다. 평생 품위를 유지하고, 우아하게 즐기면서 살 수 있는 돈을 모으는 일. 재테크는 이 시대 최고의 화두이자 직장인의 최고 관심사라고 할 수 있다. 그런데 직장인이 직장에서 오래 살아남는 것만큼 좋은 재테크 수단도 없다. 직장에 오래 다니기 위해서는 우선 직장인이란 무엇이며, 직장인의 즐거움이 무엇인지 알아볼 필요가 있다.

직장인은 ▷직장에 다니며 ▷직장이라는 바람막이를 통해 여러 가지 혜택을 누리며 ▷대단한 창의력을 발휘하지 않더라도 주어진 일을 열심히 하면 되고 ▷특별한 성과를 내지 못해도 때가 되면 월급을 받는 사람들이라 할 수 있다. 이러한 직장인들이 누릴 수 있는 즐거움으로는 다음을 들 수 있다.

첫째, 정해진 날짜에 월급을 받고 성과가 좋으면 특별 성과금이라는 생각지도 못한 거금도 받게 된다.

둘째, 건강보험·국민연금·자녀 학자금 등을 지원받을 수 있다.

셋째, 다양한 사람, 좋은 사람들과 사귈 수 있는 기회를 제공받을 수 있다. 이같은 다양한 네트워크를 구축할 수 있다는 것은 큰 자산이자 즐거움이다.

넷째, 개인의 성장과 발전을 위한 다양한 교육 프로그램과 자기 개발의 기회를 제공받을 수 있다. 특히 해외 연수까지 가능하다면 더욱 좋은 기회가 될 것이다.

다섯째, 출장의 즐거움이다. 물론 회사 업무차 가는 출장이 모두 즐거울 리 만무하다. 하지만 생각을 달리해 보면 국내는 물론 해외 곳곳을 누비며 일도 하고, 다양한 식견과 풍부한 경험을 쌓는 등 긍정적 효과가 있다.

이 외에도 휴가, 점심 식사, 회식 등의 즐거움은 직장인이기 때문에 누릴 수 있는 혜택이다. 그러나 무엇보다도 가장 큰 즐거움은 회사 다니는 즐거움, 일하는 즐거움이 아닐까 싶다.

그러나 직장인들 중에는 자신이 '을의 을'인지 자각하지 못한 채 '갑'이라는 오만과 착각에 빠져 있는 사람들이 많다. 또 관료 조직의 가장 많은 혜택을 받고 있으면서도 관료 조직과 연공 서열을 탓하는 직장인도 있다. 직장인들이 퇴직을 한 이후 직면하는 가장 큰 문제 중 하나는 갑이라는 의식이 몸에 배어 있어 새로운 분야에 도전할 때 실패하는 경우가 있다는 것이다. 그러나 더욱 큰 문제는 무엇 때문에 실패하는지 모른다는 점이다.

02 ㅣ 직장인의 미래에는 여러 가지 길이 있다.

직장인들의 꿈은 무엇일까? 대다수가 직장에서 해고 위험 없이 정년까지 보내거나, 정년까지 자신의 전문 분야에서 최고의 경쟁력을 유지하는 꿈을 꿀 것이다. 그러나 현실적으로 이 꿈은 불가능에 가깝다. 자신이 원하든 원하지 않든 직장인의 미래는 정해져 있다. 직장인의 미래에는 다음 네 가지의 길 밖에 없다고 할 수 있는데 여기에 백수라는 한 가지 길(?)이 더 있을 수는 있다.

첫째, 정년퇴직하는 것이다. 직장에서 성실하게 맡은 업무를 수행하면서 크게 모나지 않고 앞서 가지도 않고, 처세를 잘하면서 남들에게 싫은 소리하지 않고 정년까지 무난히 근무하고 퇴직하는 것이다.

둘째, 최고 경영자가 되는 것이다. 개인 생활보다는 직장에 매진하고 자기의 역량을 강화해 최고의 성과를 창출해서 최고의 지위를 누리는 것이다.

셋째, 전직 또는 이직하는 것이다. 다른 회사 또는 업종으로 전직을 해서 새로운 직장 생활을 하거나 삶의 터전을 바꾸는 것이다.

넷째, 과감하게 직장에 사표를 던지고 자기 사업을 하는 것이다.

위의 네 가지 방법 중 어느 것 하나 쉬운 것은 없다. 그러나 이 방법들이 대다수의 직장인 앞에 펼쳐질 선택의 여지가 없는 미래의 길이라고 할 수 있다. 틀림없는 사실은 언젠가는 직장을 떠나야 한다는 것이다. 직장에 다니면서 재테크를 잘해서 또는 복권에 당첨되어서 엄청난 자금을 손에 넣는다면 네 가지의 길에서 벗어난 삶을 살 수도 있겠다. 하지만 그런 일은 운 좋은 몇몇 사람에게나 가능한 기적 같은 일일 뿐이다.

나는 내일 어떤 길을 갈 수 있을까? 언젠가는 떠나야만 하는 직장이라면 박수 받으면서 떠나야 한다. 그러기 위해서는 철저한 준비가 필요하다.

03 ㅣ 100세 시대의 경력 관리는 필수이다.

'철이 없다, 철이 들었다'는 말은 계절을 뜻하는 단어인 철에서 온 말이라고 한다. 나이에 맞게 행동을 하는 사람을 철이 들었다고 하는데, 사람이 자신의 인생을 살면서 나이에 맞게 산다는 것은 쉽지 않다. 네팔 사람들은 힌두교의 영향을 받아 인생을 100세로 설정하고 네 단계로 나눈다고 하는데 이는 마치 인생의 4계절과 같다. 25세까지의 삶을 봄, 50세까지의 삶을 여름, 75세까지의 삶을 가을, 100세까지의 삶을 겨울이라고 한다. 이에 따르면 25세까지 배우고 익히고, 50세까지 배우고 익힌 것을 활용하여 결혼도 하고 자신의 삶을 개척한다. 그리고 75세까지는 자신의 삶을 돌아보고 76세 이후의 삶은 자유의 시기라고 한다.

직장인들의 삶을 보면 '학습 → 취업→ 결혼 → 출산 → 퇴직 → 은퇴'로 이어지는 과정을 밟는다. 여기서 중요한 것은 잔잔한 호수는 노련한 뱃사공을 만들지 못한다는 점이다. 잔잔한 호수에서 노를 젓는 뱃사공에게는 테크닉이나 노련함이 필요하지 않기 때문이다. 폭풍과 격랑이 몰아치는 바다에서 노를 젓는 뱃사공은 다양한 테크닉과 노련함을 기를 수 있다. 폭풍과 격랑이 일고 있는 바다처럼 직장인의 근무 환경과 여건도 직장인에게 다양한 테크닉과 노련함을 요구하고 있다. 특히나 100세 시대에 있어 이러한 노련함은 매우 중요하다.

04 ㅣ 경력은 한 사람의 여정(旅程)이다.

구직자들은 이력서를 쓸 때에 자신의 능력을 알리는 방법으로 경력을 기재한다. 경력(career)이라는 말은 라틴어에서 '마차'라는 뜻의 carr(us)와 '길'이라는 뜻의 carraria에서 유래된 것으로, 희랍어에서는 '빠른 속도로 달린다'는 뜻을 갖고 있다. 경력이란 직장 생활을 수행하는 과정에서 변화하는 직무상의 경험과 활동에 관련된 일련의 행위와 태도로 볼 수 있으며, 한 사람의 전 생애를 거쳐 일을 따라가는 여정이라고 할 수 있다.

● 경력의 정의

핵심 개념	내용
승진으로서의 경력	조직의 계층 구조를 따라 상층으로 올라가는 수직적 이동을 의미
전문직으로서의 경력	의사, 변호사, 회계사 등 경험과 숙련을 요하는 전문직을 지칭함
인생에 있어 연속적 직무의 총체로서의 경력	개인이 입사에서 퇴사할 때까지 가지게 되는 직무, 경험
생애 역할 관련 경험의 연속으로서의 경력	인생에 있어서 역할과 관련된 경험의 연속

필자의 지인 중에 다양한 직업 변신을 한 친구가 있다. 그 친구는 처음에 타자기 판매와 수리를 하다가 컴퓨터 대리점을 열었고, 조립 컴퓨터가 유행했을 때는 데스크탑 컴퓨터 수리점을 했으며, 지금은 노트북 전문 A/S 수리점을 운영하고 있다. 얼마 전 저녁 친구의 가게에 들렀더니, 친구는 술 한잔을 걸치고 노래를 부르면서 흥에 겨워 있었다. 그러면서 하는 말이 요즘 새로운 변신을 시도하고 있다고 했다. 개인택시 면허를 취득하기 위해서 용달 면허를 취득한 데 이어 얼마 전에는 대형 면허까지 취득했다는 것이다. 친구는 앞으로 3년 뒤 개인택시를 구입해 택시 운전을 하겠다는 계획이란다. 왜 그런 준비를 하냐고 물어보니, 스마트폰이 노트북을 대체하는 시대가 돼 노트북 수리를 해서는 먹고 살기가 어렵다는 것이다. 타자기에서 컴퓨터, 그리고 노트북 수리에서 개인택시 준비까지. 친구는 노후에도 자식들한테 손 안 벌려서 좋고, 자기 일까지 할 수 있어 좋다고 했다.

직장인들에게 평생 직장은 존재하지 않는다고 한다. 이 말의 뜻은 언젠가는 예기치 못하게 직장에서 구조조정 당하거나 조기 퇴직을 당할 수밖에 없다는 것이다. 그런데도 직장을 떠난 이후의 삶에 대한 구체적이고 실현 가능한 계획이 없다는 것이 문제다. 필자의 친구처럼 환경 변화에 적절히 대처하면서 생존할 수 있는 구체적인 경력 관리가 필요하다. 필자도 친구의 다양한 직업 변신을 보면서 "나는 과연 어떻게 살고 있으며, 어떻게 경력 관리를 하고 있는가?"라며 자문하곤 한다.

Tip

경력 관리의 개념

1. **경력 계획(career planning):** '경력 목표를 설정하고 이 경력 목표를 달성하기 위한 경력 경로를 구체적으로 선택하는 과정'을 말한다. 경력이란 조직의 입장에서 보면 이동 경로(한 개인이 직장 생활에서 일을 통해 거쳐가는 길)이고, 개인의 입장에서 보면 이력(독특한 일련의 직무, 지위, 경험 등)이다.

2. **경력 경로(career path):** 개인이 조직에서 여러 종류의 직무를 수행하면서 경력을 쌓게 될 때 그가 수행한 직무들의 배열을 의미한다.

3. **경력 목표(career goal):** 개인이 달성하고자 하는 바람직한 경력 관련 성과를 말한다.

4. **경력 개발(career development):** 개인이 도달하고자 하는 경력 지향점을 설정하고 경력 경로를 구체적으로 선택하여 그 경로에 따라 직무 이동을 시켜 주는 것을 말한다.

경력 관리의 중요성

1. 직무 경험 및 개인의 인생 행로(목표 계획과 달성)
2. 개인의 욕구와 일의 결합
3. 개인의 전문 능력 향상
4. 개성 존중과 자아실현 욕구 충족
5. 기업 경영이 세계화됨에 따라 국제 경영을 수행하는 구성원으로서 경력을 갖출 수 있도록 조직에서 경력 관련 제도를 마련해야 할 필요성 제기

제 ❹ 절 성공적인 후반 인생을 위한 경력 관리 리모델링

01 ┃ 퇴직, 어떻게 준비할 것인가?

직장인은 언젠가 직장에서 떠나야 한다. 그것은 어쩔 수 없는 현실이다. 직장인이 퇴직을 하고 세상에 나오기 위해서는 어떤 준비를 해야 하며, 어떻게 경력을 관리할 것인가?

첫째, 회사에서 다양한 직무를 경험해야 한다.

둘째, 직장에 다니면서 적극적으로 퇴직 후의 진로를 모색해야 한다. 즉, 재취업을 할 것인지 창업을 할 것인지를 결정해야 한다.

셋째, 준비를 할 때 자신이 하고 싶은 것에서 할 수 있는 것을 찾아야 한다. 하고 싶은 일과 할 수 있는 일은 다르다. 하고 싶은 일이라고 해서 다 할 수 있는 일은 아니고, 할 수 있는 일이라고 해서 다 하고 싶은 일은 아니다. 자신이 할 수 있는 일은 주로 학습된 것이고, 하고 싶은 일은 자신이 가지고 있는 잠재적 능력이다. 양자가 일치하면 금상첨화지만 양자가 불일치할 때는 자신의 나이와 상황에 따라 결정해야 한다. 하고 싶은 일은 주로 미래 지향적이고 할 수 있는 일은 지금 현재다.

지금 배가 고프고 급한가? 그렇다면 할 수 있는 일에 집중하라. 지금 이대로는 안 되겠다는 생각이 드는가? 그렇다면 하고 싶은 일을 하기 위한 준비를 하라. 하고 싶은 일이란 대개 자신의 잠재적 재능이 있는 것이기 때문에 적은 투자로도 큰 효과를 낼 수 있다. 여기서 가장 중요한 것은 내가 가장 하고 싶은 일이 무엇인지를 찾아내는 것이다. 이것을 이미 알고 있으면 다행스러운 일이지만, 이것을 알아내지 못해 평생을 헤매는 경우도 많다. 내가 가장 하고 싶은 일은 자타가 인정하고 또한 실제로 자신이 그래야 하는 것이라야 한다. 하고 싶은 일을 찾긴 했으나 자신의 능력이 되지 않는 경우가 있다. 젊으면 배우면 된다. 그러나 나이가 많을 땐 어렵다. 그러므로 젊을 때 할 수 있는 일을 하면서 하고 싶은 일을 찾고 준비하라. 그래야 재취업과 창업에 성공할 가능성이 높아진다.

02 ㅣ 앙코르 커리어, 80세 은퇴 시대를 열자.

앙코르 커리어(encore career)는 지속적인 수입원이 되고 삶의 의미를 추구할 수 있으며 사회적 영향력을 갖춘 인생 후반기의 일자리를 말한다. 행복한 은퇴를 위해서는 재무적인 기반을 갖추는 것 못지않게 보람 있고 즐길 수 있는 일거리를 만들어 가는 것이 중요하다.

우리나라 베이비붐 세대의 퇴직 후의 일에 대한 열망은 세계 최고 수준으로, 50대 직장인의 90%가 퇴직 후에도 일을 하고 싶다고 한다. 삼성생명 은퇴연구소의 「50대 퇴직 후의 일에 대한 인식과 욕구 조사」(2013년)에 의하면 응답자의 91%는 계속 일하고 싶다고 했으며, 은퇴해서 쉬고 싶다는 응답은 5.5%에 불과했다.

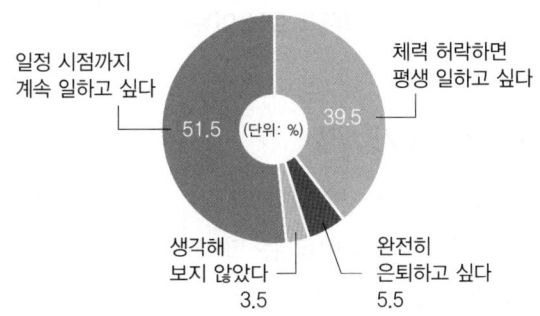

자료: 삼성생명 은퇴연구소
(50대 근로자 1000명 대상, 2013년)

[퇴직 후 계속 일할 의향]

이 앙코르 커리어의 특징으로는 다음을 들 수 있다.

첫째, 앙코르 커리어는 현실적 이상주의이다. 더 나은 세상을 만드는 데 나름대로 기여를 하는 일이지만 자신의 열정을 쏟을 수 있을 만큼 경제적으로도 충분한 보상이 있어야 한다.

둘째, 앙코르 커리어는 여분의 자유다. 브리지 잡(bridge job)이 일과 여가의 간극을 메우기 위해 두 가지를 절충하는 개념이라면 앙코르 커리어는 일과 자유를 결합했다고 볼 수 있다.

셋째, 앙코르 커리어의 전제 조건은 빠른 출발이다. 대부분의 앙코르 커리어 개척자들은 특정 연령이 될 때까지 기다리지 않고 인생의 새로운 단계를 적극적으로 열어 나간다.

넷째, 앙코르 커리어는 공상이 아니라 현실적 전망이다. 인생 후반기에서도 지속적인 수입원이 되고 삶의 의미를 추구할 수 있는 일자리다.

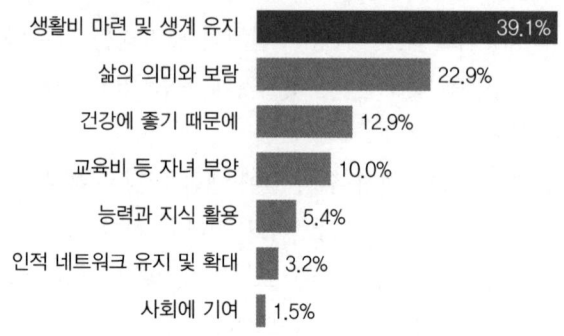

자료: 삼성생명 은퇴연구소(50대 근로자 1000명 대상, 2013년)

[일하고 싶은 이유]

03 | 경력 관리를 위한 자기 개발

직장인은 자기 개발을 왜 하는가? 대학생들의 스펙 6종 세트, 7종 세트처럼 샐러던트(샐러리맨과 스튜던트의 합성어)라는 말이 유행하고 있다. 많은 직장인들이 자기 개발 즉 외국어, 자격증, 직무 관련 교육, 상급 학교 진학 등에 많은 시간과 돈을 투자하고 있다. 그런 노력과 투자를 했는데도 성과가 없다거나 자신만의 필살기를 개발하지 못했다면, 자기 개발의 방법에 문제가 있다고 할 수 있다. 따라서 자기 개발을 하는 목적을 확실하게 설정해야 하며, 효과적인 자기 개발을 위한 네 가지 사항을 고려해야 한다.

첫째, 시장 지향적인 자기 개발을 하라.

직장인의 자기 개발이라면 당연히 사고파는 거래가 있는 시장이어야 한다. 시장에는 고객이 있다. 자기 개발도 '고객에게 팔릴 수 있는 상품으로서의 나'가 목표가 되어야 한다. 팔릴 수 있는 상품은 어떤 특성을 갖고 있는가? 우선 수요가 있는 것이어야 한다. 그것도 남들이 갖고 있지 않은 기술이나 서비스여야 한다. 설사 수요가 있다고 해도 대체재 또는 잠재적 경쟁자가 많으면 당신의 상품이나 서비스는 팔리기 어렵다. 상품성에 대한 고려가 없는 자기 개발은 직장인에게는 어울리지 않는다. 그리고 투자비, 즉 시간과 돈과 노력에 대한 회수 기간이 한없이 길거나 회수 가능성이 적다면 거기에 귀중한 시간과 땀을 쏟을 이유가 없다.

둘째, 자신의 일과 비즈니스를 강화하는 자기 개발을 하라.

직장인이라면 반드시 일과 관련된 분야에 집중하고 노력해야 한다. 자기가 이제까지 전혀 손대보지 않은 분야에 관심을 갖는 것은 위험천만한 발상이라고 할 수 있다. 자기 개발을 하는 것은 직장에서 성공을 거두기 위한 것이다.

셋째, 자신의 강점에 집중하라.

사람은 오로지 자신의 강점으로만 성과를 올릴 수 있다고 한다. 누구나 자신의 분야에서 전문가로 성공하기를 바란다. 하지만 강점이 없는 영역에서 성공하거나 대가(大家)로 성장하기란 불가능에 가깝다. 강점이 없어도 굳은 의지와 노력으로 부족한 것을 채워 나갈 수 있다고 생각할 수도 있다. 물론 가능하기는 하지만 강점이 있는 사람을 따라잡기 위해서는 엄청난 시간과 에너지를 쏟아부어야만 한다. 따라서 자신의 강점을 찾아 개발하고 업무에 활용하는 것이 효과적이다.

넷째, 불확실한 미래에 대비한 자기 개발을 하라.

직장인의 자기 개발은 불확실한 미래, 즉 예기치 못한 조기 퇴직, 명예퇴직 등 미래의 불확실에 대비한 경력 관리를 위한 자기 개발이어야 한다. 즉 퇴직 이후의 안정적인 삶을 위해서 재취업 또는 창업을 염두에 둔 자기 개발을 해야 밝은 미래를 기대할 수 있다.

경력 관리의 차이

[사례 1]

첫 번째 사례는 H중공업의 연수원장이었던 친구의 이야기다. 이 친구가 근무했던 회사는 창사 이래 명퇴라는 단어를 모를 정도로 호황을 누렸던 회사였다. 하지만 조선업이 불황에 빠지면서 이 친구는 예상치도 못했던 퇴직을 당하게 되었다. 이 친구는 입사해서 근 30년을 연수원에서만 근무했기 때문에 교육 업무에서는 둘째가라면 서러울 정도의 역량을 갖고 있었으며, 다양한 회사에서 스카우트 제의를 받을 정도로 교육 연수에서는 능력을 인정받고 있었다.

그런데 교육 업무에서는 자타가 인정하는 최고의 능력자가 막상 재취업을 하려고 하니 갈 데가 없었다. 지인들의 추천으로 중소기업에 면접을 가면 회사에서 요구하는 업무가 자신이 감당할 수 있는 업무가 아니었다. 이 친구가 할 수 있는 것이라고는 교육 업무밖에 없었기 때문이었다. 친구는 1년 6개월 이상 재취업을 위한 노력을 했지만 쉽지 않았다. 그러다 과거에 따놓은 상담사 자격증 덕택에 중소기업청에서 운영하는 (재취업을 희망하는 사람에게 상담을 해주는) 상담사로 취업을 하게 되었다. 비록 임시직이고, 과거에 받던 연봉에 비하면 많이 적지만 친구는 즐겁다고 했다. 새로운 일자리를 찾았고 또다른 꿈을 꿀 수 있게 되었다는 것이다.

[사례 2]

두 번째 사례는 현재 R기업의 관리본부장으로 일하는 친구의 이야기다. 대학에서 회계학을 전공한 이 친구는 졸업 후 제약회사에 취직했다. 당시 회계 부서에서 자금 업무를 하다가 영업 부서로 전환 배치를 신청해 영업을 했다고 한다. 이 회사를 퇴사한 뒤에는 건축, 토목 설계 감리를 하는 회사에서 총무부장을 하면서 인사, 임금, 교육, 총무 등 관리 총괄 업무를 담당했다. 그리고 가끔 입찰에 관련된 업무도 지원을 했다고 한다. 그러다가 자동차 부품 회사에 관리 총괄 임원으로 스카우트되었다고 했다. 그러나 회사가 법정관리에 들어가 퇴직할 수밖에 없었고 이후 지금의 회사에 총무부장으로 재취업을 하게 되었다. 직책은 총무부장이었지만 인사, 노무, 기획, 노사, ISO, 부실채권 회수 등 다양한 업무를 소화해야 했다.

나중에 회사가 다른 지역으로 공장을 옮기게 되었는데 이 친구는 당시 공장 부지 매입, 각종 인허가 업무, 공장 설계 도면 입찰, 건설 회사 입찰 등에 참여하면서 신규 공장 건설에 많은 기여를 했다. 이에 공장 완공 후 그 능력을 인정받아 영업 담당 이사로 일하다가 다시 관리 총괄 담당 본부장으로 발령받아 지금까지 근무하고 있다. 안타까운 것은 대표가 수시로 찾아 퇴근 시간이 일정하지 않고 휴일도 회사에 출근하는 일이 많다고 한다. 그래도 이 친구는 행복하다고 한다. 왜냐하면 지금도 회사를 다니는 것은 물론 일한 만큼 많은 연봉을 받고 있기 때문이다.

교육적 시사점

첫 번째 친구는 회사에 입사해서 약 30년간 교육 연수 업무만을 하면서 전문 역량을 확실히 구축했다. 즉, 스페셜리스트로 성장한 것이다. 그러나 이 친구는 재취업 시 스페셜리스트로서의 역량을 살리지 못하고 다른 분야의 업무로 이직했다. 이는 잘못된 경력 관리를 했다고 할 수 있다. 두 번째 친구는 여러 회사에서 다양한 업무를 경험하면서 제너럴리스트로 성장했다. 그리고 그 폭넓은 경험을 바탕으로 현재는 한 회사의 임원진으로 활동하는 등 성공적인 경력 관리를 이뤘다. 이 두 사람의 차이는 결국 경력 관리의 차이라고 할 수 있다.

Worksheet

1. 은퇴 후 자신에게 주어지는 여유 시간을 계산하고, 노후 준비를 하지 못하는 원인에
   대해 기술해 보세요.

   _____

   _____

   _____

   _____

2. 평생 현역을 위한 자신의 노(老)테크 전략을 기술해 보세요.

   _____

   _____

   _____

   _____

3. 경력 관리가 중요한 이유를 기술해 보세요.

   _____

   _____

   _____

   _____

4. 앙코르 커리어(encore career)의 개념과 그 특징에 대해 기술해 보세요.

   _____

   _____

   _____

   _____

☑ 자가진단 / 체크리스트

경력 관리 진단

다음의 질문에 대해 '매우 그렇다(4점), 그렇다(3점), 보통이다(2점), 그렇지 않다(1점)'에 표시한 뒤 자신의 경력 관리 상황을 점검해 보세요.

평가 내용	점수			
	4	3	2	1
1. 누구에게나 인정받을 수 있는 직무 성과를 달성했다.				
2. 상사나 선배로부터 직무 성과에 대한 긍정적인 피드백을 받고 있다.				
3. 새로운 업무 방식이나 노하우를 터득해서 직무에 적용하고 있다.				
4. 최신의 트렌드를 정확히 파악하여 직무에 적용하고 있다.				
5. 직무 역량을 계발하기 위해 교육과 자기 개발에 노력하고 있다.				
6. 상사나 선배의 관점이나 시각에서 우리 팀이나 나의 업무를 본다.				
7. 개인과 조직의 목표를 달성하기 위해 노력한다.				
8. 부하나 후배에게 개인적인 감정에 치우치지 않는 피드백을 한다.				
9. 팀원들의 적절한 역할 분담을 통해 시너지를 창출할 수 있도록 하고 업무를 개선한다.				
10. 리더십 역량을 개발해 실제 현장에서 적용한다.				
11. 팀원들의 합의를 이끌어 내는 조정자 역할이 증가했다.				
12. 자신의 의견을 효과적으로 전달하는 커뮤니케이션 스킬이 향상되었다.				
13. 다른 사람의 장점을 찾아내어 그 장점에 대해 자주 칭찬한다.				
14. 이해관계가 대립되는 사람과도 효율적으로 업무를 수행한다.				
15. 커뮤니케이션 스킬 향상 교육에 참여한 경험이 있다.				

16. 업무와 관련한 대외적 활동이 증가했다.				
17. 회사 내에 다양한 네트워크를 구축했다.				
18. 공적인 관계를 개인적인 친분으로 발전시켜 나가는 노하우가 있다.				
19. 나의 네트워크 범위가 넓어졌다.				
20. 네트워크를 확대하기 위한 다양한 활동을 하고 있다.				
21. 나의 직업적 비전과 목표가 확실하게 수립되었다.				
22. 경력 목표를 달성하기 위한 구체적인 경력 계획을 수립했다.				
23. 경력 목표 달성을 위해 다양한 멘토를 만나 코칭을 받고 있다.				
24. 나의 경력 목표 달성을 방해하는 장애 요인을 극복할 수 있다.				
25. 경력 목표를 달성하기 위한 다양한 교육을 받거나 경험을 쌓고 있다.				
합계 (100점 만점)		(	점)	

|진|단|결|과|

- **80점 이상** 성공적으로 경력 개발을 하고 있다.
- **61~79점** 경력 개발 노력이 보통으로 더욱 정진할 필요가 있다.
- **60점 이하** 경력 개발에 관심이 없거나 노력하지 않고 있다.

제너럴리스트와 스페셜리스트

재취업 준비는 직장에 있을 때 철저한 경력 관리를 통해 이뤄져야 한다. 다시 말해 회사에서 지원하는 경력 관리 프로그램을 철저하게 이용하고 활용해야 한다. 특히 자신이 수행하고 있는 직무를 통해서 준비를 하면 좋다. 그렇게 하기 위해서는 먼저 구체적인 목표를 설정해야 한다. 그리고 경력 목표를 달성할 수 있는 경력 경로를 설정하고 경력 경로에 따라 경력 관리 및 자기 개발을 해야 한다. 또 현재하고 있는 직무에 따라 자신의 경력 경로를 제너럴리스트(generalist)로 정할 것인지 스페셜리스트(specialist)로 정할 것인지를 결정하는 것도 좋다.

스페셜리스트는 자기 브랜드에 기반하여 직무 지향성을 갖게 된다. 하지만 제너럴리스트는 조직 브랜드에 기반해 성장하고 조직 성향을 갖는다. 예를 들어 인사팀에는 HRM(인적 자원 관리)과 HRD(인적 자원 개발) 업무가 있다. HRM 업무를 하는 인사 담당자는 회사의 바람직한 HRM을 위해 외부 컨설팅을 추진하며, 그 추진 내용을 자신의 것으로 만든다. 또 HRM 관련 외부 카페 등에 가입해 인맥을 넓히는 것도 중요하다. 대기업에 다닌다면 그것이 무기가 되어 많은 정보를 얻을 수도 있을 것이다. 필요하면 추가로 인력 관리사, 공인 노무사 등의 자격증을 취득하거나 경영 대학원에 진학한다. HRM 담당자는 이러한 노력을 통해 제너럴리스트이자 임원으로 승진할 수 있는 기회를 얻을 수 있다.

HRD 업무를 하는 사람은 회사에서 임원으로 승진하기가 쉽지 않다. HRD 담당자는 제너럴리스트보다는 스페셜리스트가 될 기회가 많다. 그러나 퇴직 후의 재취업이나 창업을 할 수 있는 기회는 HRM 담당자보다 유리하다.

예를 들어 HRD 담당자가 기업교육 강사라는 스페셜리스트가 되겠다는 경력 목표를 설정한다면 직무를 수행하면서 획득한 지식과 경험 그리고 직무와 관련된 교육 기관, 강사와의 교류를 통해 인맥을 형성할 수 있다. 그리고 외부 교육의 도입을 통한 교육 콘텐츠의 습득과 사내 강사로서의 활동을 통해 강사라는 스페셜리스트로 성장할 수 있는 기회를 잡을 수도 있다. 만약 HRD 전문가로서 전문성을 계속해서 유지하기 어렵다고 생각된다면, 경력 목표를 수정해야 한다. 즉 다른 직무로의 전환이 필요하다는 것이다.

02장 재취업은 차별화된 전략이 있어야 한다

학|습|목|표

- 현직에 있으면서 재취업을 준비하는 방법을 학습한다.
- 재취업을 위한 경력 관리 프로그램을 활용할 수 있다.
- 차별화된 재취업 전략을 수립할 수 있다.
- 경력 중심의 이력서를 작성할 수 있다.

학|습|열|기

직장인은 언젠가는 직장을 떠나야 한다. 그것이 직장인이 맞게 되는 당연한 운명이다. 직장에서 명퇴나 조기 퇴직을 당한 이후에 무엇인가를 해보려고 한다면 너무 늦다. 직장에 몸담고 있을 때, 직장이라는 울타리가 있을 때가 세상에 나올 준비를 할 시기다. 즉, 현직에 있을 때 다양한 직무를 경험해야 한다. 그래야 재취업의 기회도 담보된다. 그런데 많은 직장인들은 출근해서 늦은 시간까지 일을 하다 보면 이를 준비할 시간이 없다고 말한다. 물론 맞는 말이기는 하지만 마치 내 인생이 아닌 남의 일, 남의 인생을 이야기하는 것 같아 안타까운 생각이 든다.

최근 들어 조기 퇴직과 명예퇴직은 더욱 늘어나고 있으며, 이로 인해 중장년층의 재취업은 청년층의 취업만큼이나 심각한 사회 문제로 대두되고 있다. 조기 퇴직을 하는 40대 후반 또는 50대의 대부분은 퇴직이 당연히 낯설고 무엇을 어떻게 해야 할지 모르는 상황에 내몰리게 된다. 따라서 이에 대한 철저한 준비는 당장 시작해야 할 매우 중요한 일이다.

제 **1** 절 재취업, 지금 당장 준비하라

01 ㅣ 그동안 수고하셨습니다.

예전에는 감원을 할 때도 최소한의 정이 있었고 예의가 있었다. 해고 대상자를 따로 불러 양해를 구하는 형식을 취했다. 그러나 최근 들어서는 기업의 조용한 칼 바람에 이런 예의마저 생략되는 추세다. 기업 입장에서는 그만큼 주변 상황이 다급하고 절박할 수도 있다. 그러나 너무 각박하고 살벌하며 무례하다. 요즘 들어 애용되는 해고 통지 수단은 이메일이다. 어느 날 출근해 메일을 확인하고 그 자리에서 자신의 설 자리가 없어졌음을 확인하는 사례가 빈번하다고 한다.

필자가 아는 사람은 H회사에서 대표이사까지 하신 분이다. 대표이사에 오르기 위해 그가 30년 동안 해온 노력은 말로 할 수 없을 것이다. 그런데 그 지인이 대표이사에 취임한 지 6개월이 지났을 때 그룹 인사팀 대리의 전화가 왔다고 한다. 그 내용인 즉 내일부터 출근하지 않아도 된다는 통보였다. 가정보다는 회사, 자신보다는 회사. 그렇게 조직에 30년을 충성을 했는데 일개 대리가 해고 통보를 하다니! 울분, 아니 피를 토하고 싶은 분노가 치솟더란다. 그렇게 흥분을 하고 있는데 오후에 다시 전화가 왔다고 한다. 내일 새로운 대표이사가 취임을 하니 지금 당장 짐 정리를 하라고 말이다.

예전에는 해고 통보, 권고사직 통보를 받은 뒤 몇 달씩 자리를 지키는 사람들도 있었지만 요즘은 2~3주면 퇴사 절차가 완료돼 버린다. 이에 따라 주변을 정리할 수 있는 시간도 짧아졌다. 퇴로가 없는 것은 물론 패자 부활전이라는 것도 없다. 얼마 전까지만 해도 감원 대상에 포함됐다는 통보를 받은 사람들은 평소 친하게 지내던 임원들을 찾아가 로비를 하거나 계열사나 협력 업체에 일자리를 알아봐 달라는 부탁을 하기도 했다. 이런 노력은 어느 정도 효과도 있었다. 게다가 일부는 몇 년 정도 계열사에 근무하다가 본사로 다시 돌아오는 경우도 적지 않았다. 말하자면 패자 부활전이 가능했다.

그러나 이제 두 번의 기회는 흔치 않다. 각 계열사별로 해고 총량이 할당되기 때문이다. 대기업 관계자는 본사 직원 한 명을 계열사로 투입하면 계열사 직원 한 명이 나가야 하는 구조인 만큼 봐주기 전보 인사는 거의 불가능하다고 한다. 이처럼 지금은 퇴로가 없고 차단되어 있다.

02 ㅣ 현직에 있을 때 재취업을 준비해야 한다.

직장인은 언젠가는 직장을 떠나야 한다. 그것이 직장인이 맞게 되는 운명이다. 그러므로 직장에 있을 때 떠날 준비를 해야 한다. 열심히 일하고 조직에 충성하고 헌신을 해도 명예퇴직, 조기 퇴직을 당하는 세상이다. 크게 노력하지도 않고, 특별한 경쟁력도 갖고 있지 않으면서 직장을 다니는 사람은 아슬아슬한 줄타기를 하고 있다고 해도 과언이 아니다.

지금은 조기 퇴직이 일상화된 시대다. 직장인 대다수가 40세 늦어도 50세 이전에 직장인으로서의 삶이 끝난다고 봐야 한다. 믿는 구석이 있다면 모르겠지만, 예상치 못했던 뜻밖의 조기 퇴직은 감당하기 어려운 시련이다. 더욱이 이런 사람들은 직장 밖의 사회에도 적응하기가 힘들다. 이 험난한 세상, 온갖 위험이 도사리고 있는 정글에서는 칼 한 자루라도 차야 어느 정도 생존할 가능성이 있다.

구태의연한 사고방식을 갖고 있다면 변화된 세상에 유연하게 대처하지 못한다. 그렇다고 위기의식을 갖고 준비를 한다고 해도 그 또한 쉽지 않다. 제2의 직업을 선택하거나 자영업을 준비하는 것도 그렇다. 철저하게 공부하거나 장사 밑천을 마련해 가게라도 하려면 그 준비 작업도 만만치가 않다.

직장에서 명퇴나 조기 퇴직을 당한 이후에 무엇인가를 해보려고 한다면 너무 늦다. 그렇기 때문에 직장이라는 울타리가 있을 때부터 준비가 필요하다. 그런데 많은 직장인들은 출근해서 늦은 시간까지 일을 하다 보면 준비할 시간이 없다고 한다. 마치 내 인생이 아닌 남의 일, 남의 인생을 이야기하는 것 같아서 안타깝다. 그런 사람이 회사를 그만두고 새로운 일자리를 찾아 재취업을 하려면 쉽지 않다. 현직에 있을 때, 즉 직장에 다니고 있을 때 전직과 이직을 하게 되면 경력도 인정받고 제대로 된 대접을 받을 수 있다는 것을 기억해야 한다.

03 ㅣ 재취업, 어떻게 준비할 것인가?

회사 안은 동료 간에 살아남기 위한 전쟁터라고 아우성이다. 그러나 회사 밖은 그보다 더한 지옥이라는 사실을 아는가? 직장인이 전쟁터인 직장을 떠나 지옥으로 나갈 준비 즉, 재취업을 위해서는 어떻게 준비할 것인가?

첫째, 직장에서 근무하는 동안 다양한 직무를 경험해야 한다. 다양한 직무 경험은 곧 개인의 경력 관리라고 할 수 있다. 예를 들어 인사, 총무, 기획, 영업 등의 다양한 직무를 경험하게 되면 더 많은 재취업의 기회가 주어진다. 대기업의 경우 다양한 직무를 경험할 기회가 상대적으로 적으므로 퇴직을 하게 되면 재취업하기가 쉽지 않다. 설사 대기업에서 퇴직하고 중소기업에 재취업을 했다고 하더라도 버티기는 쉽지 않다. 왜냐하면 중소기업에서는 관리자가 많은 직무를 관리해야 하기 때문이다.

둘째, 직장에 다니고 있을 때 적극적으로 창업을 준비하는 것이다. 지금은 맞벌이를 하지 않으면 생활하기 힘든 시대다. 외벌이로는 미래를 담보할 수 없는 것이 직장인의 비애다. 필자의 지인은 자신의 아내가 벽지 판매 가게에서 아르바이트를 했다고 했다. 물론 사전에 집사람과 충분한 대화를 통해 집사람의 이해와 협조를 구했다고 한다. 이는 직장을 그만두게 되면 인테리어 가게를 하기 위한 사전 준비 작업으로, 추후 실제로 인테리어 가게를 창업했을 때 성공 확률을 확보하기 위함이었다. 그는 이와 같은 철저한 준비 끝에 창업을 했고 현재는 큰 어려움 없이 무난히 사업을 운영하고 있다고 한다.

직장인은 언젠가는 직장을 떠나게 돼 있다. 현직에 있을 때 다양한 직무를 경험하게 되면 재취업의 기회도 많아진다. 또한 현직에 있을 때 아내가 먼저 다른 직무에서 감각을 익히게 되면 실패라는 최악의 경우에도 가정 경제에 미치는 충격이 크지 않을 수 있다. 왜냐하면 아직 직장에 다니고 있기 때문에 경제적 충격을 최소화할 수 있기 때문이다. 여기에 지역에서의 창업, 즉 자기가 살고 있는 지역에서 창업하게 되면 아내의 인맥이라는 막강한 힘을 원군으로 얻을 수 있다. 이에 창업의 어려움을 극복하고 안정적으로 정착할 수 있는 이점이 있다.

제 **❷** 절 경력 목표를 설정하라

01 ㅣ 1년만 먼저 준비해도 퇴직 후 인생이 달라진다.

평생직장은 없고 평생 직업이 있다고 말한다. 누가 말하는가? 직장에 다니는 직장인이 하는 말이다. 그런 직장인이 퇴직 준비를 하지 않는다. 굉장히 아이러니한 일이다. 그런데 중요한 것은 퇴직은 예고 없이 갑작스럽게 통보된다는 것이다.

필자가 평소 잘 알고 있는 H그룹 연수원에 근무하던 김 부장은 남들이 부러워하는 스펙을 갖고 있었다. 거기에 예의와 의리까지 갖춰 모든 사람이 좋아하고 직원들로부터도 존경을 받고 있었다. 김 부장은 그해에 임원 승진이 내정돼 있었다. 그러나 그룹의 경영 악화로 인해 갑작스러운 구조조정이 진행됐다. 당연히 연수원에도 구조조정을 할 인원이 할당되었다. 의리의 사나이 김 부장은 자기가 희생을 하는 대가로 연수원의 구조조정을 마무리했다. 김 부장은 다행히 퇴직금을 중간정산하지 않았기 때문에 명퇴 위로금을 합쳐 1억 5000만 원이라는 거금을 만지게되었다. 그러나 그 돈으로는 작은 가게를 내기도 어려웠다. 다행히 아내가 1억 원을 보태 주고 은행에서 3천만 원을 대출받아 총 3억 원을 가지고 프랜차이즈 음식점을 창업할 수 있었다. 그러나 가게는 경영상의 어려움을 겪으며 10개월 만에 문을 닫게 되었고, 김 부장은 투자 금액 3억 손해는 물론 3천만 원의 빚까지 안게됐다. 이후 김 부장은 다행히 인맥의 도움을 받아 작은 중소기업에 재취업을 했다. 그는 현재 예전에 받던 급여의 반도 되지 못하는 대우를 받으면서 재도약의 기회를 엿보고 있다.

반면 필자가 아는 이 부장은 퇴직 후 바로 재취업을 했다. 연봉도 전 직장보다 올랐고 5~10년 정도의 근무까지도 보장을 받았다. 이 부장은 김 부장과 달리 화려한 스펙도 아니었지만 퇴직을 대비해서 퇴직 1년 전부터 철저하게 경력 관리를 했다는 점에서 차이가 있었다. 그는 재직 중 회사의 체계적인 지원 프로그램을 활용하면서 철저히 경력 관리를 했다.

퇴직 전 경력 관리를 했느냐, 안 했느냐에 따라 퇴직 후 인생이 달라질 수 있다. 아무런 대책 없이 무모한 자신감만 갖고 회사를 퇴사한 뒤 성급히 창업한 김 부장과 달리 이 부장은 퇴직 1년 전부터 철저한 경력 관리로 재취업 준비를 했다. 그 결과 김 부장은 전 직장의 절반도 안 되는 연봉을 받게 되었지만, 이 부장은 더 많은 연봉과 장기근속까지 보장받게 되었다. 2년이 지난 지금 이 부장은 임원으로 승진하였고, 이 회사의 회장은 이 부장(지금은 상무가 됨)을 뽑은 것은 신의 한 수였다며 만족해하고 있다고 한다.

김 부장과 이 부장의 차이는 무엇인가? 김 부장은 과도한 자신감에 따른 막연한 기대감이 화를 불렀다고 할 수 있다. 그러나 이 부장은 회사 분위기를 파악하고 철저한 경력 관리를 한 결과 퇴직 후에도 성공을 이룰 수 있었다. 즉, 두 사람의 사전 준비 차이가 현재의 차이를 가져온 것이다.

02 ㅣ 재취업을 위한 경력 관리 프로그램을 활용하라.

일본 기업은 신입 사원에게 반퇴 교육을 시킨다고 한다. 예컨대 도요타 자동차의 경우 20년 전부터 생애디자인(life design) 교육제를 시행하고 있다고 한다. 20~30대에게는 주택 보유, 자녀 교육과 같은 사회 초년생으로서 윤택한 가정을 꾸리기 위한 준비 작업을 착실히 할 수 있도록 돕는다. 학자금과 같은 가계 지출이 많은 40대에게는 수입과 지출의 균형을 맞출 수 있는 재테크 교육과 함께 노후 생활 계획을 작성토록 컨설팅한다. 50대에 들어서면 퇴직 후 회사와 가정 생활을 보다 풍요롭게 보낼 수 있는 프로그램을 제공한다고 한다.

그런데 우리 기업 대부분은 조기 퇴직, 명예퇴직 등 고용 불안이 심화되는 상황에서도 경력 관리 프로그램을 운영하지 않고 있다. 회사원 대부분이 퇴직 때가 다가오면 심리적 불안과 전직의 어려움을 동시에 겪게 되는 것은 당연한 수순이라고 할 수 있다. 소상공인진흥원에 따르면 회사원 10명 중 7명은 퇴직 관련 경력 관리 프로그램을 회사가 운영해 주길 원하고 있다고 한다. 그러나 경력 관리 제도를 도입한 회사는 극소수에 불과하다. 따라서 자신이 내외부의 경력 관리 프로그램을 잘 활용하여 스스로 경력 관리를 해야 할 필요가 있다.

03 ㅣ 재취업을 위해 회사를 활용해라.

　회사에 과연 몇 살까지 다닐 수 있을까? 그만두면 무엇을 하며 먹고 살아야 할까? 이런 고민을 해보지 않은 직장인은 없을 것이다. 이제 30년은 고사하고, 10년도 회사를 다니기 어려운 세상이 되었다. 하지만 어떻게 준비해야 할지 모르는 직장인이 대다수다.

　회사는 절대 개인에게 비전을 제시하지 않는다. 따라서 본인 스스로 만들어야 한다. 분명한 것은 현직에 있을 때 그 비전과 파워를 만들어야 한다. 회사는 언젠가는 반드시 당신을 배신한다. 그렇다면 내가 먼저 회사를 배신할 것인가? 아니다. 퇴직 후의 삶을 위해서라도 회사에 충성해야 한다. 회사에 충성하면서, 회사에서 많은 것을 배워야 한다. 더욱이 재취업이나 창업을 꿈꾼다면 조직 내에서 다양한 경험을 쌓을 필요가 있다.

　특히 창업의 경우 자신이 기획과 마케팅, 영업, 회계, 관리 등 모든 것을 책임져야 한다. 이 모든 것을 직접 경험할 수는 없겠지만, 직장에서 근무하는 동안 간접적으로 당신에게 도움을 줄 수 있는 인맥과 내공 등을 얻을 수 있다. 그렇게 하기 위해서는 먼저 향후 진로, 비전을 확실하게 설정하고 그에 맞는 경력 목표를 설정하는 작업이 이뤄져야 한다.

제 ❸ 절 재취업 준비 상태를 점검하라

01 ㅣ 성공적인 재취업은 전략이 있어야 한다.

최근에 조기 퇴직과 명예퇴직 문제는 더욱 심화되고 있다. 이에 따라 청년층의 취업만큼이나 중장년의 재취업이 심각한 사회 문제로 대두되고 있다. 직장인 두세 명이 모이면 언제까지 회사에 남아 있을 수 있을지 모르겠다는 얘기를 한다. 이들에게 가장 필요한 것은 재취업 스킬을 습득하는 것이다. 재취업 스킬이란 이력서를 작성하는 방법, 면접을 준비하고 대응하는 방법 등을 말한다.

하지만 요즘처럼 재취업이 힘든 상황에서는 무조건 재취업 스킬만 배워서는 안 된다. 왜냐하면 재취업을 하고자 하는 사람이 넘쳐나기 때문이다. 그렇기 때문에 수요보다 공급이 많은 취업 시장에서는 재취업 전략은 물론 본인의 강점을 어떻게 어필할 것인가에 대한 마케팅 전략도 필요하다. 재취업 과정은 '탐색 → 준비 → 실행'의 3단계로 이루어진다. 따라서 각 취업 단계에 해당하는 내용들을 체계적으로 준비해야 한다.

02 ㅣ 재취업 준비 상태를 점검해야 한다.

재취업과 전직을 위해서는 먼저 자신의 심리 상태를 점검할 필요가 있다.

첫째, 재취업을 하고자 할 때는 자신이 재취업 목표 달성을 위해 얼마나 준비되어 있는지 확인한다.

둘째, 재취업 활동을 수행할 자신의 능력에 대해 얼마나 신뢰하고 있는지에 대해 점검해 본다.

셋째, 외부의 압력이나 간섭이 아닌 자신의 통제하에 재취업 설계의 결정이 이뤄지고 있는지 확인한다.

넷째, 재취업에 대해 가족 등 주변 사람들로부터 많은 격려와 지지를 받고 있는지 확인한다.

다섯째, 진로 선택 과정에서 독자적인 결정을 하는 것이 중요한지에 대해 확인한다.

● 재취업 준비도

항목	응답	
	Yes	No
나는 지금 재취업을 적극적으로 해야 한다는 내적 압력을 받고 있다.		
나는 재취업을 위해 매일 노력하고 있으며 의욕도 대단하다.		
재취업의 단계별로 전략을 수립하고 실행할 수 있는 자신감이 있다.		
재취업에 성공할 수 있는 능력을 갖고 있다고 확신한다.		
재취업에 관련된 내용에 대하여 자신이 결정한다.		
재취업 과정의 결과는 자신의 노력과 인내심에 달려 있다고 생각한다.		
주변 사람들로부터 재취업에 성공할 것이라는 격려의 말을 들었다.		
재취업에 대해 가족들의 적극적인 지원과 격려를 받고 있다.		
가족과 친지들의 재취업에 대한 여러 가지 바람도 중요하지만, 재취업은 자신의 경력과 적성에 초점을 맞춰야 한다.		

※ Yes의 답이 7개 이상은 되어야 한다. 그래야 재취업을 위한 준비를 제대로 하고 있다고 할 수 있다.

직업 적성검사

재취업을 위해서는 자신의 성격과 직업적 적성 등 객관적인 지표를 확인할 수 있는 심리 검사를 받는 것도 좋다. 사람에 따라서 다른 직업에서 이뤄지는 활동 등에 대해서 관심과 애착을 느끼는 정도가 다르며, 각기 잘하는 일도 다르다. 자기가 선택한 직업에 대한 흥미를 가지고 잘할 수 있을 때 사람들은 그 직업에 만족하고 적응할 수 있다. 따라서 자신의 성격과 기질을 파악하고 그에 걸맞는 직업을 선택할 필요가 있다. 그래야 재취업을 했을 때 직무 만족도가 올라가고 직무 성과가 극대화될 수 있다. 다음은 다양한 성격 특성·유형과 그에 적합한 직무를 정리한 표이다.

1. 16가지 성격 특성[1]

1. 내성적이다	....	개방적이다
2. 비지적이다	....	지적이다
3. 기분에 좌우된다	....	정서적으로 안정되어 있다
4. 복종적이다	....	지배적이다
5. 심각하다	....	낙천적이다
6. 수단적이다	....	양심적이다
7. 겁이 많다	....	모험적이다
8. 강인하다	....	감수성이 강하다
9. 믿는다	....	의심이 많다
10. 실제적이다	....	공상적이다
11. 솔직하다	....	약삭빠르다
12. 자심감 있다	....	염려한다
13. 보수적이다	....	개척적이다
14. 집단에 의존한다	....	자주적이다
15. 통제되지 않는다	....	통제된다
16. 이완되어 있다	....	긴장하고 있다

2. 성격 유형과 직무, 직업의 적합성[2]

성격 유형	직업(occupation)	직무(job)
현실주의적	임업, 농업, 건축업	독립성이 강한 직무 : 영업, 현장 관리, 공사 현장 관리, 작업 관리, 구매 관리, 노무 관리
탐구적	생물학, 수학, 뉴스 보도와 관련된 직업	치밀 면밀성을 요하는 직무 : 영업 기획, 생산 기획, 재무 기획, 공해 관리, 안전 관리, 공무 업무, 생산 관리 업무, 관리 제안
사교적	해외 봉사, 사회사업, 임상심리학 등 관련 직업	대인 접촉이 많은 직무 : 비서 업무, 대면 대관 업무, 영업, A/S 업무, 총무 업무
인습적	회계, 재무 및 회사의 경영과 관련된 직업	규범적 사고를 요하는 직무 : 회계 재무, 세무 업무, 자금 관리 업무, 자재 관리 업무
진취적	법률, 공증관계, 소규모 기업 경영과 관련된 직업	조직적 사고를 요하는 직무 : 조직 관리, 규정 관리, 제도 관리, 인사 관리
예술적	예술, 음악, 작가 등과 관련된 직업	예술적 사고와 감각을 요하는 직무 : 홍보 업무, 카피라이팅 업무, 편집 업무, 사보 관리 업무

---

1) R. B. Cattell, 「Personality Pinned Down」, 『Psychology Today』, July 1973, pp.40~46
2) Ernest R. Hilgard, 「Introduction to Psychology」, New York: Harcourt, Brace&World, 1983

● 직업 적성검사

검사 종류	내용	검사 실시 기관
직업 적성검사	직업에서 요구하는 능력 측정	고용노동부 워크넷(www.work.go.kr) : 성인용 직업 적성 검사
직업 흥미검사	직업 흥미 유형 측정	• 한국가이던스: Holland 적성 탐색 검사 • 고용노동부 워크넷: 성인용 직업 선호도 검사
직업 가치관 검사	직업을 통해 충족하고자 하는 목표 측정	고용노동부 워크넷: 직업 가치관 검사
재취업 준비도 검사	성공적인 재취업을 위한 준비도 측정	고용노동부 워크넷: 구직 준비도 검사

재취업 지원 기관

전직이나 재취업은 생각보다 어렵다. 재취업을 할 때는 고려해야 할 사항들이 많이 있기 때문에 스스로 해결하려면 여러 가지 난관에 부딪치게 된다. 그러므로 재취업 지원 기관을 찾아서 지원을 받는 것도 상당한 도움이 된다.

● 재취업 지원 기관

지원 기관	지원 내용	홈페이지 및 연락처
고용센터	취업 알선, 일자리 소개, 직업 훈련(82개소)	www.work.go.kr / jobcenter
중장년일자리희망센터	40세 이상 중장년층 취업 지원 서비스, 취업 알선(28개소)	www.4060job.or.kr
서울시고령자취업알선센터	55세 이상 취업 알선(25개소)	www.noinjob.or.kr / 1588-1877
대한노인회취업지원센터	노인(60세)의 취업 상담 및 알선, 직업 훈련	www.k60.co.kr / 1577-6065
한국시니어클럽협회	고령자에게 적합한 일자리 제공(114개소)	www.silverpower.or.kr / 747-5508
장년인재은행	50세 이상 장년층 취업 알선, 정보 제공, 직업훈련 상담	국번 없이 1350
서울시이모작지원센터	노년층 대상 일자리 발굴, 교육 훈련	www.seoulsenior.or.kr
여성인력개발센터	경력 단절 여성 대상 취업, 창업 준비 훈련, 전직 상담(53개소)	www.vocation.or.kr

재취업 지원 제도

정부는 중장년층 재취업을 위해서 다양한 지원 사업을 시행하고 있다. 이러한 정부의 재취업 제도를 활용하여 자신에게 적합한 기회를 활용하는 것도 빠른 재취업을 위한 한 방법이다.

● 재취업 지원 제도

지원 제도	지원 기관	지원 내용
장년취업 인턴제	고용노동부	• 인턴 참여자: 신청일 현재 미취업 상태에 있는 만 45세 이상자 • 인턴 실시 기업: 고용보험법상 '우선 지원 대상 기업'(중소기업기본법상 중소기업 포함)으로 상시근로자 5인 이상 사업장 • 정부 지원 내용: 실시 기업에 대해서는 인턴 1인당 약정 임금의 월 60만 원 한도 인턴 기간(최대 3개월) 동안 지원, 실시 기업이 인턴생을 정규직으로 채용하는 경우 월 65만 원씩 6개월 동안 지원
전문인력 채용장려금	고용노동부	고용보험위원회에서 정한 업종(제조업 및 지식 기반 서비스업)에 해당하는 우선 지원 대상 기업의 사업주가 실업 상태에 있는 전문 인력을 신규로 고용하거나, 대기업으로부터 지원받아 6개월 이상 고용을 유지하는 경우 인건비의 일부를 지원하는 사업
재도약 프로그램	전경련 중장년 일자리희망센터	• 중장년 구직자에게 취업 연계 교육과 맞춤형 기업 알선 등을 제공하는 프로그램 • 프로그램 참가를 희망하는 40세 이상 구직자는 www.fki-rejob.or.kr, 02-3771-0366로 문의

제 ❹ 절 차별화된 재취업 전략을 수립하라

01 ㅣ 재취업은 3단계 전략으로 하라.

재취업 과정은 탐색, 준비, 실행의 3단계로 나누어 볼 수 있으며, 이 3단계에 해당하는 내용들을 체계적으로 준비해야 한다.

제1단계, 탐색하기

중장년의 퇴직자들은 대부분 재취업을 경험해 보지 못했다. 따라서 눈에 보이지 않는 취업 시장의 상황을 알기 어렵다. 시장의 상황을 알지 못하면 재취업 전략조차도 세우기 쉽지 않다. 무조건 이력서만 많이 뿌리면 취업이 될 것이라는 전략은 더 이상 통하지 않는다. 퇴직자들이 재취업에 성공하려면 제일 먼저 취업 시장을 탐색해야 한다. 재취업 지원 기관이나 취업 포털에서 자신의 직무 분야나 업종 관련 채용 공고의 정보를 활용한다.

제2단계, 준비하기

채용 정보를 수집했으면 이력서를 작성해야 한다. 이력서는 기업이 원하는 것을 제공할 수 있다는 데 초점을 맞춰야 한다. 즉, 이력서는 채용 당사자들이 읽을 서류이므로 '나는 이런 분야의 전문가이므로 나를 채용해 달라는 메시지'가 되어서는 안 된다. 기업들이 원하는 것을 제공할 수 있고 그 회사에 기여할 수 있는 충분한 경험과 역량이 있다는 메시지가 되어야 한다. 다시 말해 자신의 입장에서가 아닌 그들이 원하는 것이 무엇인가에 초점을 맞춰 작성해야 한다.

그리고 서류 심사를 통과하면 면접을 준비해야 한다. 이를 위해선 면접을 봐야 하는 기업의 정보를 수집하고 그 정보에 맞는 예상 질문을 만들고 답변을 준비해야 한다. 답변을 준비할 때 준비한 내용을 완벽하게 외우려 하면 실전에서 실수할 확률이 높아진다. 키워드 중심으로 답변을 준비하고 반복해서 연습하는 것이 중요하다. 특히 경력 있는 재취업 희망자에게 면접관들이 필수적으로 묻는 질문을 알아둘 필요가 있다.

- 전 직장에서 어떤 업무를 담당했는가?
- 지원자의 경력과 능력이 우리 회사에 어떤 기여를 할 수 있는가?
- 전 직장을 퇴사한 이유는 무엇인가?
- 우리 회사에 지원한 동기는 무엇인가?

제3단계, 실행하기

실행 단계에서는 이력서를 제출하고 면접을 진행하는 활동이 반복되는데 재취업의 여러 가지 방법을 모두 실행해 보는 것이 중요하다. 오픈잡 서치, 헤드헌터 활용하기, 선후배나 지인에게 퇴직을 알리고 정보 수집 창구로 활용하기, 타깃 마케팅, 공공 취업센터 활용하기 등 여러 가지 방법들을 모두 동원해야 구직 활동 기간을 단축시킬 수 있다.

02 ㅣ 경력 중심의 이력서를 작성하라.

재취업을 위해 작성하는 이력서는 자신이 가지고 있는 역량을 집약적으로 보여줘야 한다. 구체적으로 인적 정보, 업무 성과, 관련 직종 역량, 관심도, 생각 등이 종합적으로 기술되어 있어야 한다.

채용하고자 하는 회사는 구직자에 대한 정보를 이력서 한 장에서 발견할 수밖에 없다. 그렇기 때문에 취업하고자 하는 회사의 마음을 사로잡지 못하는 이력서는 외면받는다는 것을 명심해야 한다. 나름대로 철저한 경력 관리를 했고, 다양한 역량을 개발하고 스펙을 쌓아 왔는데 서류 심사에서 떨어진다면 이력서를 효과적으로 작성하지 못한 이유가 크다. 이력서는 자신의 장점을 최대한 부각시키도록 적절히 포장할 줄도 알아야 한다. 읽는 사람이 한번 만나보고 싶다는 흥미를 유발시켜야 하므로, 나만의 경력과 업무 경험, 장점이 차별화되도록 정리해야 한다. 또 잘 작성된 이력서, 자기소개서 등을 인터넷에서 찾아 벤치마킹하는 것도 훌륭한 이력서를 작성하는 좋은 방법이라고 할 수 있다.

● 입사지원서(이력서) 최종 점검 체크리스트

확인 사항	점검 포인트	개선 포인트
간략하다 못해 내용이 지나치게 간단한가?		
오탈자나 비속어가 있지 않은가?		
지원 회사만을 위해 정성을 들인 입사지원서인가?		
지원하는 회사의 이름은 제대로 썼는가?		
자신의 경험에 대해 본인이 직접 쓴 글인가?		
내용이 일관성이 있는가?		
지원 직무에 입직하기 위해 노력한 것이 나타나는가?		
지원 회사에 대한 관심이 드러나는 준비 과정이 나타나는가?		
업무 역량 향상을 위해 자기 개발을 한 것이 나타나는가?		
핵심 내용이 한눈에 들어오는 깔끔한 형식인가?		
자신의 경력이 잘 표현돼 있는가?		
식상하지 않고 신선하고 참신한 느낌이 나는가?		
자기소개서의 소제목이 기술한 내용을 잘 설명하는가?		
입사지원서의 사진이 밝은 이미지인가?		

입사지원서 작성 시 유의 사항

1. 내용의 중복 여부를 확인한다.
2. 지원 직무와 유관 경험, 봉사 활동, 자격증 등에 대한 언급이 있는지 확인한다.
3. 지원 직무에 대한 관심도를 보여주기 위해 관련 기사 스크랩, 블로그 활동, 관련 잡지 구독, 관련 모임 활동 등을 언급한다.
4. 문서 작성은 컴퓨터 활용 능력을 여실히 보여 준다. 글씨체의 통일, 줄 간격 맞춤, 오탈자 확인 등 기본적인 부분부터 꼼꼼하게 살펴야 한다.
5. 개발 기술자나 디자이너처럼 기술적인 부분을 보여 줄 필요가 있다면 제품 팸플릿이나 작품 포트폴리오 등을 첨부해야 한다.

현직에 있을 때 퇴직 이후를 준비하자!

[사례 1. H중공업 김 부장의 경력 관리]

필자는 울산에 있는 H중공업에 오랜 시간 동안 출강을 했다. 때문에 울산 지역에 내려가면 저녁을 같이 할 친구가 꽤 있다.

그런데 고연봉과 안정성으로 필자가 부러워했던 그 회사의 직원들이 하루아침에 해고되는 일이 벌어졌다. 필자의 지인인 김 부장도 감원 폭풍을 피하지 못했다. 그는 아내에게 퇴직했다는 말을 차마 하지 못하고 몇 개월 동안 출근한다면서 집을 나섰다고 한다. 그러나 막상 갈 곳이 없어 가까운 산을 올랐다고 한다. 혹시나 누가 알아볼지 모른다는 걱정에 마스크에 선글라스까지 착용하고 말이다. 그러다 생계가 막막해지자 얼마 전부터 대리운전을 시작했다고 한다. 중간에 잠깐 고향에 가서 농사지을 생각도 했지만 부모님이 걱정하실 것 같아 포기했다고 한다.

그는 현재 대리운전을 하면서 한 국책특수대학의 실업자 기술 과정에서 용접·전기·기계 설계 등 전문 기술을 배우고 있다. 문제는 무료 지원 과정이 2~3개월이면 끝난다는 점이다. 또한 이 과정이 끝난다고 해도 사무직 퇴직자인 김 부장이 단기간 배운 기술로 재취업하기 어렵다는 것도 문제다. 그럼에도 김 부장은 뾰족한 대안이 없어서 막연한 기대감만을 갖고 다니고 있다고 했다. 현직에 있을 때 퇴직 후를 준비하지 못한 것을 후회하면서 말이다.

[사례 2. S자동차 권 과장의 경력 관리]

필자가 2일 16시간 과정의 공개 과정을 진행할 때 수강을 했던 권 과장은 독특한 이력의 소유자이다. 그는 고등학교를 졸업하고 스무살의 나이에 지금의 회사에 입사해 26년째 근무하고 있다고 했다. 그동안 회사는 몇 번의 M&A를 통해 경영권이 바뀌었고, 그 과정에서 구조조정이 진행되면서 많은 동료가 해고를 당했다고 한다. 다행히도 품질 관리와 ISO 업무를 하는 권 과장은 구조조정을 피해갈 수 있었다고 한다. 그러나 이러한 격변의 시간 속에서 그는 자신의 미래에 대한 고민을 했고 이때부터 실버층을 대상으로 한 마술사가 되겠다는 경력 목표를 설정했다고 한다.

그리고 경력 관리의 일환으로 마술 관련 전문대학에 진학해 학업도 마쳤다고 한다. 그러는 가운데 마술사 동호회에 가입해 인맥을 넓혔고, 틈틈이 마술 공연도

하면서 약간의 부수입도 올리고 있다고 한다. 여기에 회사의 프로그램을 활용해서 외부에서 다양한 교육을 받는다고 한다. 필자의 강의를 수강한 것도 회사를 활용한 것인데, 필자의 강의를 듣고 자신의 경력 목표에 '전문 강사'라는 목표를 하나 더 추가했다고 한다. 이에 회사 연수원에서 근무하기 위한 인맥 교류 및 활동 등을 하고 있는데 조만간 실현될 것 같다고 한다. 그는 이외에도 자신의 경력 목표를 달성하기 위해서 대학에 편입해서 공부하고 있고, 졸업 후에는 대학원에 진학하겠다는 계획도 가지고 있다.

교육적 시사점

- 직장인은 언젠가는 회사를 떠난다는 것을 명심해야 한다. 사무관리직이 2~3개월가량 익힌 기술로 재취업을 한다는 것은 거의 불가능한 일이다. 적어도 6개월이나 1년 이상의 기술 지원 과정을 이수해야 재취업에 도움이 될 수 있다. 따라서 현직에 있을 때, 직장에 다닐 때 미리미리 퇴직 후를 준비해야 한다.
- 회사를 부정하기보다는 회사를 활용하라. 회사를 활용해서 자신의 경력 관리를 하면 퇴직 후의 삶도 보장받을 수 있다. 무엇보다 경력 목표를 설정할 때는 제너럴리스트가 될 것인지 스페셜리스트가 될 것인지를 먼저 생각해 보아야 한다.

1. 이력서를 기반으로 한 면접 예상 질문입니다. 질문에 답해 보세요.

예상 질문	답변
이전 회사의 근속 연수가 짧은데, 그 이유는 무엇인가?	
마지막 근무한 회사의 퇴사 이유는 무엇인가?	
퇴사 후 재취업을 위해 어떤 노력을 해왔는가?	
이직할 때 가장 중요하게 생각한 기준이 무엇인가?	
전직 시 새로운 분야로 도전하기 위해 무엇을 준비했는가?	
국외 연수 경험이 있는데 연수 목적과 어떤 내용의 연수에 참여했는가?	
꾸준히 외국어 능력을 키운 이유는 무엇이며, 회화는 가능한가?	
전 직장의 급여 수준은 어느 정도였는가?	

2. 경력기술서를 기반으로 한 면접 예상 질문입니다. 질문에 답해 보세요.

예상 질문	답변
전 직장에서 어떤 업무를 수행했는가?	
전 직장은 어떤 회사(규모, 매출액, 사업 분야 등)였는가?	
해외 공장 진출 업무 지원 시 어떤 역할을 수행했는가?	
해외 공장 진출 업무를 지원했는데 외국어 능력은 어느 정도 되는가?	
OO 개발 과정에서 주로 수행한 역할은 무엇이며, 개발 과정에서 겪었던 힘들었던 점은 없었는가? 있었다면 어떻게 극복했는가?	
전 직장에서 가장 큰 성과를 달성했던 경험은 무엇인가?	
팀장 역할을 수행하면서 팀 구성은 어떻게 되어 있었는가?	
팀장으로서 조직 문화에 기여한 경험이 있다면, 그 경험은 무엇인가?	

자신의 SWOT 분석

- S(강점): 자신이 남보다 뛰어난 강점
- O(기회): 외부적으로 기회가 되는 요소
- W(약점): 자신의 취약점
- T(위기): 외부적으로 열악한 요소

S(Strength, 강점)	W(Weakness, 약점)
O(Opportunity, 기회)	T(Threats, 위기)

※ SWOT 분석이란? 경쟁자와 비교한 나의 상황을 확인하는 내부 환경 분석에서는 내 강점(Strength)은 무엇이고 약점(Weakness)은 무엇인지를 검토하게 된다. 나를 제외한 모든 주변 상황을 나타내는 외부 환경 분석에서는 자신의 약점을 커버할 수 있는 기회(Opportunity)를 확인하고 가장 위협(Threats)적인 요소가 무엇인지를 구체화하게 된다. 이러한 자기의 내·외부 환경 분석을 통해 자신의 강점을 최대한 어필하고, 약점을 보완할 수 있는 방법을 찾는 것이 중요하다.

재취업 마케팅 전략

효과적인 마케팅을 위한 네 가지 핵심 요소를 가리켜 4P Mix라고 일컫는다.

첫째는 Product(제품)다. 이는 ▷나는 어떤 사람인가 ▷내가 지원하는 회사와 부서에 적합한 인재인가 ▷나의 강점을 어필하고 차별화될 수 있는 이력서와 자기소개서가 완벽하게 준비되어 있는가 등을 점검하게 된다.

둘째는 Price(가격, 가치)다. 이는 ▷나는 얼마만큼의 가치가 있는 사람인가 ▷기업의 입장에서 나는 그만큼의 임금을 지불하고 고용할 만한 가치가 있는 사람인가를 고민하게 된다.

셋째는 Promotion(촉진)이다. 이는 ▷나를 어떻게 홍보할 것인가 ▷나를 고용하도록 만드는 차별화된 PR 방법은 무엇인가를 확인한다.

넷째는 Place(유통)다. 이는 ▷어떤 방법으로 취업문을 열 것인가 ▷취업과 관련한 정보는 충분히 보유하고 있는가 ▷인적 네트워킹은 충분히 가지고 있는가를 검토하고 부족한 부분을 수정, 보완하게 된다.

마케팅 믹스(4P)의 관점에서 본 취업 전략

1. Product(제품): 나는 어떤 사람인가, 직무에 적합한 사람인가?

- 나의 강점을 잘 나타내는 이력서와 자기소개서 준비
- 남들과 차별화된 이력서 준비

2. Price(가격): 나의 가치는 얼마인가?

- 비싼 금액을 주고 제품을 사더라도 만족하게 만들 것
- 자신의 가치를 면접을 통해서 보여 줄 것

3. Promotion(촉진): 나를 어떻게 홍보할 것인가?

- 나를 채용하게 만드는 활동, 자기 소개가 아닌 자기 PR임
- 취업 명함 제작, 취업 카페나 동아리 가입 등

4. Place(유통): 어떤 방법으로 취업할 수 있을까?

- 취업 포털 사이트, 인적 네트워킹, 써치펌, 채용 대행 회사 등을 활용할 것
- open 채용 정보는 30%, 네트워킹 정보는 70%
- 나만의 취업 성공 네트워킹을 만들 것

03^장 창업은 나의 새로운 도전이다

제1절 창업 성공을 위해서는 철저한 준비가 필요하다.
제2절 창업의 현실을 냉철하게 읽어야 한다
제3절 창업 프로세스를 기획해야 한다
제4절 귀농·귀촌, 신중한 검토 후 결정해야 한다

학|습|목|표

• 창업 성공은 철저한 준비에 의해서만 가능하다는 것을 알 수 있다.
• 창업 투자 실패를 예방하는 5대 수칙을 학습할 수 있다.
• 창업의 현실을 냉철하게 읽어야 함을 알 수 있다.
• 창업, 귀농, 귀촌의 프로세스를 기획할 수 있다.

학|습|열|기

한국의 자영업자 비중은 미국의 5배에 이른다고 한다. 자영업자가 500만 명에 육박했다는 사실은 우리 사회의 취업난이 매우 심각하다는 것을 보여 준다. 그러나 너무 많은 사람들이 자영업 전선에 뛰어들다 보니 자영업에서 성공하는 것 역시 점점 더 어려워지고 있다.

3만 6천 개. 우리나라에 있는 치킨 가게의 수로, 이는 전 세계에 있는 맥도널드 매장보다 많다고 한다. 이에 대한민국은 '치킨 공화국'이라는 웃지 못할 말까지 나왔을 정도다. 실제로 직장인에서 자영업자로 변신한 많은 사람들이 치킨을 비롯해 김밥, 떡, 호프집 같은 생활 밀접 업종을 선택한다고 한다. 이러한 한정된 업종에서의 극심한 경쟁은 실패로 이어질 가능성을 높인다.

'급할수록 돌아가라'는 말이 있듯이 어설프게 준비하거나, 완벽한 준비를 하지 못하면 창업하지 말고 그냥 노는 것이 정답이다. 그래야 그나마 있는 재산이라도 잃지 않게 된다. 특히 퇴직 후 창업에 실패하면 실버 파산으로 연결된다는 것을 명심해야 한다.

제 ❶ 절 창업 성공을 위해서는 철저한 준비가 필요하다

01 ㅣ 준비가 덜 됐다면 창업하지 말고 놀아라.

재취업과 창업은 퇴직자가 생계비 마련을 위해 가장 쉽게 떠올리는 방편이다. 이 중 창업은 재취업과 달리 쉽게 결정할 수 있지만 쉽게 접근할 수 있는 만큼 실패로 이어질 확률도 높다.

2015년 통계청 자료에 의하면 전국 자영업자 562만 명 가운데 57%인 323만 명이 50대 이상이었다. 2014년에는 자영업자 76만 명이 폐업했는데 50대 이상 폐업자가 32만 명으로 42%를 차지했다. 폐업 업종별로는 식당업이 20.6%로 가장 많았고, 소매업이 20.3%로 뒤를 이었다. 이는 치킨집이나 편의점을 차렸다가 망한 경우가 많았기 때문이다. 2014년 소상공인시장진흥공단 자료에 의하면 자영업자의 71%가 3년 안에 경영난 등을 이유로 문을 닫았다고 한다. 그리고 금융결제원이 같은 해 부도난 자영업자들을 분석한 결과 50대 이상이 75%에 달한 것으로 나타났다. 이처럼 노후 자금을 창업에 투자했다가 실패하게 되면 남은 인생은 경제적 고통에서 벗어나기가 쉽지 않다.

필자는 많은 기업에 강의를 다니면서 다양한 사람과 교류를 하고 인맥을 구축하고 있다. IMF, 외환위기, 금융위기 등의 대형 환란이 터졌을 때는 필자가 알고 지내던 사람들이 갑자기 실직을 당해 길거리로 내몰리는 것을 많이 보았다. 컨설턴트이자 강사인 필자에게도 자문을 구하는 주변인들이 많았다. 그럴 때마다 필자는 '그냥 놀아라, 버텨라, 정말 어려우면 빚내서 살아라'며 조언을 해 주었다. 하지만 나의 조언을 귀에 담는 사람은 없었다. 왜냐하면 생활비, 교육비, 대출금 상환 등 한창 돈이 들어갈 시기이기 때문에 그들 모두 무엇인가를 할 수밖에 없는 처지였기 때문이다.

이들은 창업 관련 책들을 정독하고, 창업 관련 교육을 받으면서 나름대로 철저하게 준비를 했다고 한다. 당시 유행했던 '이런 목(위치)을 잡으면 떼돈 번다', '100만 원 투자해서 일억을 버는 방법'과 같은 책들을 읽으면서 말이다. 필자는 그런 책들은 사기라며 말렸다. 왜냐하면 돈이 되는 위치를 안다면 왜 책에 쓰겠는가? 또 100만 원 투자해서 1억을 벌 수 있는 방법을 아는 사람이 책을 집필할 시간이 어디 있겠는가? 책을 집필할 시간에 돈을 버는 게 낫지 않겠느냐며 그러한 내용을 믿지 말라고 설득했다. 그렇지만 실직자들은 급하고 절박하다. 그런 말이 귀에 들어오지 않는다. 결국 무리를 해서 창업을 한다. 그래서 필자는 꽃을 들고 여러 군데의 개업 집을 다니면서 격려도 많이 했다. 진심으로 잘되기를 바랐지만 열에 아홉은 실패를 했다. 여기에 무리하게 빚을 내 창업을 한 경우도 많아 은행의 빚 독촉 등에 지쳐 야반도주를 하거나, 심한 경우 스스로 목숨을 끊은 지인도 있었다.

급할수록 돌아가라는 말이 있듯이, 어설프게 준비하거나 완벽한 준비가 이뤄지지 않았다면 창업하지 말고 그냥 노는 것이 정답이다. 차라리 빚내서 사는 것이 정답이다. 그래야 그나마 있는 재산이라도 잃지 않게 된다.

02 ㅣ 창업 실패는 노후 파산으로 이어진다.

베이비붐 세대(1955~1963년)가 710만 명 정도라고 한다. 베이비붐 세대의 첫 출발인 1955년생이 2009년에 정년퇴직 연령(만 55세)에 도달하면서 현업에서 퇴직하기 시작했다. 이 중 상당수는 재취업보다는 수월한 창업에 뛰어들었다.

그러나 준비된 창업자들은 극소수여서 대다수가 1년 내에 실패했다. 여기에 자영업자 수가 급증한 것도 실패의 원인으로 작용했다. 실제로 우리나라 자영업자 수는 2009년 말 기준으로 487만 명으로 경제활동인구의 20%를 넘는데 이는 선진국의 2배 수준이다. 특히 자영업자로 변신한 사람들 중 24%가 생활 밀접 업종을 선택하면서 극심한 경쟁이 빚어진 것도 실패에 이르는 원인이 되었다.

필자가 어느 지역을 방문했을 때의 일이다. 거기서 우연히 폐지 줍는 노인을 보게 되었는데, 놀라지 않을 수 없었다. 폐지를 줍던 노인이 필자가 평소 알고 지내던 박 이사라는 지인이었기 때문이다. 평생 연수원에서 교육 업무만 했던 박 이사는 2008년 금융위기 때 55세의 나이로 퇴직을 하게 되었다. 그래도 대기업의 임원으로 근무를 했기 때문에 곧바로 중소기업에 재취업을 할 수 있었다. 물론 전에 다니던 직장에 비해 연봉은 대폭 삭감되었지만 말이다. 하지만 박 이사는 재취업한 회사에서 대표의 무리한 일 요구를 견디지 못하고 3개월 만에 퇴직하게 되었다. 이후 고등학교와 대학에 다니는 자녀들의 뒷바라지 때문에 마음이 급해져 철저한 준비도 없이 창업을 하게 되었다. 더욱이 자신의 자존심과 체면을 살리기 위해서 최고의 의류 브랜드 매장을 강남에 열었다. 그러나 3개월 만에 매출은 급감하였고, 여기에 엄청난 임대료와 인건비는 감당하기 쉽지 않았다. 결국 그는 10개월을 버티다 가게 문을 닫았고, 그 후유증으로 감당하기 어려운 부채를 안게 되었다.

창업 실패의 후유증은 의외로 컸다. 아내는 식당에 나가서 일을 하고, 자녀들은 휴학과 복학을 반복하게 되었다. 그는 과거 직장 다닐 때의 인맥을 동원해서 재취업의 문을 두드렸지만 많은 나이가 걸림돌이 되었고 이에 주유소 주유원, 편의점 아르바이트 등 여기저기 일을 다녔다. 그러다 다시 총 1억 원을 투자해 안산의 한 대학 근처에 프랜차이즈 중국집을 열게 되었다. 그러나 수요 예측을 제대로 하지 못한 결과 식재료비는 매출 대비 50%를 넘었고 인력 관리라는 난관에도 부딪혔다. 또 학교 근처인데도 방학을 고려하지 않은 것도 결정적인 패착이었다. 대학의 방학 기간은 5개월이나 되고 방학이 되면 학기 중 매출액의 30%에도 못 미쳤다. 결국 그는 계속된 적자에 폐업을 했고, 여기에 이전부터 시작된 부부의 갈등은 더욱 깊어졌다. 다행히 황혼이혼의 위기는 벗어났지만 경제적 어려움이 심해져 폐지 수거를 하게 됐다는 것이다. 물론 출가한 자녀들이 생활비를 많이 보태준다고 한다. 박 이사는 철저한 준비 없이 진행한 성급하고 무모했던 창업을 몹시도 후회하고 있었다. 그리고 그 후유증은 치유하기 어려운 노년의 경제 파탄, 실버 파산으로 이어질 수 있다면서 필자에게도 조심하라고 당부했다.

창업과 투자, 실패를 예방하는 5대 수칙

1. 준비가 부족하면 차라리 시작하지 말아라.
2. 은퇴 전부터 4~5년은 준비하라.
3. 전문가 코칭을 꾸준히 받아라.
4. 창업 대신 재취업, 투자 대신 연금화도 방법이다.
5. 단기 고수익 유혹을 경계하라.

03 | 자영업 창업의 성공과 실패 요인

많은 사람이 퇴직을 하고 창업을 하지만 성공하는 사람은 드물다. 창업 실패의 가장 큰 이유로는 다음을 들 수 있다.

첫째, 철저한 사전 조사 없는 창업이다. 충분한 준비 없이 잘 알지도 못하는 시장에 뛰어드는 무모한 선택은 곧 실패로 이어질 수밖에 없다.

둘째, 창업 아이템 선택의 오류를 범하기 때문이다. 유행하고 있는 트렌드를 모르거나 쇠퇴기에 접어든 아이템을 선택하는 것은 실패로 이어진다.

셋째, 입지 상권 선정을 잘못하기 때문이다. 시장 조사나 고객에 대한 분석 없이 월세나 권리금이 싸다는 이유로 구석이나 유동 인구가 없는 곳에 점포를 선정한다면 영업 시작도 하기 전에 자금난에 시달릴 것이다.

넷째, 부실 프랜차이즈 업체를 선정하기 때문이다. 프랜차이즈 본사에 대한 철저한 조사 없이 가맹점 관리 능력과 자본금도 없는 부실한 프랜차이즈를 선택한다면 경쟁 점포들과의 경쟁에서 뒤처지는 것은 당연한 일이다.

다섯째, 동일 상권 내의 동일 아이템 경쟁 점포들과 차별화 전략이 없다. 차별화 전략은 창업의 핵심 요소이자 필수 요건이다.

여섯째, 고객 서비스에 대한 프로 의식이 없다. 제조업이 아닌 서비스업에 있어서의 기본은 고객에 대한 서비스다.

● 창업 결단을 위한 점검

창업 결단을 위한 점검 내용	Yes	No
1. 허영심과 허세로 창업을 하려는 것은 절대 아니다.		
2. 어떠한 어려움도 극복할 마음의 자세가 되어 있다.		
3. 가족의 동의를 구했고, 전폭적인 지원을 받았다.		
4. 사업이 잘 안 될 경우 후원(자금 차입, 경영 자문 등) 받을 사람이 있다.		
5. 계획적이면서 절제하는 생활을 할 자신이 있다.		
6. 스스로 사업가적 자질과 기질이 있다고 생각한다.		
7. 충분한 시간을 갖고 창업하겠다는 결심을 했다.		
8. 생계비 때문에 임시방편으로 창업을 생각한 것은 아니다.		
9. 남의 말만 듣고 창업을 하려는 것이 아니고, 전적으로 자신의 판단과 결정에 의해 창업을 하려고 한다.		
10. 합법적·도덕적·윤리적으로 사업을 할 생각이다.		

중소기업청 등에 따르면 창업자의 약 60%가 창업 준비 기간으로 1~6개월 미만을 투자한다고 한다. 그러나 이는 오랜 직장 생활로 자영업 운영에 관한 지식과 경험이 없는 사람들이 정보와 노하우를 습득하기에는 턱없이 모자란 기간이라고 할 수 있다. 특히 최근에는 창업 전문가를 사칭한 브로커들이 생계형 창업을 희망하는 사람들에게 접근하는 경우가 많다. 이들은 특정 업체들에서 수수료를 받고 가맹비와 인테리어 비용 등만 챙기는, 일명 먹튀로 창업자들을 힘들게 하고 있다.

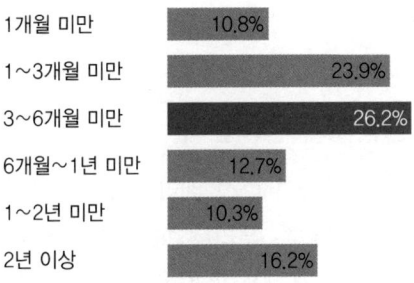

1개월 미만 — 10.8%
1~3개월 미만 — 23.9%
3~6개월 미만 — 26.2%
6개월~1년 미만 — 12.7%
1~2년 미만 — 10.3%
2년 이상 — 16.2%

자료: 중소기업청·창업진흥원, 「2015년 창업 기업 실태 조사」

[평균 창업 준비 기간]

따라서 창업을 할 때는 자신에게 적합한 창업 아이템 선정, 사업 아이템에 대한 창업 교육, 여러 전문가들의 의견 청취 및 상담, 철저한 상권 분석, 내실 있는 프랜차이즈 선택, 경쟁력 있는 차별화 전략의 수립, 현장 답사를 통한 조사 분석 등이 철저히 이뤄져야 한다.

성공적인 점포 운영 방법

• **매장 관리**: 개점 시간 및 폐점 시간 준수, 매장의 설비와 비품 등의 상태를 수시로 점검하고 보완한다.
• **직원 관리**: 직원들이 열심히 일할 수 있는 분위기를 조성하고 직원의 자질을 향상시키도록 노력한다.
• **매출 관리**: 원가의 비율을 줄여 매출 이익을 극대화하고 지출 경비를 최소화하기 위한 노력을 한다.
• **서비스 관리**: 고객의 욕구(니즈)를 정확히 파악한다. 고객의 니즈를 따라잡으려면 변화의 트렌드를 수시로 체크하고 분석해서, 가게 운영의 역량을 끊임없이 개발해야 한다.

제 ❷ 절 창업의 현실을 냉철하게 읽어야 한다

01 ㅣ 우리나라는 자영업자가 넘쳐난다.

　한국의 자영업자 비중은 미국의 다섯 배라고 한다. 사업자 등록을 한 자영업자가 500만 명에 육박했다는 사실은 우리 사회의 취업난이 심하다는 점을 보여 준다. 이처럼 자영업에 너무 많은 사람들이 뛰어들다 보니 자영업에서 성공하기란 쉽지가 않다.

　자영업 창업은 생활 밀접 업종, 즉 숙박·음식점·편의점·의류·부동산 중개업·미용실·세탁소 등이 많은데 이는 수요층이 넓고, 적은 자본으로도 가게를 차릴 수 있기 때문이라고 할 수 있다. 특히 음식점업은 치킨집, 김밥집, 커피숍이 포화 상태로 과당 경쟁에 내몰리고 있다. 2016년 통계청에 따르면 그해 7월 숙박·음식점업 취업자는 233만 명으로, 1년 전보다 5.6% 증가했다. 또 숙박·음식점업 취업자는 최근 5년 새 빠르게 증가하고 있다. 실제로 2011년 말 185만 4000명이던 숙박·음식점업 취업자는 ▷2012년 190만 6000명 ▷2013년 197만 1000명 ▷2014년 209만 8000명 ▷2015년 217만 9000명으로 늘었다.

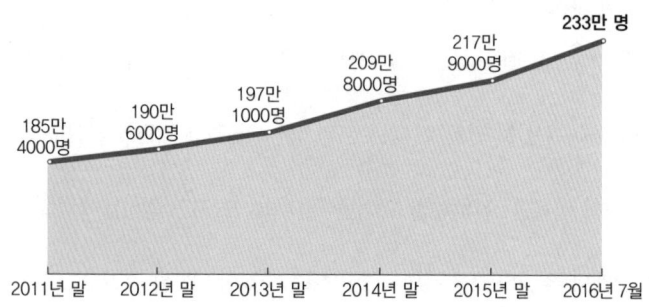

자료: 통계청(2016년)

[숙박 및 음식점업 취업자 수 현황]

이렇게 생활 밀접형 업종의 생계형 창업이 늘어난 것은 퇴직 후 노후 준비가 제대로 되지 않은 베이비붐 세대와 최악의 취업난을 겪고 있는 청년 세대가 소규모 창업에 뛰어들고 있기 때문이다. 여기에 기업의 경영 악화로 조기 퇴직이 늘어나는 것도 원인이다. 결과적으로 생활 밀접형 업종은 과당 경쟁일 수밖에 없고, 과당 경쟁은 곧 많은 가게의 폐업으로 이어지게 된다. 특히 베이비붐 세대의 창업 실패는 노후의 경제 파탄 즉 실버 파산으로 이어지는 것이어서 그 문제가 심각하다.

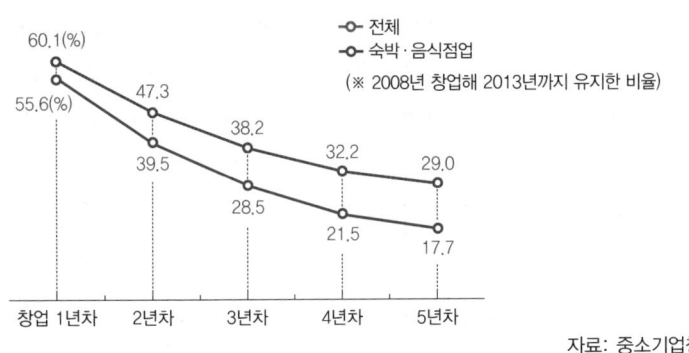

자료: 중소기업청

[숙박·음식점업 연차별 생존율]

02 ㅣ 한국은 치킨 공화국? 치킨 게임을 하고 있다.

대한민국은 치킨 공화국이다. 10대부터 직장인들까지 아무리 애쓰고 노력해도 결국은 치킨집으로 귀결된다는 치킨 공화국이다. 청소년들은 어차피 치킨이나 배달할 인생이고, 어른들은 결국에는 치킨이나 튀길 인생이라며 자조하는 것이다. 한때 수능 등급과 치킨의 상관관계라는 어느 고3의 명언이 SNS를 달군 적이 있다.

"1~3등급은 치킨을 시켜 먹고, 4~6등급은 치킨을 튀기고, 7~9등급은 치킨을 배달한다."

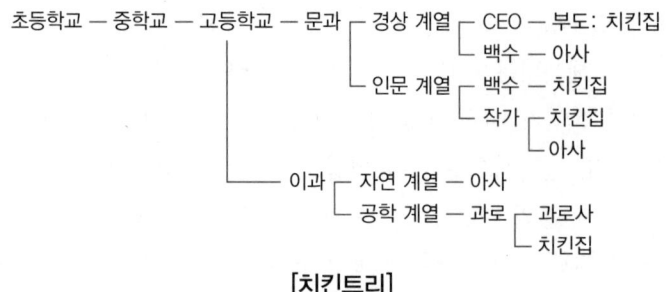

[치킨트리]

3만 6천 개. 우리나라의 대표 자영업이자 퇴직자들의 무덤이자 영원한 을(乙)인 치킨 가게의 수이다. 이는 맥도날드의 전 세계 매장보다 많다고 한다. 장사가 잘되는 것도 아닌데 골목마다 치킨집은 넘쳐난다. 해마다 7400여 개의 치킨집이 창업하지만, 5000여 개가 폐업을 할 정도로 경쟁이 치열하다. 평균 생존 기간은 2년 8개월, 절반은 3년도 버티지 못한다. 거기다 가게만 열면 큰돈을 벌 수 있다며 과장·허위 광고로 창업을 부추기는 치킨 가맹 본부가 적지 않다. 이처럼 치킨집은 성공 확률보다는 실패 확률이 높은 아이템으로, 그 실패의 결과는 고스란히 자신에게 돌아온다.

03 ㅣ 편의점과 커피점 전성시대. 외관만 멋있다?

편의점이 무섭게 성장하고 있다. 모든 길은 편의점으로 통한다는 말이 있을 정도다. 2016년 전국의 편의점 숫자는 3만 개를 돌파했으며, 편의점 한 곳당 인구수는 1,000명대로 추정된다.

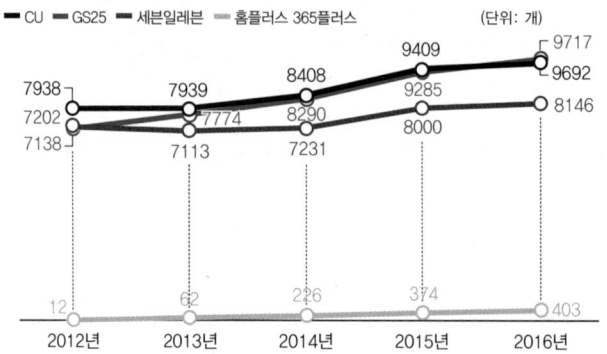

* 2016년 CU는 3월, GS25와 세븐일레븐은 4월, 365플러스는 5월 기준

자료: 공정거래위원회

[국내 빅3 및 365플러스 점포 수 추이]

그러나 2007~2014년까지 8년 사이 4개 편의점(CU, GS25, 세븐일레븐, 미니스톱) 본사가 2.17배로 매출이 늘어나는 동안 가맹점주는 1.008배로 매출 제자리걸음을 했다. 오히려 임대료와 물가 상승을 고려한다면 실질 소득은 줄었다고 할 수 있다. 특히 아르바이트생의 임금이 크게 올랐다. 2014년 최저임금은 시간당 5,210원으로 2007년 3,480원에서 약 1.5배가 상승했다. 인건비와 유지비는 100% 가맹점주의 몫이다. 특히 영업 손실을 가맹점주에게 떠넘기는 프랜차이즈나 유통 업체 본사의 횡포, 편의점 본사들의 불공정 계약 행태가 사회적 이슈가 된 적도 있다.

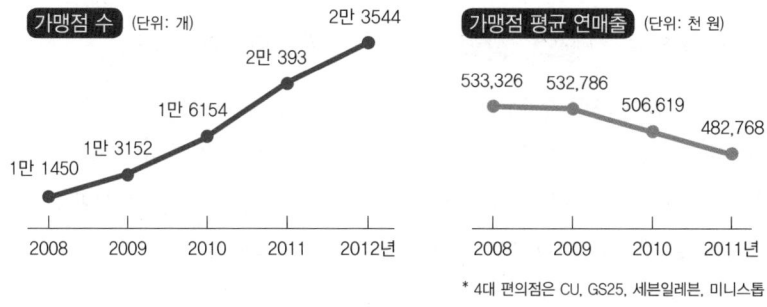

자료: 공정거래위원회

[4대 편의점 브랜드 가맹점 수 및 평균 매출액]

또 2014~2015년에는 편의점주 4명이 악화된 경영난을 이기지 못하고 극단적인 선택을 했다. 이에 2014년 가맹 사업법이 개정돼 적자가 발생해도 24시간 영업을 강요하는 행태나, 같은 브랜드의 편의점을 250m 이내에 개점하는 행태에 제동이 걸렸다. 하지만 이후로도 편의점은 6천 개 넘게 늘었다. 각기 다른 본사가 바로 옆에 편의점을 개점해도 제한할 법규가 없기 때문이다. 이런 속도로 편의점이 늘어난다면, 이종 브랜드 간의 공격적인 출점 경쟁이 큰 문제로 대두할 것이란 얘기다.

여기에 커피숍도 우후죽순 늘고 있다. 필자가 근무하고 있는 문래동의 한 건물에도 커피숍이 무려 15개나 된다. 한국공정거래조정원은 이디야커피, 카페베네, 엔제리너스, 요거프레소, 투썸플레이스, 커피베이, 빽다방, 할리스커피, 탐앤탐스커피, 파스쿠찌 등 국내 브랜드 10곳의 2015년 말 기준 비교 자료를 공개했는데 이에 따르면 10개 브랜드의 총 가맹점 수는 6,510개였다. 국내 10대 커피 프랜차이즈 가맹점들의 연평균 매출은 1억 6,000만 원, 평당 매출은 1,000만 원 수준인 것으로 조사됐다. 또 2015년 새로 문을 연 커피 프랜차이즈 가맹점은 1,431개

(22%), 문을 닫은 가맹점은 424곳(6.5%)으로 나타났다. 다시 말해 하루 평균 커피점 4곳이 문을 열고, 1곳이 문을 닫은 것이다.

● 커피전문점 프랜차이즈 현황

> • **가맹점 수**: 6510개
> • **폐점 점포 수**: 424개
> • **평당 연 매출**: 1017만 원
> • **평균 인테리어 비용**: 1억 5848만 원
> • **신규 점포 수**: 1431개
> • **연평균 매출**: 1억 6160만 원
> • **평균 최초 가맹금**: 2069만 원

자료: 한국공정거래조정원(2015년 기준, 10개 브랜드)

04 ㅣ 프랜차이즈 자영업, 창업 가맹의 덫을 조심해야 한다.

퇴직자가 생계 밀착형 업종 창업을 하거나, 가게 운영에 대한 지식과 경험이 부족한 사람들이 프랜차이즈 본사에 의존해 가맹점을 창업하면 유리한 면이 많이 있다. 즉, 프랜차이즈 본사의 표준화된 상품과 서비스 노하우를 활용함으로써 시장 진입 위험을 최소화할 수 있는 등의 장점이 있기 때문이다.

그러나 '프랜차이즈 가맹의 덫'이라는 말이 있다. 이는 31만여 개에 달한다는 유명 프랜차이즈 음식점, 커피숍, 빵집, 치킨집 등의 가맹점주들은 다 아는 말이다. 점주들이 퇴직금에다 은행 빚까지 내서 프랜차이즈 본사에 가입비를 내고 인테리어를 한 뒤 3~5년쯤 장사를 하고 나면 본사에서 리뉴얼 통보가 날아온다. 빚도 다 갚지 못했는데 이를 어기면 계약을 갱신해 주지 않으니 초기 투자 비용까지 날리게 된다. 어쩔 수 없이 가맹점주들은 또 빚을 내서 리뉴얼을 한다. 여기에 각종 판촉물과 이벤트 등 수시로 비용을 부담해야 하는 일도 속출한다. 가맹점주들은 이구동성으로 말을 한다. 가맹 본사는 절대로 돈 모을 기회를 주지 않는다는 것이다. 이는 부지런히 노력해 매출이 신장된다 싶으면 그만큼 가져갈 방안을 귀신같이 마련한다는 뜻이다.

프랜차이즈 본사 가맹은 쉽게 창업할 수 있는 장점이 있지만 가맹점에 가입한 가맹주만 망한다는 말이 있다는 현실도 직시해야 한다. 즉 프랜차이즈 가맹점 창업을 하는 것도 좋지만, 철저한 준비로 자기만의 독자적인 창업을 일구는 것도 가맹의 덫을 피할 수 있는 좋은 방법이다.

제 ❸ 절 창업 프로세스를 기획해야 한다

01 ㅣ 창업에는 철저한 준비가 필요하다.

창업은 진입 장벽이 높지 않다. 그렇기 때문에 퇴직자들에게는 굉장히 매력적으로 다가온다. 하지만 창업을 결정하기까지는 많은 준비와 노력이 필요하다. 창업은 성공과 실패가 극명히 갈리는 선택이지만 성공보다는 실패할 확률이 훨씬 높고, 모든 결정과 책임이 본인에게 달려 있다. 창업에 대한 철저한 준비가 필요한 이유다. 또한 창업 실패는 곧 실버 파산으로 이어질 확률이 높기 때문에 더욱 신중해야 한다. 베이비붐 세대와 명예퇴직자는 물론이고 조기 퇴직자도 나이가 있기 때문에 재기할 수 있는 시간이 얼마 남지 않았다는 것을 명심해야 한다.

02 ㅣ 창업의 프로세스(절차)를 마스터하라.

창업을 결심했다면 먼저 창업의 프로세스(절차)를 알아둘 필요가 있다. 창업 아이템을 선정하고, 사업의 타당성을 검토하고, 상권 및 입지를 분석하고, 자금 조달 계획을 수립하는 등의 일련의 절차를 준수해야 창업의 성공 확률을 보다 높일 수 있기 때문이다.

창업 아이템 선정

창업 아이템을 어떻게 알아봐야 할까? 인터넷을 찾아보면 많은 내용이 있다. 프랜차이즈, 음식점, 치킨집, 커피점, 분식점, 세탁소 중에서 어떤 것을 선정해야 할지 난감하다. 그렇다고 아이템을 선정하는 데 해박한 지식과 전문성을 가진 것도 아니다. 이럴 땐 창업 교육을 이수하거나, 창업 전문가의 도움을 받는 것도 좋다. 그리고 창업 아이템 선정을 위해 꼼꼼히 따져봐야 할 요소를 이해해야 한다.

첫째, 창업 아이템의 흐름을 파악해야 한다. 창업 아이템을 선정할 때는 시장의 흐름과 유행의 트렌드를 읽어야 한다. 특히 프랜차이즈 브랜드에는 브랜드 수명 주기(도입기, 성장기, 성숙기, 쇠퇴기)가 있는데, 성숙기나 쇠퇴기에 창업을 하게 되면 투자비 회수는커녕 투자 금액까지 날릴 수 있다는 점을 알아야 한다.

둘째, 자신이 했던 직무나 특기 그리고 취미를 창업 아이템으로 선정해야 한다. 최근 전문 경력 및 지식을 기반으로 창업에 도전하는 사람들이 늘어나고 있는데, 자신의 커리어를 활용한다면 짧은 시간에 사업을 안정적인 궤도에 올릴 수 있다.

셋째, 창업 이후 투자 대비 수익성을 철저하게 분석해야 한다. 가장 적은 수익을 계산하여 손익 분기점을 길게 잡고, 투자비 회수가 3년 내에 이뤄지지 않을 것으로 예상되면 창업하지 않는 것이 좋다.

실질 수익 = 총매출 − (초기 투자 비용 + 고정 비용 + 유동 비용)

● 아이템 선정 시 체크 사항

체크 사항	Yes	No
자신의 경력, 적성, 재능을 활용할 수 있다.		
조달 가능한 자금이 어느 정도인지를 알고 있다.		
아이템의 수명 주기(도입기, 성장기, 성숙기, 쇠퇴기) 중 어디에 속하는지를 알고 있다.		
상권 입지의 성격에 적합·부적합 아이템인지를 알고 있다.		

사업 타당성 검토

창업을 하기 전 사업의 성공 가능성에 대한 정보를 파악하기 위해 사업 추진 능력, 자금 조달 능력, 기술성, 시장성, 경제성, 위험 정도 등을 분석하고 평가하는 총체적인 과정을 말한다. 즉, 사업 타당성 검토는 창업을 추진하는 창업자가 사업 추진 능력, 제품의 생산과 판매에 따르는 제반의 기술적인 문제, 시장 조사와 판매 가능 수요의 예측, 손익 추정 및 경제성 등에 관한 정보를 입수하기 위해서 행하는 일련의 활동을 말한다.

● 창업 타당성 검토[3]

평가 요소	평가 항목	Yes	No
사업 수행 능력 분석	창업자가 사업을 계획하고 경영할 능력이 있다.		
	창업자가 해당 사업을 추진할 만한 능력, 지식, 경험을 갖고 있다.		
	창업자의 적성과 자질이 해당 사업에 적합하고, 창업자가 흥미를 느끼고 있다.		
시장성 및 판매 분석	상품의 주요 타깃층을 알고 있다.		
	시장의 수요와 공급에 대한 전망을 알고 있다.		
	제품의 경쟁력과 시장 지배력을 갖고 있다.		
	목표 시장 선정 전략과 판매 전략을 갖고 있다.		
	시장에서 가격 경쟁력이 있다.		
생산성 및 기술성 분석	사업 핵심 기술의 유용성이 있다.		
	사업 핵심 기술의 위험 요소가 있다.		
	기술적으로 성공 가능성이 있다.		
	제품이 차별되는 특성이 있다.		
	입지 조건이 적합하다.		
	생산 시설의 규모와 생산 능력이 적당하다.		
	기술 인력과 원자재 확보가 용이하다.		
수익성 및 경제성 분석	예상되는 손익 분기점을 알고 있다.		
	사업의 경제성과 성장성이 있다.		
	예상 투자 수익률을 알고 있다.		
	판매 단가의 조정은 수익에 영향을 미칠 수 있다.		
자금 조달 및 상환 능력 분석	자금 운용 계획표를 작성했다.		
	소요 자금의 규모를 알고 있다.		
	소요 자금은 적절한 시기에 조달이 가능하다.		
	차입금 상환 능력을 검토하였다.		

---

3) 소상공인시장진흥공단·고용노동부, 「중장년층 전직 지원 상담 매뉴얼」 / 황은희, 「중장년 퇴직 이후 재취업 길라잡이」, 2015, p.131

상권 및 입지 분석

상권은 점포들이 들어선 구역 전체를 말하며, 입지는 각 점포의 위치와 크기·규모 등 세부적인 조건을 의미한다. 창업자라면 당연히 상권 분석을 해야 하는데, 이는 창업의 성공과 실패에 직접적 관련이 있기 때문이다. 상권은 업종 특성에 따라 여러 가지 변수들이 개입돼 모든 업종에 적용되는 통일된 기준을 마련하기가 대단히 어렵다. 또 각종 부동산 및 민법 관련 지식들이 필요해 전형적인 전문가의 영역이라고 할 수 있다.

상권을 분석할 때는 다음과 같은 사항을 고려해야 한다.

첫째, 주변 지역의 특성을 파악해야 한다. 주거 지역인지, 상업 지역인지, 빌딩가인지를 확인해야 한다.

둘째, 상권 내의 영업 대상층을 파악해야 한다. 가게 입지를 선정할 때는 가게의 배후 지역에 있는 영업 대상층에 대한 파악이 중요하다.

셋째, 유동 인구수를 확인한다. 우수한 입지를 고르는 데 기본은 가게 앞을 지나다니는 사람들의 숫자다.

넷째, 접근성과 이용률을 고려해야 한다. 가게 입지는 고객들이 쉽게 찾고 편하게 올 수 있어야 한다.

다섯째, 역세권인지를 고려해야 한다. 역세권은 지하철역이나 버스 정류장, 버스 터미널 등 대중교통 수단이 상권에 지대한 영향을 미치는 지역을 말한다.

상권 및 입지 분석은?

- 상권정보시스템(sg.sbiz.or.kr)을 활용하여 상권 및 입지 분석이 가능하다.
- K-스타트업(www.k-startup.go.kr)의 '벤처 창업 입지 114' 코너에서 창업자를 위한 전국의 입지 정보를 제공하고 있다.

자금 조달 계획의 수립

창업에는 수많은 시행착오와 실패의 위험이 항상 도사리고 있기 때문에 장기적인 자금 조달 계획이 중요하다. 만약 이 계획을 세우지 않고 즉흥적으로 창업에 도전하게 되면, 사업을 본궤도에 올리기도 전에 여러 가지 장애에 부딪쳐 실패하게 된다. 따라서 창업 자금도 중장기 계획과 단기 계획을 세워 추진해야 한다.

자금 조달 계획을 수립할 때는 소요 자금의 불확실성 및 소요 자금 산출상의 누락분 등을 감안하여 총 소요 자금의 1.5배 정도를 미리 확보하는 것이 좋다. 총 소요 자금 대비 자금 계획이 수립되면 창업자의 자금 조달 능력을 검토해야 한다. 자금 조달 능력은 경영자의 인적 자원, 금융기관 인맥, 담보력, 신용력 등의 총체적 개념이며, 조달 형태에 따라 자기 자본과 차입금 등 타인 자본으로 구분해 볼 수 있다. 자금 조달 능력은 자금 조달에 따른 위험 정도에 따라 구분해 볼 수 있으며 창업자의 실정에 맞춰 그 조달 범위를 결정해야 한다. 자금 조달 능력의 적정성 평가는 자금 조달 능력이 예상 자금 조달 계획 액수에 이르지 못할 경우 사업 규모를 줄여야 한다. 창업 자금을 조달할 때는 창업 지원 기관의 지원 자금과 창업 지원 정책 자금을 활용하면 많은 도움을 받을 수 있다.

● **창업 지원 기관**

지원 기관	지원 종류	지원 대상	지원 내용
중소기업진흥공단	소공인 특화 자금	제조업, 상시 근로자 수 10인 미만의 소공인	업체당 최고 2억 원 (운전 자금 1억 원)
소상공인시장진흥공단	일반 자금	• 중소기업청장이 정한 교육을 이수한 소상공인 • 소상공인컨설팅, 나들가게, 시니어 지원 사업 수혜자 • 물가 안정 모범 업소, 장기 실업자, 여성 가장 • 프랜차이즈 가맹점 사업자, 신사업 개발 창업자	• 한도 7,000만 원 (장애인 기업, 나들가게는 한도 1억 원) • 대출 기간: 5년(2년 거치, 3년 상환)
서울신용보증재단	창업 자금	창업 6개월 이내에 해당하는 자로서 인정 교육 이수자	서울시 자금은 사업장이 서울인 경우에 한해 가능. 기타 지역은 지역 신용보증재단에 문의
	운전 자금 (서울시 자금)	창업하고 3개월이 지난 자	
한국여성경제인연합회	창업 자금	저소득 여성 가장으로 생계형 창업을 희망하며, 가족을 사실상 부양하는 자	• 점포 임대금 지원 • 한도: 5,000만 원 • 금리: 연 3.0%
서민금융진흥원	창업 임차 자금 및 운영 자금	개인 신용 7등급 이하로 저소득·저신용 계층에 해당하는 자영업자 및 창업 예정자	자금 종류에 따라 한도 및 상환 방법이 다르므로 해당 기관에 문의
사회연대은행	창업 자금	사회적 취약 계층	개인 창업, 운영 자금 지원 등

사업 계획서 작성

사업 계획서란 창업과 관련된 모든 내용을 문서로 작성하는 것을 말한다. 사업 계획서에는 사업의 핵심 내용과 가치를 집약해 설명해야 한다. 추진하려는 사업이 왜 존재해야 하고 누가 어떻게 실행하며, 그렇게 함으로써 사업을 성공시킬 수 있다는 것을 분명하고 설득력 있게 기술해야 한다. 구체적으로 사업 목적과 경영 이념을 설명하고, 제품과 서비스의 독창성을 강조하고, 기존 제품과 서비스와의 차별성을 설명한다. 그리고 시장 조사 및 분석 내용이 필요한데 충분한 시간을 갖고 시장과 관련된 다양한 자료를 면밀하게 분석할 필요가 있다.

제품과 서비스에 대한 고객·규모 등을 포함한 시장 조사가 이뤄져야 하며, 시장 규모 및 경쟁자의 강점과 약점에 대해서도 평가해야 한다. 그리고 시장 점유율 및 예상 매출액 예측은 제품과 서비스의 시장 규모와 전망, 경쟁자들의 매출 추이 등에 기초해 추정한다. 이는 운영 계획, 마케팅 계획, 재무 계획 등에 직접적으로 영향을 미친다.

● 사업 계획서 주요 내용

서론	• 아이템 개요 • 사업 환경 SWOT 분석	• 경쟁 업체 분석 • 입지 및 상권 분석
본론	• 목표 고객 및 상품 계획 • 가격 및 판촉 계획 • 점포 디자인 계획 • 종업원 채용 및 교육 계획	• 광고 계획 • 자금 조달, 운영 계획 • 기타 운영 계획
결론	• 사업 투자비 • 월간/연간 영업 수지 • 사업 타당성 분석	• 손익(B/C) 분석 • 사업 추진 일정

Tip

• 사업 계획서 작성 시 고려 사항으로는 ① 현실성 ② 구체성 ③ 독창성 ④ 기업가 정신 ⑤ 공공의 이익 도모 ⑥ 합리성 ⑦ 신뢰성 등이 있다.
• 창업 계획서를 작성할 때는 창업 컨설턴트의 도움을 받으면 좋다. 그리고 비즈폼(www.bizform. co.kr), 하우폼(www.howform.com), 예스폼(www.yesform.com) 등의 사이트에 들어가면 각 업종별로 다양한 사업 계획서의 샘플이 있다. 일정 금액을 지불하여 구입하면 사업 계획서를 작성하는 데 도움이 될 수 있다.

사업자 등록

모든 사업자는 사업을 시작할 때 반드시 사업자 등록을 해야 한다. 사업자 등록은 사업을 시작한 날로부터 20일 이내에 관할 세무서 민원봉사실에 신청하거나 홈텍스(www.hometax.go.kr)에 접속하여 신청하면 된다. 인허가 업종인 경우에는 사업자 등록 신청 시 허가(신고, 등록)증 사본을 함께 제출해야 한다. 사업자등록증 발급은 3일 이내에 이뤄진다.

창업 교육

소상공인시장진흥공단 홈페이지(www.semas.or.kr) 등을 참조하면 창업 교육에 대한 자세한 내용을 확인할 수 있다.

● 소상공인 교육 지원

교육 내용	지원 대상(교육비)	지원 내용	신청 방법
소상공인 경영 학교 교육	소상공인 (사업자등록증 보유자, 무료)	• 알기 쉬운 세법, 경영자 마인드, 친절 서비스 등 경영 개선 동기 부여를 위한 교육 • 음식, 서비스 등 업종별 전문 기술 실습, 성공 업체 탐방 등 업종·기능별로 특성화된 소그룹 교육	소상공인 통합교육시스템(edu.sbix.or.kr)에서 회원 가입 후 교육 신청 (경영 학교 교육 → 희망하는 교육 지역 및 업종 검색 → 신청하기)
소상공인 창업 학교 교육	예비 창업자 및 업종 전환 예정자 (무료)	• 업종 전환 교육: 업종 전환 예정자, 폐업자를 대상으로 부가가치가 높은 업종으로의 전환 및 재창업을 위한 특화 교육 • 실전 창업 교육: 예비 창업자를 대상으로 창업 전 과정을 6단계로 나눠 창업 준비에 필요한 기본적인 내용을 종합적으로 교육	소상공인 통합교육시스템(edu.sbix.or.kr)에서 회원 가입 후 교육 신청(창업 학교 교육 → 희망하는 교육 지역 및 업종 검색 → 신청하기)

제 ❹ 절 귀농·귀촌, 신중한 검토 후 결정해야 한다

01 | 귀농과 귀촌, 생각만큼 쉽지 않다.

귀농(歸農)이란 도시에서 일을 하던 사람이 그 일을 그만두고 농사를 위해 농촌으로 돌아가는 것을 말하며, 귀촌(歸村)이란 농촌에 내려와 농업 이외의 직업을 주업으로 하는 생활을 말한다. 귀농, 귀촌해서 성공하는 사람은 자영업을 창업해서 성공할 확률보다 적다고 한다. 예컨대 자영업이 10%의 성공 확률이 있다고 하면 귀농, 귀촌은 1%의 성공 확률이라고 하니 농촌에서 정착한다는 것은 말 그대로 낙타가 바늘구멍에 들어가는 것만큼 어렵다고 하겠다.

귀농, 귀촌 성공의 조건은 ▷귀농의 안정적 수입 ▷귀촌 시 기존 마을 주민들과의 융합 ▷도시 생활의 편의성에 버금가는 정주 여건 ▷시골 생활의 불편함을 어느 정도 감수할 의지 ▷불편함조차도 자연과 함께하는 행복으로 승화시키려는 마인드가 있어야 한다.

무엇보다 귀농 시 가장 큰 문제는 안정적 수입이라고 할 수 있다. 농가 소득은 평균 연 3,000만 원 정도라고 알려져 있는데, 이는 농사 프로들이나 가능한 얘기다. 따라서 농사 기술도 없고, 있다 해도 자가 농지가 없는 귀촌인들은 이러한 수입도 달성하기 어렵다.

귀농, 귀촌 시 주어지는 정부의 지원 정책은 최고 3억 5천만 원으로 되어 있지만 이 혜택을 받는 사람들은 거의 없다. 주택 5,000만 원에 귀농 평균 1억 원 내외가 많은데 이것도 창농 사업 계획을 잘 세워 농신보(농림수산업자 신용보증기금)와 농협에 신용과 담보 건이 통과되어야 가능하다고 한다. 귀농, 귀촌인들은 자기 준비 자금이 평균 1억 원이고, 귀농 시 아이템을 선뜻 결정하지 못하는 어려움도 있다고 한다. 여기에 자기자본금 평균 1억 원과 정부 저리 지원 1억 원 등 도합

2억 원을 가지고 주택과 농지 그리고 초기 운영 자금을 충당하기란 쉽지 않다. 그러므로 귀농, 귀촌으로 성공하기 위해선 부단한 노력이 필요하다. 정확한 정보 취득은 물론 시뮬레이션을 통해 직접 발품을 팔면서 면밀하게 검증하고 사업 계획을 세워야 한다.

02 ㅣ 귀농의 준비와 절차를 알아야 한다.

귀농, 귀촌을 준비하는 데에는 '사전 조사 → 가족 동의 → 농작물 선택 → 영농 기술 습득 → 정착지 물색 → 주택 및 농지 구입 → 정착 단계'로 준비하면 좋다.

1단계: 사전 조사

귀농을 고려한다면 농업 관련 기관, 농촌 지도자, 선배 귀농인으로부터 필요한 정보를 수집하고, 우수 사례와 실패 사례를 연구한다.

2단계: 가족 합의

조사한 결과를 토대로 가족과 충분히 상의하여 합의가 된 이후 진행한다.

3단계: 작목 선택

농산물을 생산하여 수익을 얻을 수 있을 때까지 최소 4개월에서 길게는 4~5년 정도 걸리므로, 초보 귀농인은 가격 변동이 적고 영농 기술과 자본이 적게 드는 작목 중심으로 영농 계획을 수립해야 한다. 또한 자신의 여건과 적성, 기술 수준, 자본 능력 등을 고려하여 신중하게 선택해야 한다.

4단계: 영농 기술 습득

농업기술센터, 농협, 귀농 교육 기관 등의 귀농자 교육 프로그램이나 귀농에 성공한 농가 견학, 현장 체험들을 통해 영농 기술을 배우고 익혀야 한다.

5단계: 정착지 물색

자녀 교육 등 생활 여건과 선정된 작목에 적합한 입지 조건, 농업 여건 등을 종합적으로 고려하여 정착지를 결정해야 한다.

6단계: 주택 및 농지 구입

주택의 규모와 형태를 파악해 농지를 매입할지 결정한 뒤 최소 3~4군데 비교해 보고 선택하는 것이 좋다.

03 | 귀농할 때 도움을 받을 수 있는 곳을 알면 좋다.

성공적인 귀농 생활을 시작하기 위해선 무엇보다 다양한 정보 수집이 이뤄져야 한다. 모은 정보 중에서 내게 맞는 것들을 선별해야 하고, 그에 따라 지원 기관과 각 지방자치단체의 상담 창구를 통해 심층적인 귀농 상담이 이루어지면 귀농, 귀촌에 빨리 적응할 수 있고 정착 성공 확률도 높아진다.

● 귀농, 귀촌 시 도움 받을 수 있는 곳

- 귀농귀촌종합센터(www.returnfarm.com)
- (사)전국귀농운동본부(www.refarm.org)
- 농업기술센터(www.kafarmer.or.kr)
- 거창귀농학교(www.ggschool.or.kr)
- 농촌진흥청 농촌인적자원개발센터(hrd.rda.go.kr)
- 부산귀농학교(www.busanrefarm.org)
- 한국농수산대학 산학협력단(www.at.ac.kr)
- 농림수산식품교육문화정보원(www.agriedu.net)
- 한국자산관리공사 온비드(www.onbid.co.kr)

협동조합이란?

협동조합은 경제적으로 어렵고 사회적으로 소외되어 있는 사람들이 뜻을 같이하고 힘을 한데 모아 자신들의 처지를 개선하고 필요를 충족시키기 위해 만든 경제 조직이라고 할 수 있다. 퇴직 후의 창업, 즉 시니어 창업은 성공을 한다면 정년 없는 평생직장을 가질 수 있다는 장점이 있다. 그러나 실패할 경우 돈과 명예, 건강, 가족의 미래까지 한꺼번에 잃어버릴 수 있는 위험한 도전이기도 하다. 특히 퇴직 후의 창업 실패는 실버 파산으로 직결될 수도 있다. 협동조합은 창업 실패의 리스크, 창업 실패에 대한 위험 요인을 분산시키고 줄일 수 있는 훌륭한 수단이자 도구라고 할 수 있다. 여기에 협동조합 지원 단체를 잘 활용하면 다양한 혜택, 즉 경영 자문 지도, 교육 훈련, 자금 및 설비, 운영 자금 등의 지원을 받을 수 있다.

나는 너희들과 다르다

필자가 알고 있는 성 부장은 회사에서 수시로 구조조정이 이루어지기 때문에 전직을 하기 위한 노력을 해봤지만 나이 때문에 거의 불가능했다고 한다. 그래서 창업을 결심하고 직장에 다니면서 나름 철저하게 준비를 하고 창업을 했다고 한다. 그는 퇴직 1년 전쯤부터 창업 교육도 받고, 상권 분석을 위해 여기저기 다녀보기도 하고, 어떤 아이템을 선정할까 고민도 하고, 프랜차이즈 업체가 교육을 하면 교육도 받는 등 나름 철저하게 준비했다고 한다. 그래서 내린 결론은 '그래도 먹는 장사'가 최고였다는 것이다.

그는 프랜차이즈 업체와 손잡고 가게를 오픈하면 생각보다 수익이 창출되지 않을 것이라고 생각해 독자적으로 가게를 열기로 했다. 그리고 나름 차별화 전략이라며 닭발집을 하기로 마음먹고, 틈만 나면 시간을 내 인터넷에서 정보도 수집했다. 그리고 전국의 내노라하는 닭발집에 가서 맛도 보고, 비법도 가르쳐 달라며 떼도 쓰고 해서 아이템 준비도 마쳤다고 한다. 그는 주머니가 가벼운 학생들을 타깃으로 선정하고 상권 분석을 했다고 한다. 그러나 학생들이 많이 몰리는 대학가의 가게를 알아보니 보증금과 권리금이 감당하기 어려웠다고 한다. 그래서 상권 분석에 역행은 하지만 가지고 있는 돈에 맞춰 인적이 뜸한 곳을 선택했다고 한다. 그리고 외진 곳의 가게를 활성화하기 위해 철저한 가게 홍보 전략을 수립했다. 이후 10평 남짓한 가게를 창업하는 데 퇴직금 1억 5,000만 원을 모두 쏟아부었다. 그는 계약금 5,000만 원, 인테리어에 3,000만 원을 투자했으며 가게 집기(냉장고, 식기, 테이블, 의자 등)를 재활용 시장에서 2,000만 원을 주고 구입했다. 그리고 향후 지출은 월세 500만 원, 인건비 500만 원, 재료 구입비 등 총 1,300~1,500만 원 정도를 예상했다고 한다.

처음엔 개업 기념으로 선물도 돌리고 계란말이 서비스도 내놓고 했더니 꽤 장사가 됐고, 8개 테이블에 손님이 꽉 찰 때는 이러다 금방 부자 되겠다 싶어 쾌재도 불렀다고 한다. 왜 진작 회사를 그만두고 창업을 하지 않았을까 하는 마음까지 들었다고 했다. 그러나 정말 거짓말처럼 보름 만에 손님이 뚝 끊기고, 주말 말고는 손님 구경하기가 힘들어졌다고 한다. 이러한 날이 반복되자 매달 지급하는 월세와 인건비는 부담으로 다가왔고, 돈을 주는 날이 되면 어딘가에 가서 꼭꼭 숨고 싶었다고 한다. 결국 그는 고민 끝에 폐업을 결정했고 투자금 1억 5,000만 원을 모두 날려버리고 말았다.

이렇게 폐업을 하고 나서야 그의 눈에 이 골목 저 골목에 연일 새 가게가 문을 열고 또 닫고 하는 모습이 들어왔다고 했다. 또한 자기가 운영했던 가게도 어떤 사람이 들어와서 장사를 하는 모습을 보고 나서야 비로소 느꼈다고 한다. '오갈 데 없는 퇴직자들은 넘쳐나고 있고, 누구나 할 것 없이 다들 먹는 장사로 몰리는구나.' 하고 말이다. 그들도 자신처럼 '난 당신들과 다를 거야.' 하면서 뛰어들었겠지만 결론은 모두 비슷했다는 것을 말이다.

교육적 시사점

필자가 창업 교육을 받았을 때 강사가 하던 말이 기억난다.

"나한테 교육받고 창업했던 사람 중 대다수가 3년 내에 다시 교육을 받으러 와요. 교육 당시 저는 눈높이를 낮춰서 월급이 적은 직장에라도 들어가라고 했는데, 교육생들은 창업 실패 후 다시 찾아와서 그때는 왜 그런 이야기를 안 했냐며 따지는 거죠. 당장 먹고 살 생계비 때문에 마음의 여유가 없어 당시에는 귀담아 들을 수가 없었던 것이죠."

많은 사람이 나름 철저하게 창업 준비를 하는데도 실패를 한다. 그만큼 창업을 해서 성공한다는 것은 바늘구멍을 통과하는 것보다 어렵다는 것을 명심하고, 신중에 또 신중을 기해야 한다.

Worksheet

1. 창업 아이템을 선정할 때 고려해야 할 내용에 대해 기술해 보세요.

_____

_____

_____

_____

2. 사업 타당성 조사를 할 때 검토해야 할 내용에 대해 기술해 보세요.

_____

_____

_____

_____

3. 상권 및 입지 분석에서 이뤄져야 할 내용에 대해 기술해 보세요.

_____

_____

_____

_____

4. 귀농, 귀촌의 준비 절차에 대해 기술해 보세요.

_____

_____

_____

_____

5. 귀농을 결심하는 데 있어 고려해야 할 사항에 대해 기술해 보세요.

_____

_____

_____

_____

귀농 준비 프로세스

귀농귀촌을 결심하게 되면 프로세스에 의해서 준비를 해야 한다. 따라서 단계별로 준비하거나 고려해야 할 사항에 대해 사전에 체크해 보는 것이 중요하다. 다음의 항목을 체크하면서 귀농 준비 상황을 점검해 보자.

구분	고려 사항	Yes	No
1단계: 귀농 결심	사전에 농업 관련 기관이나 단체, 농촌 지도자, 선배 귀농인을 방문하여 필요한 정보를 수집한다.		
2단계: 가족 합의	농촌으로 내려가고자 할 때 선뜻 찬성할 가족은 많지 않으므로, 가족들과 충분히 의논한 후 합의해야 한다.		
3단계: 작목 선택	자신의 여건과 적성, 기술 수준, 자본 능력 등에 적합한 작목을 신중하게 선택해야 한다.		
4단계: 영농 기술	대상 작목을 선택한 후에는 농업기술센터, 농협, 귀농교육기관 등에서 실시하는 귀농자 교육 프로그램이나 귀농에 성공한 농가 견학, 현장 체험들을 통해 영농 기술을 배우고 익혀야 한다.		
5단계: 정착지 물색	작목 선택과 기술을 습득한 후에는 자녀 교육 등 생활 여건과, 선정된 작목에 적합한 입지 조건이나 농협 여건 등을 고려하여 정착지를 물색하고 결정해야 한다.		
6단계: 주택 및 농지 구입	주택의 규모와 형태, 농지의 매입 여부를 결정한 뒤 최소 3~4곳을 선정해서 비교해 보고 선택하는 것이 좋다.		
7단계: 영농 계획 수립	합리적이고 치밀하게 영농 계획을 수립해야 한다. 농산물을 생산하여 수익을 얻을 수 있을 때까지 최소 4개월에서 4~5년 정도 걸리므로, 초보 귀농인은 가격 변동이 적고 영농 기술과 자본이 적게 드는 작목 중심으로 영농 계획을 수립해야 한다.		

세상에서 내가 제일 잘하는 것은?

필자는 강의 중에 직장인인 교육생들한테 가끔 질문을 던진다. "지금 당신이 세상에서 가장 잘하는 것이 무엇인가요?"라고 물어 보면 명쾌하게 답을 하는 사람이 거의 없다. 직장인들이 세상에서 가장 잘하는 것은 원하든 원하지 않든 간에 본인이 지금 수행하고 있는 회사의 직무인데도 그것을 모르고 있다는 것이다.

창업의 성공 요인은 무엇인가? 자신이 가장 잘할 수 있고, 자신에게 가장 적합한 업종이면서 철저한 준비라고 할 수 있다. 창업은 일반적으로 직장에서의 경험과 노하우를 토대로 할 경우 상대적으로 성공할 확률이 높다.
오랜 시간 직장에서 축적된 경험과 노하우, 그리고 창업과 관련된 네트워크가 바탕이 되면 비교적 적은 자본으로 창업이 가능하고, 실패하더라도 원금 손실에 대한 부담이 상대적으로 적다고 할 수 있다. 무엇보다 창업을 성공시키는 많은 요인들 중 가장 기본이 되는 창업자의 자질은 나머지 성공 요인들을 제쳐두고라도 창업에 뛰어드는 모든 사람이 고민해 보아야 할 사항이다.

창업을 할 때 의지와 철학 없이 남의 말만 듣고, 그리고 그 말만 철석같이 믿고 창업을 하는 사람들이 있다. 이런 사람들은 100% 망할 수밖에 없다. 남의 말에 현혹돼 아이템을 선정하고 창업을 하는 것은 허영심과 허세로 창업을 하는 것이 된다. 그리고 사업이 잘되지 않으면 본인 스스로 견디기가 힘들고 난관을 극복하기도 어렵게 된다. 물론 재미도 없는 것은 당연한 일이다.

세상에서 자신이 가장 잘하는 것 그리고 하고 싶어 안달이 났던 것을 창업 아이템으로 선정한다면 성공 확률이 높아진다. 왜냐하면 좋아하는 일을 하기 때문이다. 이러한 과정에서 항상 새로운 아이디어를 구상하고, 난관이 닥쳐도 슬기롭게 극복할 수 있는 사업가적 기질도 갖출 수 있게 된다.

04^장 경력 관리가 평생 성공을 보장한다

제1절 사업가의 자질과 능력을 갖춰라
제2절 성공이라는 꿈을 꾸어라
제3절 모소대나무처럼 인내와 고통의 시간을 투자하라
제4절 도광양회 정신으로 공부하라

학 | 습 | 목 | 표

• 사업가가 갖춰야 할 자질과 능력에 대해 학습할 수 있다.
• 성공이라는 목표를 세울 수 있다.
• 모소대나무의 지혜를 학습할 수 있다.
• 도광양회의 정신을 배울 수 있다.

학 | 습 | 열 | 기

창업은 모든 자영업자가 경쟁자일 수 있다는 점을 명심해야 한다. 따라서 경쟁에서 앞서고 승리를 하기 위해서는 도광양회 전략을 수립해야 한다. 도광양회는 자신의 재능이나 명성을 드러내지 않고 참고 기다린다는 뜻이다. 창업은 성공도 어렵지만 그 성공을 지켜간다는 것이 더욱 어렵기 때문이다.

성공이라는 꿈을 꾸어라! 꿈은 이루어진다. 꿈은 늙지 않는다. 나이를 먹으면 점점 꿈이 없어진다. 꿈이 없어지면 금방 늙게 된다. 지금부터 새로운 꿈을 꾸어라! 그리고 그 꿈을 사람들에게 이야기하라! 그러면 반드시 도움을 줄 사람이 나타난다.

4년이라는 인내의 시간을 견디고 5년째에 비로소 자신의 모습을 드러내는 모소대나무의 기다림처럼 창업도 마찬가지다. 그 결실은 하루아침에 이뤄지지 않는다. 개업발이 사라지면 고통의 시간이 찾아오기 마련이다. 그 고통의 시간에 좌절하지 않고 리스크를 감내하면서 인내해야 한다. 그렇게 해야 모소대나무처럼 깊은 뿌리를 내리고 사업에서의 성공을 이룰 수 있다.

제 ❶ 절 사업가의 자질과 능력을 갖춰라

창업자는 사업가적 자질과 능력을 갖춰야 한다. 사업을 함에 있어 필요한 모든 능력을 갖춘 사람은 사실 많지 않다. 다시 말해 창업을 하는 많은 사업자들은 사업을 함에 있어 부족한 부분이 있기 마련이다.

예를 들어 리스크 감내 능력(배짱, 배포), 추진력(먹거리를 찾는 동물적 감각), 인내심(감정 컨트롤 능력). 커뮤니케이션 스킬(협상 스킬, 화술 등) 등은 창업자가 기본적으로 갖춰야 할 자질과 기질이라고 할 수 있다. 창업을 성공시키는 많은 요인들 중 가장 기본이 되는 창업자의 자질과 기질은 창업의 여러 가지 성공 요인들을 제쳐두고라도 창업에 뛰어드는 모든 사람이 고민해 봐야 할 사항이다.

01 ┃ 강한 의지와 도전 정신

창업을 하려는 사람들은 먼저 성공한 자신의 모습을 생각하고 준비를 해야 한다. 하지만 창업 준비가 진행되면서 실패에 대한 두려움과 걱정이 앞서 창업을 중간에 포기하거나 자신의 결단을 번복하는 경우가 많다. 따라서 미래에 대한 분명한 목표 및 비전, 목표에 도달하려는 도전 정신, 선택하고 계획한 것을 끝까지 지켜내는 강한 의지 등은 창업을 하는 창업자에게 가장 기본이 되는 자질이라고 할 수 있다.

02 ㅣ 성공에 대한 갈망과 욕구

창업에 성공한 사람들을 보면 하나같이 강한 성공 욕구를 갖고 있던 사람들이다. 이런 사람들은 평상시에도 재테크에 대한 관심이 많고, 그에 대한 공부에 많은 투자를 하는 사람들이다. 그리고 자신이 직접 무엇인가를 시도해야 성공한다고 믿는 사람이다.

03 ㅣ 폭넓은 친화력

창업을 하게 되면 다양한 사람들과 마주치게 된다. 이것은 사업을 성공하거나, 실패를 하든지 간에 자신에게는 중요한 인맥이 된다. 그리고 추후에도 경영이나 마케팅에 도움이 될 수 있으므로 인맥 관리는 창업자에게 중요한 요건이다. 또한 창업자는 주요 업무를 동업자나 종업원들에게 얼마나 정확히 분배하느냐도 중요하다. 왜냐하면 자신의 사업체에 무한 책임을 가지고 모든 일을 자신이 해결하려고 하는 것은 좋지 않기 때문이다. 그것은 스트레스를 동반하게 되고, 지속적인 노력을 사업에 투자하는 데 있어서도 좋지 않은 영향을 미치게 된다.

04 ㅣ 정확한 판단력과 분석력

사업을 성공적으로 이끌어 내기 위해서는 시장의 흐름을 잘 파악할 수 있어야 한다. 일반적으로 자영업이나 소상공업을 경영하고 있는 사람들은 세계 정세나 사회의 흐름, 정보화 그리고 시장 환경을 분석하는 일에는 상대적으로 소홀한 경향이 있다. 아주 작은 가게를 운영한다고 해도 자신이 속한 시장을 계속적으로 분석하고 새로운 추세를 정확히 파악할 수 있어야 한다. 그리고 분석된 내용에 따른 대처 방안을 신속하고 정확하게 판단할 수 있어야 한다. 이를 위해서는 신문이나 잡지, 인터넷 그리고 업종에 관련된 협회 등을 통한 정보 입수 등 꾸준한 자기 개발이 중요하다. 꾸준하고 지속적인 자기 개발만이 신속한 의사 결정을 내릴 수 있는 능력을 갖게 한다는 점을 기억하자.

05 ㅣ 적극적이고 활달한 성격

　적극적이고 활달한 성격을 가진 사람은 수립한 계획을 끝까지 밀어붙이는 추진력을 갖고 있으며 주변인들의 호감도 이끈다. 다른 사람에게 호감을 주는 성격은 다양한 인적 네트워크를 구축할 수 있는 기반이 된다. 또한 손님들을 단골 고객으로 만들 수 있기 때문에 가게의 매출 신장에도 도움이 된다.

06 ㅣ 근면성과 부지런함

　큰 가게이든 작은 가게이든 간에 가게를 경영하는 경영자는 근면성과 부지런함을 갖고 있어야 한다. 그래야 가게에 오는 고객이나 종업원에게 무한한 신뢰를 줄 수 있다. 특히 작은 가게를 운영한다면 근면하고 부지런한 자세는 더욱 중요하다. 예를 들어 음식점을 항상 깔끔하게 유지하는 부지런함을 발휘한다면 그 집의 음식들 역시 신선할 것이라는 신뢰를 줄 수 있기 때문이다.

제 ❷ 절 성공이라는 꿈을 꾸어라

창업 성공에 대한 갈망과 욕구는 한마디로 이야기하면 꿈이자 비전이라고 할 수 있다.

오래 전에 사무실 근처에 자주 가던 목욕탕이 있었다. 동네 구석의 작은 목욕탕이었던 탓에 수입이 일정치가 않은지 일하는 사람들이 수시로 바뀌었다. 특히 구두 닦는 사람들이 자주 바뀌었는데 그때 만난 자칭 신정 김씨 시조(신정동에서 김씨로 등록했다고 함) 김맹호 씨가 생각이 난다. 초등학교도 제대로 졸업하지 못한 그 구두닦이 친구는 고객 만족과 예절 교육을 제대로 배운 것 같았다. 인사도 잘하고, 친절하고, 말도 잘하고, 유머까지 겸비해 목욕탕에 오는 손님들을 즐겁게 해 주었다. 김맹호 씨 덕분에 목욕탕 손님들도 늘었고, 많은 목욕탕 손님들이 김맹호 씨의 충성고객이 되었다. 김 씨는 1년 남짓 일을 하면서 빚을 청산한 것은 물론 약간의 돈도 저축하게 되었다.

그러던 어느 날 김 씨가 목욕탕을 그만둔다는 것이 아닌가? 단골 고객들과 목욕탕 주인이 섭섭해서 붙잡고 만류를 하였지만 김 씨의 결심을 꺾을 수는 없었다. 나 역시 김 씨와 정이 듬뿍 들어 이별주를 한잔하게 되었다. 삶의 터전도 괜찮고, 수입도 좋은데 왜 떠나려 하는지 물어보니 서울 생활이 재미가 없고, 재미가 없으니 꿈도 없고 해서, 지방의 작은 도시로 떠난다고 하는 것이었다. 그는 작은 구두방을 열어 구두도 닦고, 수선도 하겠다는 구체적인 계획도 들려주었다. 이후 그 친구가 떠날 때 뒷모습이 너무도 당당하고 멋있어서 부러움까지 일었다. 그 친구가 떠난 이후 필자 역시 철저히 준비해서 서울을 떠나겠다고 마음을 먹었지만 여전히 나는 서울에 머물고 있다.

이탈리아 베네치아의 구겐하임 미술관 별관 벽에는 다음과 같은 글귀가 붙어 있다.

"장소를 바꾸고, 시간을 바꾸고, 생각을 바꾸면 미래가 바뀐다(Changing Place, Changing Time, Changing Thought, Changing Future)."

여기에 "꿈을 바꾸면 모든 것이 바뀐다."라는 글을 넣으면 정말 좋을 듯하다. 창업도 성공에 대한 꿈을 확실하게 믿고, 장소(개업하고자 하는 장소의 철저한 상권 분석)를 연구하고, 끊임없이 새로운 아이디어를 창출하고, 불굴의 도전 정신을 갖고 임한다면 성공 가능성이 높아진다. 구두닦이 김 씨는 자신의 꿈을 위해 삶의 장소도 바꾸고, 자신의 생각도 바꾸고 도전도 하면서, 자신의 미래를 바꾸었다. 현재 김맹호 씨는 경북 점촌에서 제법 큰 식당을 운영하면서 경제적인 여유를 누리며 생활하고 있다.

▲ 구겐하임 미술관 벽에 있는 글귀

창업을 하려고 하는 사람들은 꿈을 꾸어야 한다. 이왕이면 큰 꿈을 꾸어라. 그러나 결코 환상은 안 된다. 꿈과 목표는 현실적이어야 한다. 그리고 꿈을 실현시키기 위해서는 도전하고 실천해야 한다. 꿈이 있고, 목표가 분명한 사람은 실패하지 않는다. 꿈은 이루어진다. 꿈은 늙지 않으며 꿈을 꾸는 사람 역시 늙지 않는다. 나이를 먹으면 점점 꿈이 없어진다. 꿈이 없어지면 금방 늙게 된다. 지금부터 새로운 꿈을 꾸어라. 그리고 그 꿈을 사람들에게 이야기하라. 그러면 도움을 줄 사람이 분명히 나타난다.

제 ❸ 절 모소대나무처럼 인내와 고통의 시간을 투자하라

절개와 강직함의 상징인 대나무는 전 세계적으로 그 종류가 1,200여 종에 이른다고 한다. 이렇듯 수많은 나라에 분포돼 있는 대나무 중 그 성장 방식과 생태가 매우 독특한 대나무가 있다. 그것은 바로 중국의 극동 지방에서만 자라는 희귀종인 모소대나무이다. 중국 무협영화에서 보면 대나무 숲에서 싸움을 하는 장면이 종종 나오곤 하는데 그 대나무가 바로 모소대나무이다.

모소대나무는 씨앗을 뿌린 지 4년 만에 싹을 틔우는데, 그 4년의 시간 동안 겨우 3cm 남짓의 싹을 틔운다고 한다. 그런데 모소대나무는 4년 동안 3cm의 모죽의 형태로 있으면서 땅 밑으로 뿌리를 10리, 즉 4km를 내린다고 한다. 그리고 5년째부터는 하루 30cm씩 자라는데, 6주가 되면 무려 15~25m까지 자라서 울창한 대나무 숲을 이룬다. 모소대나무가 그렇게 하기까지는 4년의 인내와 고통의 세월, 모르기는 해도 따스한 볕과 싱그러운 바람이 간절했을 것이다. 얼른 싹을 틔워 잎을 새기고 촘촘히 하늘을 일구고 싶은 욕망이 있었을 것이다.

우리도 꿈이라는 씨앗을 뿌리면서 싹이 트기를 기다려야 한다. 모소대나무처럼 4년이 되어도 싹이 트지 않아 절망할 때가 있을 것이다. 원하는 게 이뤄지지 않을 때는 포기하고 싶은 마음이 들 수도 있다. 그렇지만 모소대나무처럼 오랜 시간 뿌리를 내리고 인내하고 싹을 틔울 줄 알아야 한다. 인내와 고통 속에서 일군 뿌리는 최고의 크기를 자랑하게 된다.

모소대나무의 기다림처럼 자영업 창업도 마찬가지이다. 하루아침에 장사가 잘될 수는 없다. 개업발이라는 말이 있듯이 개업발이 사라지면 고통의 시간이 찾아오게 마련이다. 그 고통의 시간에 좌절하지 말고 리스크를 감내하면서 인내해야 한다. 그래야 모소대나무처럼 깊은 뿌리를 내리고 결국 울창한 숲을 이룰 수 있다.

제 ❹ 절 도광양회 정신으로 공부하라

01 | 도광양회(韜光養晦)는 무엇인가

도광양회(韜光養晦)는 '빛을 감추고(韜光) 어둠 속에서 힘을 기른다(養晦)'는 뜻의 고사성어로 자신의 재능과 뜻을 밖으로 드러내지 않고 실력을 쌓으면서 때를 기다린다는 뜻이다. 이는 『삼국지』에서 유비가 조조의 식객 노릇을 할 때 살아남기 위해 일부러 몸을 낮추고 어리석은 사람으로 보이도록 하여 경계심을 풀도록 만들었던 계책이다. 그리고 제갈공명이 천하 삼분지계(三分之計)를 써서 유비로 하여금 촉을 취한 다음, 힘을 기르도록 하여 위·오와 균형을 꾀하게 한 전략 역시 도광양회 전략이다.

서기 199년 중국 중원에서의 일이다. 세(勢)가 약했던 유비는 조조에게 몸을 의탁한다. 영웅은 영웅을 알아보는 법이었던지 둘은 서로에 대한 경계심을 풀지 못한다. 압박감은 유비가 더 심했다. 막강한 권력을 가진 조조가 마음만 먹는다면 언제든지 자신을 죽일 수 있기 때문이었다. 이에 유비는 조조의 경계심을 풀기 위해 후원에 채소를 심고 물을 주는 등의 소일을 한다. 자신의 재능을 숨기고 큰 뜻이 없음을 가장하기 위한 것이다. 유비의 도광양회를 읽지 못했던 조조는 결국 호랑이를 키우게 되고, 훗날 낭패를 본다.

도광양회가 널리 알려진 것은 이러한 고사 때문이 아니라, 1980년대부터 중국이 취한 대외정책 때문이다. 중국은 그 이전까지 초강대국인 미국의 그늘에 가려 국제 사회에서 제대로 영향력을 행사하지 못했다. 때문에 당시 중국 국가 주석이었던 등소평은 1980년대 개혁·개방 정책을 취하면서 도광양회를 대외 정책의 뼈대로 삼았다. 1979년 미국을 방문한 등소평은 카우보이 모자를 쓰고 야구를 관람하는 등 미국 지도자들의 환심을 사기 위한 온갖 제스처를 썼다. 등소평은 미국을 비롯한 선진국들에는 중국에 대한 경계심을 풀도록 함과 동시에 국내에서는 흑묘백묘(黑猫白猫) 정책을 실시, 내실을 기하는 데 총력을 기울였다. 그 결과 미국을 비롯한 선진국들은 중국에 대한 경계심을 풀고 중국에 많은 돈과 기술을 지원하였다. 그것이 오늘날 미국과 함께 G2(주요 2개국)로 거듭난 중국을 만든 토대가 된 것이라 하겠다. 이처럼 뜻이나 목표를 세웠으면 이뤄지기 전에 함부로 드러내지 말고 남모르게 실력을 갈고 닦으면서 때를 기다려야 한다. 즉 '도광양회'하면서 뜻을 펼칠 기회를 잡아야 한다.

자영업 창업은 자영업자 모두가 경쟁자일 수 있다. 경쟁에서 앞서고 승리를 하기 위해서는 도광양회 전략으로서 언제나 승리를 할 수 있는 준비를 해야 할 것이다. 창업에서 성공하는 것도 어렵지만 그 성공을 지켜간다는 것은 더욱 어렵다. 왜냐하면 모든 자영업 아이템은 유행에 아주 민감하기 때문이다. 그리고 유행한다는 이야기는 끊임없이 변화하고 진화한다는 것이다. 자영업자가 성공에 도취해 현실에 안주한다면 금방 낙오자가 된다. 낙오자가 되면 곧 가게 문을 닫는다는 뜻이다. 따라서 자영업자들은 도광양회 정신으로 끊임없이 노력해야 성공에 다가설 수 있다.

> "다른 사람이 쓴 글을 읽는 데 시간을 투자하라. 그러면 다른 사람이 힘써 일한 바를 당신은 쉽게 얻을 수 있다."
> – 소크라테스

02 | 와신상담(臥薪嘗膽)의 정신으로 경력 관리를 하라.

기원전 506년, 오왕 합려(闔閭)는 손자병법으로 잘 알려진 손자와 초나라에서 망명하여 온 오자서의 보필을 받으며 강남 제일의 강국으로서 중원을 노리고 있었다. 오의 남쪽에는 월나라가 있었는데 오왕 합려는 월왕 윤상이 죽었다는 소식을 접하고 남쪽의 월을 공격하게 된다. 그러나 월왕 구천(윤상의 아들)에게는 유능한 신하 범려가 있었고, 그의 전략으로 오나라에 맞섰다. 범려는 병사를 3열의 결사대로 오나라 진영 앞까지 보내 괴성을 지르며 자살하도록 했다. 그리고 오나라 군사들이 당황할 때 총공격을 하도록 하는 계획이었다. 이 작전은 주효하여 결국 오나라는 크게 참패하고 월이 대승을 거두었다. 이후 참패한 오왕 합려는 적의 화살에 입은 상처가 악화되어 기원전 496년 끝내 목숨을 잃고 말았다. 그는 태자 부차(夫差)에게 "아들아! 월왕 구천이 네 아버지를 죽인 것을 결코 잊지 말라!"라는 마지막 말을 남기고 숨을 거둔다.

이후 부왕의 뒤를 이은 오왕 부차는 밤낮 없이 복수를 맹세하고 국력을 강화하였다. 그는 월나라에 대한 원한을 씻어 달라는 부왕의 유명을 잊지 않기 위해 섶나무 위에서 잠을 자고(이것을 와신(臥薪)이라고 함) 신하들에게도 군왕의 방을 드나들 때에는 반드시 문 앞에서 부왕의 유언을 외치게 하면서 복수의 때가 오기만을 기다렸다. 부차가 복수를 위해 국력을 강화하고 있다는 소식을 들은 월왕 구천은 지금은 전쟁을 할 때가 아니라는 범려의 간언에도 불구하고 선제 공격을 가했고 결국 무참히 패배했다. 월왕 구천은 회계산으로 도망갔으나 오나라 군사에 포위되어 절체절명(絕體絕命)의 위기에 빠지게 되었다. 이에 범려는 부차의 신하로 욕심 많고 기회주의자인 백비에게 뇌물을 주고 화약을 추진하였으며, 결국 구천은 많은 재물을 주고 오의 신하가 될 것을 내용으로 한 굴욕적인 화약을 맺고 풀려 나온다.

이때 부차의 신하인 오자서는 후한을 남기지 않으려면 구천을 살려 줘서는 안된다고 부차에게 간하였다. 그러나 월나라로부터 뇌물을 받은 백비는 월이 항복하여 신하가 되는 것은 오에 큰 이익이라며 오자서와 다르게 건의하였다. 그리고 부차는 백비의 건의를 받아들여 월과 주종 관계를 맺고 구천을 풀어주었다. 그리고 그때부터 오자서를 점점 멀리하고 대신 백비를 중용하였다. 그러나 백비는 강직한 오자서와는 달리 뇌물을 좋아하고 아첨을 잘하는 인물이었다.

한편, 위기를 모면한 월왕 구천은 다시 월나라로 돌아온 후 항상 곁에 쓸개를 놔두고 앉으나 서나 그 쓴맛을 맛보며(이것을 상담(嘗膽)이라 함) 회계산의 치욕을 상기했고, 복수의 날만을 기다렸다. 그리고 오왕 부차가 천하의 패권을 얻기 위해 황지에서 제후들과 회맹하고 있을 때, 구천은 군사를 이끌고 오나라로 쳐들어갔다. 그러나 이것은 서전에 지나지 않았다. 그 후 6년이 지난 후 구천은 본격적으로 오를 공격하였다. 당시 부차는 미인 서시에 빠져 정사를 바로 보지 않았고, 잦은 북벌 작전으로 국력이 피폐해 있었다. 구천은 역전 끝에 부차를 굴복시키고 오를 멸망시킴으로써 지난날 회계산의 치욕을 말끔히 씻을 수 있었다.

이후 부차는 저장성 팅허(定河)에서 여생을 보내도록 배려되었으나, 굴욕을 참지 못하고 스스로 자결하였다. 이에 20여 년에 걸친 오월의 보복전은 막을 내리고 오는 끝내 멸망하고 말았다. 이후 구천은 부차를 대신하여 강남의 패자가 되었는데, 목적을 달성하기 위해 온갖 고난을 참고 견딤을 비유하는 와신상담(臥薪嘗膽)이라는 말은 이 시대의 일을 그려 나온 고사성어다.

이처럼 구천의 20년에 걸친 와신상담에 의한 복수는 도광양회의 정신으로 일궈 낸 것이다. 직장인들도 이처럼 자기 자신을 낮추고 겸양의 자세로 회사의 경력관리 프로그램을 잘 활용해서 멀티플레이어가 되도록 해야 한다. 즉, 직장인은 도광양회의 정신으로 경력 관리를 철저하게 해야 한다는 것을 명심해야 한다.

03 ㅣ 나는 다른 경쟁자들과 무엇이 다른가?

다르게 생각하라(Think Different). 나는 다른 사람들과 무엇이 다른가? 다르다는 말은 서로 같지 않고 두드러지는 데가 있다는 의미이다.

송나라 때 있었던 일이다. 어른들이 모두 일하러 나간 사이 동네 아이들이 물이 가득 찬 큰 독에 올라가 놀고 있었다. 그런데 한 아이가 실수로 독에 빠지고 말았다. 같이 놀던 아이들은 어쩔 줄 몰라 하며, "사람 살려요, 사람이 빠졌어요."라고 소리를 질러댔다. 그러나 마을 어른들은 모두 일하러 나가서 도움을 줄 사람이 없었고 아이들은 발만 동동 구르고 있었다. 그런데 멀리서 이 광경을 보고 있던 한 아이가 큰 돌을 집어 독을 힘차게 내리쳤다. 그러자 독이 깨지면서 물이 쏟아져 물에 빠졌던 아이를 구할 수 있었다. 돌을 내리친 아이는 물에 빠진 아이를 구하려면 독 위로 꺼내야 한다는 고정관념에서 벗어나 독을 깬다는 남다른 생각을 했던 것이다. 남다른 생각을 했던 아이는 송나라의 '사마광'이라는 사람이다.

우리가 원하는 것을 얻기 위해서는 다른 사람들과 경쟁을 해서 이겨야 얻을 수 있는 것이 대부분이다. 대다수의 사람들은 경쟁에서 이기기 위해 남보다 나은 점, 잘하는 것을 개발하기 위한 노력을 하게 된다. 그런데 문제는 똑같은 프레임, 틀에서 다른 사람들보다 좀 더 잘할 수 없을지에 대한 고민을 한다는 것이다.

더 잘하는 것은 무엇인가에 대한 고민을 하게 하는 것이다. 기존의 디멘존, 경로에서 수준을 조금 높이는 것이다. 예를 들면 100m 달리기를 13초에 뛰는 사람이 열심히 노력해서 12.5초에 뛰는 것과 같은 것이다. 하지만 남들과 공유되는 공통의 속성은 힘이 없는 것이다. 경쟁에서 승자가 되기 어렵다는 것이다. 만약 승자가 된다 하더라도 엄청난 출혈을 감내해야 한다. 다르게 한다는 것은 전혀 다른 차원의 일을 하는 것이다. 더 잘하는 것보다 다르게 하는 것이 더 효과적이고 경쟁 없이 원하는 것을 쉽게 얻을 수 있는 방법이다.

1986년도 멕시코 올림픽에서 유례없는 일이 벌어졌다. 높이뛰기 종목에서 모든 선수가 앞으로 뛰어 바를 넘었다. 올림픽이 생긴 이래로 높이뛰기에서는 앞으로 뛰는 것이 최고의 방법이었고, 모든 선수들이 이 방법으로 바를 넘었다. 그런데 딕 포스베리(Dick Fosbury)라는 선수가 앞으로 넘지 않고 뒤로 넘는 것이었다. 그 결과는 어떻게 되었을까? 무명에 가까웠던 딕은 2m 22cm라는 신기록으로 우승을 하게 되었다. 지금은 뒤로 넘는 것, 즉 배면뛰기가 당연하지만 그 당시만 해도 아주 낯선 행동이었던 것이다. 더욱 놀라운 것은 그날 이후로 높이뛰기에서 앞으로 넘는 선수가 한 명도 없었다는 사실이다.

더 좋게 하려는 것보다, 다르게 해야 한다. 가끔 스스로에게 질문을 하라! 나는 남들과 무엇이 다른가에 대한 답을 찾기 위한 노력을 해야 한다. 모든 사람이 원하는 것, 관심사, 갖고 싶어 하는 것들이 있다. 건강, 최고의 배우자, 재산, 최고의 직장, 승진, 권력, 명예 등이 그것이다.

사람들이 원하는 것은 두 가지로 분류할 수 있다. 하나는 다른 사람들과 경쟁하여 얻을 수 있는 것들이고, 다른 하나는 남들과 경쟁 없이도 얻을 수 있는 것들이다. 그러나 사람들이 원하는 대부분은 경쟁을 해야 얻을 수 있는 것들이다. 경쟁을 통해서 원하는 것, 관심사를 얻으려면 자신의 가치를 높여야 한다. 승자가 되려면 다르게 생각해야 한다. 남이 알지 못하는 경지까지 배우고 경험해야 한다. 직접 경험이 아니면 간접 경험을 통해서라도 경험해야 하고 배워야 한다. 다른 사람, 경쟁자보다 더 잘하는 것은 중요하지만 그보다 더 중요한 것은 다르게 생각하는 것이다. 그것이 진정한 경쟁력이라고 할 수 있다.

창업, 절박감이 있어야 성공한다

소상공인 창업 교육 기관에 있는 한 직원의 이야기를 소개하고자 한다. 그가 오랜 시간 동안 창업 교육을 주관하면서 느끼는 것은 교육생들이 절박한 마음에 교육을 받으러 온다는 것이다. 그런데 그가 볼 때 교육생들의 눈에는 절박감이 나타나 있지 않다는 것이다. 여기에서 말하는 절박감이라는 의미는 급한 것과는 구별해야 한다.

어느 운송업체가 북해에서 잡은 청어를 산 채로 런던으로 운송해 달라는 주문을 받았다. 대부분의 청어는 장거리 운송 도중 죽어 버리므로 신선도가 떨어지게 된다. 산 채로 운송을 해야 제값을 받을 수 있었기 때문에 운송업체로서는 고민이 이만저만이 아니었다. 그러나 기발한 역발상으로 그 업체는 산 채로 청어를 배달할 수 있게 되었고 톡톡히 재미를 보았다.
그 비결은 청어를 운반하는 용기에 메기 한두 마리를 넣어 청어들에게 절박감을 준 처방에 있었다. 청어는 자신을 잡아먹으려는 메기를 피해 기를 쓰고 도망 다녔고, 이로 인해 목적지까지 생명을 유지할 수 있었던 것이다. 메기가 죽낸 청어는 고작 한두 마리에 불과했다. 이 유명한 메기 효과는 또 다른 각도에서 우리에게 많은 교훈을 준다.

긴장이 없고 편안하면 오히려 느슨해져 경쟁력을 잃어버릴 수 있다. 그리고 매너리즘에 빠지게 된다. 주변에 동종 업체가 전혀 없는 곳에서 홀로 장사하는 음식점이 있다고 하자. 그 음식점이 맛과 서비스를 기본적으로 갖추고 있다면, 경쟁 구도가 하나도 없어서 장사가 잘될 것 같은데 결과는 실패이다. 왜냐하면 갈수록 절박감이 없어지고 유행에 무뎌지게 되기 때문이다. 우리가 늘 보게 되는 먹자골목, 공구상가, 휴대폰 거리, 로데오 거리 등은 바로 서로서로의 적절한 절박감 속에서 더 잘되고 살아남는 경우이다.

자영업의 성공은 절박감이라는 역발상으로 승화시켜 대응하도록 해야 한다. 우리 가게에 대적할 또 다른 경쟁 업체가 생겼다고 위기의식만을 느끼기보다는 그 절박감이 우리를 더욱 잘하게끔 채찍질하는 계기를 마련해 주었다고 생각해야 한다.

교육적 시사점

어떠한 시련이나 좌절이 생겼을 때 맥없이 무너지는 약한 모습을 보이면 안 된다. 성공한 사람들을 잘 살펴보라. 절박감이라는 배수의 진을 쳐서 의연하게 절망의 바닥을 찍고 우뚝 선 사람들이 대부분이다. 자신이 청어가 되어서 자신에게 위험을 가하는 메기의 위협을 이겨 내야 한다. 유행에 의해 급변하는 자영업 환경, 실패에 대한 압박감, 현실에 안주하려고 하는 마음 자세 등이 메기가 되어 자신을 잡아먹으려 할지 모른다. 창업자는 이러한 메기의 위협으로부터 살아남는 슬기롭고 민첩한 청어가 되어야 한다.

1. 자신이 사업가로서 갖춰야 할 자질 중 장점이라고 생각하는 것을 기술해 보세요.

2. 자신이 사업가로서 갖춰야 할 자질 중 단점이라고 생각하는 것을 기술해 보세요.

3. 현실에 안주하지 않고 자기 스스로에게 절박감을 줄 수 있는 방법에 대해 기술해 보세요.

창업자의 기질과 준비에 대한 점검

창업자의 기질 및 준비 점검 내용	Yes	No
1. 나는 게으르지 않고 부지런하다.		
2. 사람의 마음을 잘 읽는다.		
3. 일을 스스로 찾아서 한다.		
4. 돈을 헤프게 쓰지 않고 계획적으로 쓴다.		
5. 자신의 신용을 잘 관리하고 있다.		
6. 건강 관리를 잘하고 있다.		
7. 항상 웃는 얼굴을 하고 있고, 강인한 체력을 갖고 있다.		
8. 자신의 성격과 적성을 잘 알고 있다.		
9. 업종의 수명 주기 파악에 의해 업종 아이템을 결정하였다.		
10. 자신이 생각하고 있는 아이템에 맞는 입지를 알고 있다.		
11. 창업 아이템과 관련해 상권 및 입지 분석을 했다.		
12. 창업에 필요한 자금 조달 대책을 갖고 있다.		
13. 자신의 창업에 가족이 동의하고 있다.		
14. 현재 희망하고 있는 업종과 관련된 경쟁 업체를 파악하고 있다.		
15. 현재 희망하고 있는 업종과 관련된 현장을 방문했다.		

※ Yes를 한 항목이 12개 이상 정도는 되어야 한다. 그래야 자신의 기질이 창업에 맞고, 창업 준비를 잘하고 있다고 할 수 있다.

리타이어와 리와이어

직장인에게 가장 두려운 것은 무엇일까? 아마도 퇴직과 은퇴라는 단어일 것이다. 은퇴란 경제 활동에서 물러나 한가롭게 지낸다는 뜻이다. 퇴직은 다시 일하면서 소득을 얻는다는 가능성을 내포하고 있지만 은퇴는 근로 소득이 없어진다는 것이다.

어떤 회사에서 강의를 할 때의 에피소드 한 토막을 소개해 보겠다. 당시 수강생 중 어떤 친구가 차에 대해 해박한 지식을 가지고 있었다. 휴식 시간에 그 친구의 차를 보니 카 튜닝에 엄청난 투자를 했다. 그런데 정작 안전 운행에 중요한 타이어의 상태가 놀라웠다. 앞 타이어 한쪽이 철심이 보일 정도로 심하게 닳아 있었는데 본인만 그것을 모르고 있었다. 차는 튜닝이 중요한 것이 아니고, 안전 운행이 중요한데도 말이다.

우리의 인생도 자동차의 타이어를 갈아 끼우는 것과 같다고 볼 수 있다. 인생이라는 장거리 여행을 하는데 하나의 타이어로 계속 갈 수는 없다. 타이어가 닳게 되면 새로운 타이어로 교체해야 한다. 교체하지 않아도 될 정도의 탄탄하고 질긴 타이어라도 교체 없이 인생 여정을 끝까지 함께 하는 것은 사실상 불가능하다. 때가 되면 새로운 타이어로 교체해야 하고, 타이어를 교체했다 하더라도 항상 관리를 해야 한다. 타이어가 펑크 나거나 바람이 빠졌을 경우, 펑크를 수리하거나 공기를 보충해야 안전 운행을 할 수 있다. 즉, 현재의 상태를 알아야 새로운 미지의 세계로 여행할 수 있다는 것이다.

나의 인생 타이어가 낡았는가, 펑크는 나지 않았는가, 공기가 부족하지 않은가 등을 수시로 체크해야 한다. 그런데 많은 사람들이 한번 만들어 놓은 스펙을 가지고 평생을 버티듯이, 한 개의 타이어로 폐차할 때까지 버티려고 하는 것 같다.

타이어(Tire)란 단어는 자동차 바퀴라는 뜻도 있지만 '피곤하다, 힘들다'는 뜻도 있다. 여기에 Re를 붙이면 리타이어(Retire)가 되는데, 이는 '은퇴'라는 뜻이다. 그러나 미국에서는 리타이어를 Re(다시) Tire(바퀴를 끼다)라고 해석을 한다고 한다. 즉 인생 후반부의 출발을 위해 바퀴를 갈아 끼우는 것으로 생각한다고 한다. 최근에는 리타이어 대신 리와이어(Rewire)라는 표현을 사용하기도 한다고 한다.

인생 100세 시대, 준비되지 않은 리타이어는 지금으로서는 상상하기 힘들 정도로 매우 어려울 것이 분명하다. 따라서 지금부터라도 준비를 해야 한다. 지금의 노력은 분명 그에 맞는 미래를 선사할 것이기 때문이다.

참|고|문|헌

고용정보원, 『성공적 이직 및 재취업을 위한 가이드』, 서울: 진한엠엔비, 2015.

교보생명, 『대한민국 시니어리포트 2014』, 서울: 교보문고, 2014.

김기남, 『어떻게 살까?』, 서울: 좋은땅, 2014.

김동선, 『마흔 살, 내가 준비하는 노후 대책』, 서울: 나무생각, 2015.

김보경·곽상인, 『취업전략과 역량강화』, 서울: 지식과 교양, 2013.

김흥국, 『경력 개발의 이론과 실제』, 서울: 다산출판사, 2000.

데이비드 보챠드·패트리샤 도노호(배충효·이은혜 역), 『은퇴의 기술』, 서울: 황소걸음, 2012.

루난화(허유영 역), 『인생의 교과서』, 서울: 달과 소, 2007.

류차오핑(김락준 역), 『인생교과서』, 서울: 두리미디어, 2007.

명대성, 『반퇴혁명』, 서울: 라온북, 2015.

박내회, 『조직행동론』, 서울: 박영사, 2006.

송양민, 『준비된 노후는 아름답다』, 서울: 삼성경제연구소, 2007.

송양민, 『30부터 준비하는 당당한 내 인생』, 서울: 21세기북스, 2002.

신현만, 『회사가 붙잡는 사람들의 1% 비밀』, 경기: 위즈덤하우스, 2009.

오종남, 『은퇴 후 30년을 준비하라』, 서울: 삼성경제연구소, 2010.

이근후, 『오늘은 내 인생의 가장 젊은 날입니다』, 서울: 샘터, 2014.

이병철, 『재취업의 교과서』, 서울: 북메이드, 2012.

이진성, 『예비창업자를 위한 창업의 이해』, 서울: 원더북스, 2015.

장욱희, 『나는 당당하게 다시 출근한다』, 서울: 매경출판(주), 2015.

정구현·조금선(2014), 『귀농귀촌 반값에 성공하기』, 서울: 라온북, 2014.

전기보(2013), 『은퇴 후, 40년 어떻게 살 것인가』, 서울: 미래지식, 2013.

정기룡·김동선, 『퇴근 후 2시간』, 서울: 나무생각, 2015.

최창환, 『남자 50, 다시 살며 사랑하며 배우며』, 서울: 끌리는 책, 2015.

최재희(2014), 『소자본 창업 어떻게 할까요?』, 서울: 중앙경제평론사, 2014.

창업미디어그룹, 『창업 & 프랜차이즈(9월호)』, 서울: 창업미디어그룹, 2016.

황은희, 『중장년 퇴직 이후 재취업 길라잡이』, 서울: 전국경제인연합회/중장년 일자리희망센터, 2015.

한국생애설계협회, 『재무 설계 커리어 관리 및 계발』, 서울: 한국생애설계협회, 2015.

한국표준협회 NCS연구회·이기훈, 『NCS 자기개발능력』, 서울: 박문각, 2015.

한국표준협회, 『은퇴경력 관리』, 서울: 한국표준협회, 2015.

소상공인진흥원·고용노동부, 『중장년층 전직지원 상담 매뉴얼』

R. B. Cattell, 『Psychology Today』, 『Personality Pinned Down』, 1973.

Ernest R. Hilgard, 『Introduction to Psychology』, New York: Harcourt, Brace&World, 1983.

점점 빨라지는 은퇴, 준비하고 계신가요?

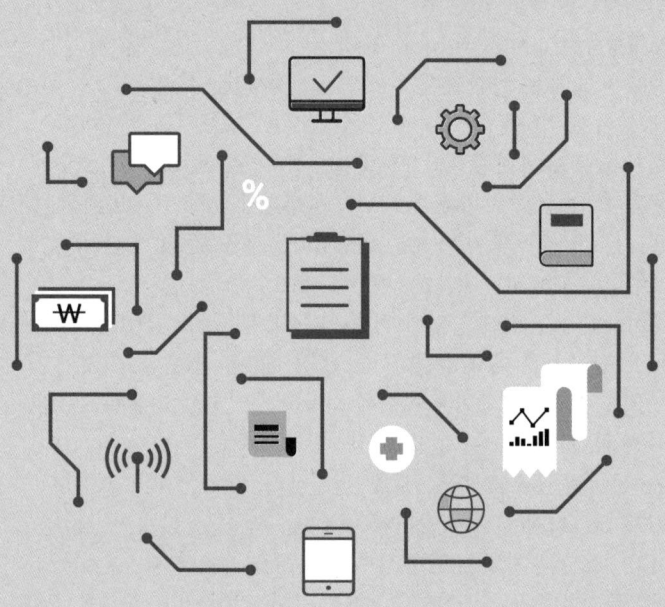

PART 2
변화 관리

01장 내가 살아갈 미래 50년 예측하기

제1절 4차 산업혁명이 우리에게 의미하는 것은?
제2절 2050년 내 뜨는 직업과 사라지는 직업은?
제3절 나에게 곧 닥칠 노후 생활의 모습은?
제4절 나는 은퇴할 것인가, 전직할 것인가?

학|습|목|표

• 4차 산업혁명에 의해 변화되는 미래의 모습을 설명할 수 있다.
• 2050년 내 뜨는 직업과 사라지는 직업들을 설명할 수 있다.
• 미래 환경 변화에 따라 달라지는 개인의 노후 생활을 설명할 수 있다.
• 현직에서 퇴직 후 전직 여부에 대한 의사 결정을 할 수 있다.

학|습|열|기

세상은 변한다

"10년이면 강산이 변한다."라는 속담이 무색해진 시대가 되었다. 이 책을 읽는 독자 대부분의 연령을 50세 전후로 본다면 앞으로 50년 이상을 산다고 할 수 있다. 이는 곧 과거 패러다임만으로 보면 사는 동안 다섯 번 이상 세상이 바뀐다는 뜻이다. 베이비붐 세대가 성장하면서 학습한 것은 퇴직 후 10년 정도의 노후 생활을 행복하게 살다가 생을 마감하는 것이었다.

그러나 이제는 아니다. 50대에 은퇴하는 것이 아니라 적어도 30년 정도 직업 생활을 연장하고 20년 정도 노후 생활을 하게 되는, 지금까지는 전혀 없었던 상황을 맞이하는 것이다. 그렇다면 다음처럼 앞으로 여러분이 50년 동안 겪게 될 근본적인 변화에 대처할 준비는 되어 있는가?

• **인간이 변한다**: 건강, 수명, 가족, 가치관, 직업, 생활 패턴, 결혼 등과 같은 삶의 본질이 바뀐다.
• **기술이 변한다**: 전 산업에서 필요로 하는 기술은 서로 융·복합을 통하여 인간의 기술 사용을 더욱 용이하게 하며 삶의 질 향상에도 기여한다.
• **기업이 변한다**: 끊임없는 혁신으로 새로운 기업 형태와 비즈니스 모델, 새로운 시장과 경쟁 상대 등이 나타난다.
• **직업이 변한다**: 기술의 발전과 인구 변화가 직업의 생성과 소멸을 가속화시킨다.
• **변화가 변한다**: 변화의 속도와 방향, 양과 질 수준, 대상과 범위 등이 과거와는 비교가 되지 않을 정도로 변한다.

제 ❶ 절 4차 산업혁명이 우리에게 의미하는 것은?

01 ┃ 4차 산업혁명이란 무엇인가

　세상에서 변하지 않는 유일한 것은 '변화'라는 말이 있듯이 세상은 끊임없이 변한다. 그 변화는 정도의 차이만이 있을 뿐인데, 태초 이래 크고 작은 변화가 있어 왔지만 인류 문명에 획기적인 영향을 미친 사건은 단연 산업혁명을 꼽을 수 있다. 독일의 철학자 헤겔과 마르크스는 양적 변화가 일정 단계를 넘어서면 질적 변화를 일으킨다는 '양질 전환의 법칙'으로 세상의 변화를 함축적으로 설명했다. 이를 토대로 경제사적 측면에서의 산업혁명은 '세상의 많은 양적 변화들이 누적되어 임계치를 넘어서는 어느 시점에서 질적 변화가 폭발적으로 일어나는 시기'라고 정의된다.

　산업혁명은 태초 이후 지금까지 지구상에서 세 번 일어났다. 1차 산업혁명은 1784년 전후로 영국에서 증기 기관이 발명돼 물건의 생산 방식이 가내 수공업에서 기계화 생산 설비로 바뀌면서 일어났다. 2차 산업혁명은 1차 산업혁명의 성과에 기반을 두고 시작된 것으로, 그 시작은 전기·통신 기술의 발전으로 1870년 전후로 대량 생산 방식이 본격화되면서부터라고 할 수 있다. 3차 산업혁명은 1969년 전후로 컴퓨터 정보화와 자동화 생산 시스템이 활성화되면서 촉발되었다. 그리고 이미 시작된 4차 산업혁명은 2010년을 전후로 실재와 가상이 통합되면서 사물들을 자동·지능적으로 제어하는 가상 물리 시스템(cyber physical) 구축이 이뤄지면서부터 시작됐다는 것이 일반적이다. 이 4차 산업혁명은 기업들이 제조업과 정보 통신 기술(ICT)을 융합해 작업 경쟁력을 제고하는 차세대 산업혁명을 가리키는 말로서 '인더스트리(Industry) 4.0'이라고 표현되기도 한다.

● 산업혁명의 역사

구분	제1차 산업혁명	제2차 산업혁명	제3차 산업혁명	제4차 산업혁명
시기	18세기	19~20세기 초	20세기 후반	2015년~
혁명 기반	증기 기관과 기계화로 대표되는 혁명	전기를 이용한 대량 생산 본격화	컴퓨터와 인터넷 기반의 지식 정보 혁명	빅데이터, 사물인터넷, 인공지능(AI)을 통해 사물을 자동적, 지능적으로 제어
주요 내용	증기 기관을 활용하여 철도, 면사방적기와 같은 기계적 혁명	• 공장에 전력이 보급돼 벨트 컨베이어를 사용한 대량 생산 • 화학, 전기, 석유, 철강 등에서 기술 혁신	인터넷과 스마트 혁명으로 미국 주도의 글로벌 IT 기업 부상	사람, 사물, 공간을 초연결·초지능화하여 산업 구조 사회 시스템 혁신

자료: 정보통신기술진흥센터(2016년)

02 ㅣ 4차 산업혁명이 바꾸는 미래

4차 산업혁명에 따른 미래의 모습은 상상을 초월하지만, 주요 특징은 크게 두 가지를 들 수 있다.

첫째, 개별적으로 발달한 각종 기술들의 '융합'이다. 디지털, 바이오, 오프라인 기술들이 다양하고 새로운 형태로 융합된다.

둘째, 문화·문명의 발견·발명이 주위로 파급되는 '속도'이다. 페이스북, 인스타그램, 트위터 등 소셜네트워크서비스(SNS)를 통해 세계가 하나로 연결되는 속도는 가늠하기 어려울 정도로 빠르다.

아울러 스위스 금융그룹 UBS(Union Bank of Switzerland)는 2016년 다보스 포럼에서 '4차 산업혁명이 미치는 영향'을 발표했는데, 그 주요 내용은 다음과 같다.

첫째, 단순 노동에 기반을 둔 비숙련화된 작업들은 빠른 속도로 기계로 대체된다.

둘째, 인터넷 공간에서의 상호 연결이 밀접해지므로 사이버 테러의 가능성이 높아진다.

셋째, 노동 시장, 교육 시스템, 사회간접자본, 법률 제도 등의 분야에서 유연성이 중요 경쟁력이 된다.

넷째, 노동 집약적 산업에 대한 의존도가 높은 개발도상국들보다 기술 수준과 유연성이 높은 선진국이 비교 우위를 갖게 된다.

다섯째, 빅데이터로 무장한 산업들은 생산 비용을 낮춰 세계 시장을 공략하지만 낮은 인건비를 경쟁력으로 삼는 개도국들의 산업은 잠식당한다.

여섯째, 기술의 중요성이 커짐에 따라 지식재산권의 보호 조치가 더욱 강화될 것이다.

03 ǀ 4차 산업혁명에 의한 기회와 위기

4차 산업혁명은 정치, 경제, 사회, 문화 등 인간의 삶 전 분야에 걸쳐 상상을 초월하는 혁신적인 변화와 더불어 무한 가능성을 열어 주는 기회로 작용할 것이다. 4차 산업혁명의 영역은 사물인터넷, 3D프린팅, 나노테크놀로지, 바이오테크놀로지, 드론 등 인간의 삶 전반에 걸쳐서 진행된다. 이에 우리나라 정부는 2016년 8월 열린 제2차 과학기술전략회의에서 4차 산업혁명 시대를 선제적으로 이끌어 갈 국가 전략 프로젝트 9건을 확정한 바 있다. 분야는 ① 인공지능(AI), ② 가상·증강현실 (VR·AR), ③ 자율주행자동차, ④ 경량 소재, ⑤ 스마트시티, ⑥ 정밀 의료 기반 구축, ⑦ 탄소 자원화, ⑧ 미세먼지 관리시스템, ⑨ 바이오 신약 등이다. 앞으로 이들 분야에는 10년에 걸쳐 정부 1조 6,000억 원·민간 기업 6,152억 원의 자본이 투입될 계획이다.

한편, 4차 산업혁명이 우리에게 가져다 줄 기회로는 다음을 들 수 있다.

첫째, 기술 발전으로 획기적인 생산성 향상은 물론 유통 혁명으로 새로운 시장 형성과 삶의 질 향상에 변화가 생긴다.

둘째, 인터넷에 의해 전 세계가 하나의 노동 시장·소비 시장으로 바뀌고, 새로운 제품과 서비스가 순식간에 전 세계로 전파되면서 소수의 생산자들이 끊임없이 등장해 시장을 독점하게 된다.

셋째, 단순 노동과 자본보다 재능과 기술이 대표적인 생산 요소가 된다. 이에 따라 신기술과 기발한 아이디어로 사업 자금 확보는 물론 창업도 가능해지는 등 노동과 자본 시장에도 큰 변화가 일어난다.

넷째, 사람과 기술이 하나가 되고 비즈니스 모델이 융·복합되면서 수요와 공급을 연결하는 플랫폼이 핵심 사업으로 등장하여 경쟁력을 갖게 된다.

반면 4차 산업혁명이 일으킬 수 있는 위기로는 다음을 들 수 있다.

첫째, 뛰어난 기술과 재능을 가진 사람 등 인재를 확보하고 활용하는 기업은 성장하지만 상대적으로 그렇지 못하는 사람과 기업은 도태되는 양극화 현상이 두드러진다.

둘째, 중앙정부 또는 지방자치단체들의 경우 개인과 산업의 변화를 이해하고 조직 운용의 효율성과 투명성을 신속하게 계속 높여가면 지속적인 생존이 가능하지만 그렇지 못한 경우는 도태된다.

따라서 4차 산업혁명의 본질을 통찰하고 준비하는 개인·조직·사회·국가는 비약적인 발전을 하게 되지만, 그 반대의 경우는 끝없는 추락이 일어날 수 있음을 명심해야 한다.

제 ❷ 절 2050년 내 뜨는 직업과 사라지는 직업은?

01 ┃ 대량 실업 시대의 도래

앞으로 과학 기술의 급속한 발전은 로봇, 인공지능(AI), 빅데이터, 사물인터넷 (IoT), 가상현실(VR), 무인자동차, 드론, 3D프린터 등의 영역을 더욱 확장시키며 인간의 활동과 기능 대부분을 빼앗아 갈 것이다. 실제로 지금까지 3차례의 산업혁 명을 겪으면서 전 산업에서는 수많은 직업들이 생성되고 소멸되는 현상을 반복해 왔다. 구체적으로 1차 산업혁명에서는 농민의 일자리, 2차 산업혁명에서는 공장 노동자들의 일자리, 3차 산업혁명에서는 화이트칼라(사무직)의 일자리가 줄어들었 는데, 4차 산업혁명에서는 골드칼라(전문직)의 일자리가 위험해진다.

문제의 심각성은 여기서 끝나지 않는다. 농업 종사자는 공장으로, 공장 근로자 는 서비스업으로 전직이 가능했지만 화이트칼라와 골드칼라는 갈 곳이 마땅치 않 기 때문이다. 실제로 2016년 1월 개최된 다보스포럼(세계경제포럼, WEF)에서 발 표된 「일자리의 미래(The Future of Jobs)」 보고서는 로봇, 인공지능(AI), 빅데이 터, 사물인터넷(IoT), 가상현실(VR), 무인자동차, 드론, 3D프린터 등의 영향으로 앞으로 5년간 선진국에서 일자리 약 500만 개가 사라질 것이라고 밝혔다. 생성되 는 일자리는 약 210만 개이지만 소멸되는 일자리가 약 710만 개라는 것이다. 특히 2016년 3월에는 전 세계인들의 이목이 집중된 가운데 구글 딥마인드의 인공지능 알파고와 우리나라 이세돌 9단의 바둑 대국이 펼쳐졌는데, 알파고가 4 대 1의 승 리를 거두면서 직업 세계의 지각 변동 가능성을 더욱 뒷받침해 주었다.

여기에 일본 노무라연구소와 영국 옥스퍼드대의 공동연구(2016)에 따르면 향 후 20년 내 로봇의 일자리 대체 비율은 일본 49%, 미국 47%, 영국 35%다. 그리 고 워싱턴포스트(2015. 8. 16일자)는 로봇이 본격적으로 인간을 대체하기 시작하면 미국 내 패스트푸드 업계 종업원 240만 명, 요리사 300만 명, 현금 출납원 330만 명 등 870만 명의 일자리가 없어질 가능성이 높다고 보도했다. 또한 보스턴컨설팅 그룹의 보고서(2015. 2.)는 2015년 로봇에 의한 노동 비용 감축이 가장 높은 나라는 우리나라이며, 그 감축 비율은 33%에 이른다고 발표하기도 했다.

02 | 단순직은 위기, 하이테크 전문직은 기회

세계경제포럼(WEF)은 「일자리의 미래(The Future of Jobs)」 보고서를 통해 앞으로 4차 산업혁명의 영향으로 단순직 종사자들은 큰 위기에 봉착하게 되는 반면 하이테크가 요구되는 전문직 종사자들의 영역은 확대될 것으로 전망했다. 감소 직업군으로는 사무행정(4,759만 개), 제조업 생산(1,609만 개), 건설·채광(497만 개), 예술디자인(151만 개), 법률(109만 개) 등이 꼽혔다. 그 근거로는 인공지능이 이 직업군 대부분을 대체한다는 것이다. 예를 들면 빅데이터 시대에는 고성능 컴퓨터 한 대와 이를 운용하는 인력 한 사람이면 사무 인력 수백 명 이상을 대체할 수 있기 때문이다. 이 같은 상황은 다른 산업 및 직업군도 비슷하다.

반면 증가 직업군으로는 재무 관리(492만 개), 매니지먼트(416만 개), 컴퓨터 수학(405만 개), 건설공학(339만 개), 판매관리직(303만 개) 등이 꼽혔다. 아울러 이 보고서는 앞으로 5년간 여성의 경우 새로운 일자리가 1개 창출될 때마다 기존 일자리가 5개 사라지는 반면, 남성의 경우 새로운 일자리 1개당 3개의 일자리가 없어질 것이라고 분석했다.

옥스포드 대학의 칼 프레이(Carl Benedikt Frey)와 마이클 오스본(Michael A. Osborne) 교수는 2013년 「고용의 미래: 직업은 컴퓨터 기술에 얼마나 민감한가?」라는 연구 논문에서 미국의 대표 직업 704개가 컴퓨터 기술로 대체될 확률을 분석하였다. 이 분석에서 전체 직업의 47%가 위협을 받을 수 있는 것으로 밝혀졌는데 상위 1~50위까지는 다음의 표와 같다.

● 컴퓨터 기술로 대체 가능성 높은 직업 1~50위[1]

순위	확률	직업명	순위	확률	직업명
1	0.99	텔레마케터	26	0.98	신용 분석가
2	0.99	권리 분석사	27	0.98	부품 판매원
3	0.99	재봉사(수작업)	28	0.98	손해사정인
4	0.99	수리(數理) 기술자	29	0.98	화물차 운전원
5	0.99	보험(인수) 심사원	30	0.98	무선통신사
6	0.99	시계 수리원	31	0.98	법률비서
7	0.99	운송서비스 점원	32	0.98	경리, 회계, 부기사무원
8	0.99	공인세무 조정인	33	0.98	품질 검사원
9	0.99	사진인화 조작원	34	0.98	모델
10	0.99	신규계좌 담당 직원	35	0.97	레스토랑, 커피숍, 라운지 안내원
11	0.99	사서 보조원	36	0.97	신용평가자
12	0.99	자료 입력원	37	0.97	급여정산 담당자
13	0.98	시간장치 조립공	38	0.97	농식품학 기술자
14	0.98	보험금 청구와 집행	39	0.97	전화상담원
15	0.98	증권 중개인	40	0.97	부동산 중개인
16	0.98	사무 보조원	41	0.97	문서정리 사무보조원
17	0.98	여신 담당자	42	0.97	상품 대여원
18	0.98	자동차보험 손해사정인	43	0.97	시험인쇄 기술자
19	0.98	스포츠경기 심판	44	0.97	영사기사
20	0.98	금전출납계 직원	45	0.97	사진장비 수리원
21	0.98	식각원	46	0.97	계산원
22	0.98	제품 포장원	47	0.97	안과실험실 기술자
23	0.98	구매업무 보조원	48	0.97	원목 검사원
24	0.98	물류 담당자	49	0.97	방제 기능원
25	0.98	선반가공 기술자	50	0.97	연마기능공

1) Carl Benedikt Frey and Michael A. Osborne, 「The future of employment: How susceptible are jobs to computerization?」, 2013.

이 외에도 신상진(2015)은 『직업의 이동』이라는 저서를 통해 통신기술, 전자기술과 결합되는 컴퓨터 기술에 의한 급격한 감소가 예상되는 직업군에 대하여 다음 표와 같이 소개하였다.

● 컴퓨터 기술에 따라 급격히 감소할 가능성이 높은 직업군[2]

연도	직업
2025~2035년	보험설계사, 은행출납원(텔러), 경리 및 회계사무원, 펀드매니저, 여행가이드, 부동산 중개인, 자동차 판매원, 사무 보조원, 대형공장 생산직 노동자, 설문조사원, 텔레마케터, 유통매장 계산원, 영사기사, 매표원, 검표원, (입시)학원 강사 등
2036~2046년	단순 운전원, 주차관리원, 교통경찰, 작물재배 종사자, 사서, 치과기공사, 가정의학 전문의, 맹수 사육사, 제빵사, 민간 보안요원, 회계사, 세무사, 약사(조제전문), 비서, 우편창구 사무원, 방문(데스크) 안내원, 호텔리어, 측량기술자, 스포츠 심판 등

03 ㅣ 초고령화 시대, 부상하는 직업에 관심을 가져라.

우리나라 통계청 자료에 따르면 우리나라는 2025년 전후로 초고령 사회가 시작된다. 초고령 시대에 따른 직업의 변화는 두 가지 관점에서 접근이 가능하다. ▷첫째, 늘어나는 고령 인구를 대상으로 하는 산업의 성장에 따른 직업의 변화이며 ▷둘째, 일자리를 원하는 고령층의 취업을 위한 직업의 변화이다.

이를 바탕으로 미래의 기회 직업을 찾고자 하는 사람들은 미래 고령층이 필요로 하는 상품이나 서비스에 관심을 가질 필요가 있다. 미래 고령층은 현재의 중장년층에 해당되므로 이들을 대상으로 사업하는 곳에서 많은 일자리가 생길 가능성이 높기 때문이다. 따라서 누구보다도 고령화 시대에 대비한 준비는 더 많은 기회와 직업적 성취 가능성이 높을 것이다. 다음의 표는 고령화 시대에 수요가 늘어날 가능성이 높은 직업들을 정리한 것이다.

● 고령화 시대, 수요 증가가 예상되는 직업[3]

예방의학 전문강사, 건강기능식품 및 특수의료 용도 식품 판매원, 노인 전문 급식·외식서비스 사업가, 노화방지 화장품 연구원 및 개발자, 체취 방지용 화장품 연구개발 전문가, 치과용 임플란트 연구원 및 개발자, 임플란트 전문 치과의, 보청기 연구원 및 개발자, 관절치료 연구원 및 개발자, 인공수정체 연구원 및 개발자, 암·난치질환 치료제 연구원, 생물노화기술연구원, 치과용 CT영업사원, 고령층 마케팅 전문가, 고령친화 주택리모델링 전문가, 고령친화 콘텐츠 전문가, 고령층 사용편의성 전문가, 고령층 기반 교통서비스 설계 전문가, 고령층 금융전문가(개인연금, 퇴직연금, 자산관리), 고령층 교육 프로그램 기획전문가 및 강사

04 ㅣ 신성장 동력 산업 관련 직업에 관심을 가져라.

앞으로의 미래 환경 변화에 따라 중장년층들은 국가 차원에서 주목하고 집중적으로 투자·육성하는 분야에 관심을 갖고 전직 준비를 할 필요가 있다. 예를 들면 바이오·헬스케어·사물인터넷·빅데이터·인공지능·3D프린터·친환경자동차·스마트카·로봇기술 분야 등이다. 이 분야의 직업군은 다음과 같다.

● 신성장 동력 산업, 수요 증가가 예상되는 직업[4]

분야	직업
바이오	항체의약품 연구원, 줄기세포 치료제 연구원, 유전자 치료제 관련 직업, 임상통계 전문가, 임상 전문가, 천연물 분석 연구원, 동물실험 연구원, 의과학 전공 연구 전문의사 등
헬스케어	의약품 관련 R&D, 임상 시험, 시판 허가, 기술 사업화, 해외인증 인허가, 국내외 영업, 원격진료 전담 간호사, 사후방문 간호사 등
사물인터넷	초소형 네트워크 칩 개발 전문가, 소형디지털센서 개발 전문가, 반도체 개발 전문가, 스마트홈 상품기획 전문가, 스마트 매장기획 전문가, 유비쿼터스 도시기획 전문가, 유비쿼터스 도시 관련 공공제품 기획 전문가, 유비쿼터스 도시 전문 컨설턴트 등
빅데이터	데이터 과학자(수학, 사회과학, 경영경제학 등에 기반한 분석 전문가), 데이터 마이닝 전문가, 자연어 처리 기술전문가, 음성인식 기술전문가, 멀티미디어 검색전문가, 현실 마이닝 전문가, 대용량 데이터처리 소프트웨어 전문가, 비관계형 데이터베이스 전문가, 대용량 저장매체(하드웨어) 개발자 등

2) 신상진, 『직업의 이동』, 한스미디어, 2015, p. 144
3) 김기향, 「고령 친화 산업의 현황 및 전망」, 한국보건산업진흥원, 2012.
   김기향 외 5인, 「고령 친화 서비스산업 개발 및 활성화 방안」, 한국보건산업진흥원, 2014.
4) 신상진, 『직업의 이동』, 한스미디어, 2015, pp. 206~262

인공지능	자연어 처리 전문가, 패턴 인식 전문가, 기계학습 전문가, 양자컴퓨터 전문가, 인공신경망 전문가, 컴퓨터 비전 전문가, 시맨틱웹 전문가, 로보틱스 전문가, 비메모리 반도체 개발 전문가 등
3D프린터	3D프린터 소자본 창업자, 3D프린터 디자인 전문가, 3D프린터 전문강사, 3D프린터 창업 컨설턴트, 3D프린터 영업사원, 3D프린터 전용상품 기획자, 3D프린터 개발 전문가, 3D프린터용 설계 S/W개발자, 3D프린터 A/S기술자, 3D프린터용 소재 개발자, 3D스캐너 개발자 등
친환경자동차	자동차 전용 전기모터 개발 전문가, 대용량 2차전지 개발 전문가, 급속 전기충전 기술 개발 전문가, 직류·교류 변환장치 개발 전문가, 배터리관리시스템 개발 전문가, 연료전지 개발 전문가, 전기충전소 설계 전문가 등
스마트카	영상센서 개발 전문가, 초음파센서 개발 전문가, GPS칩 개발 전문가, 자율운행 알고리즘 전문가, 자율주행 소프트웨어 UI/UX 전문가, 운전자 감시시스템 개발 전문가, 거리제어 및 충돌예방 전문가, 주행제어 시스템 개발 전문가, 텔레메틱스 개발 전문가, 증강현실 개발 전문가, 임베디드 시스템 개발 전문가, 자율주행 관련 전자회로 설계 전문가 등
로봇	로봇용 구동부품 개발 전문가, 로봇용 제어부품 개발 전문가, 로봇용 구조부품 개발 전문가, 로봇용 센서 개발 전문가, 로봇용 S/W 개발 전문가, 의료용 로봇 개발 전문가, 상업용 로봇 개발 전문가, 간호 및 간병 전문 로봇 개발 전문가, 고령층 서비스 전문 로봇 개발 전문가, 물류전담 로봇 개발 전문가, 가사용 로봇 개발 전문가, 지능형 로봇 트레이너 등

제 ❸ 절 나에게 곧 닥칠 노후 생활의 모습은?

01 ㅣ 나에게 노후 생활은 언제부터인가

은퇴(隱退)란 사전적 정의로 '직무상 맡은 임무에서 물러나거나 사회 활동에서 손을 떼고 한가히 지냄'을 뜻한다. 즉 개인이 가장 오랫동안 해오던 본업에서 직업 이동(移職, 轉職)을 더 이상 하지 않고 모두 끝낸 상태라고 할 수 있다. 그 결과 경제 활동에서 물러나 한가롭게 지낸다는 뜻으로, 직장을 그만둔다는 퇴직과는 다소 차이가 있다. 퇴직은 다시 일을 통해 소득을 얻을 수 있는 가능성을 내포하지만, 은퇴는 생계를 위한 일을 멈춘다는 뜻이다. 즉 일을 통한 소득이 없어지는 것이 은퇴다. 일반적으로 정년 후, 즉 은퇴 후 생활을 노후 생활로 생각한다. 과거의 은퇴는 단절을 의미했다. 즉, 생산 활동 및 소득 활동을 멈추고 그동안 모아 놓은 돈으로 편히 쉬었다가 세상을 떠나는 불과 몇 년의 기간쯤으로 여겨 왔다.

그러나 100세 시대인 지금의 은퇴 이후는 많은 것이 달라졌다. 우리나라의 경우 1970년대 65세였던 직장인의 정년이 1980년대에는 60세로 낮아지고 1990년 이후에는 55세로 낮아졌다가 2016년 다시 60세로 높아졌다. 반면 평균 수명은 ▷1960년도 52.4세 ▷1970년도 62.3세 ▷1980년도 66.2세 ▷1990년도 71.3세 ▷2000년도 76.02세 ▷2010년 80.6세 ▷2020년 82.49세 ▷2030년 84.21세로 계속 늘어나고 있다. 자세한 것은 다음의 표를 보도록 하자.

● 한국인 평균 수명 증가 추세(단위: 세)

연도	남	여	평균	연도	남	여	평균
1960년	51.5	53.7	52.4	2000년	72.25	79.60	76.02
1970년	59.0	66.1	62.3	2010년	77.20	84.07	80.6
1980년	62.3	70.5	66.2	2020년	79.31	85.67	82.49
1990년	67.3	75.5	71.3	2030년	81.44	86.98	84.21

자료: 통계청(2015년)

이와 같이 정년에 비해 상대적으로 평균 수명이 연장되면서 노후 생활이 점점 길어지고 있음이 분명해진 것이다. 노후 생활이 길어짐에 따라 은퇴 준비, 은퇴 적응을 위한 활동도 이전과 다르게 변하지만 이직(移職)과 전직(轉職)을 해야만 하는 경우도 생긴다. 그러나 대부분의 직장인들은 개인 사정이야 다르겠지만 이직과 전직을 해야 하는 상황을 피할 수 없는 것이 현실이다.

한편, 우리나라 및 주요 국가들의 고령화 속도는 다음의 그림에서 알 수 있다. 이 그림에서 보면 우리나라의 고령화 속도는 전 세계에서 가장 빠르게 진행되고 있음을 알 수 있다.

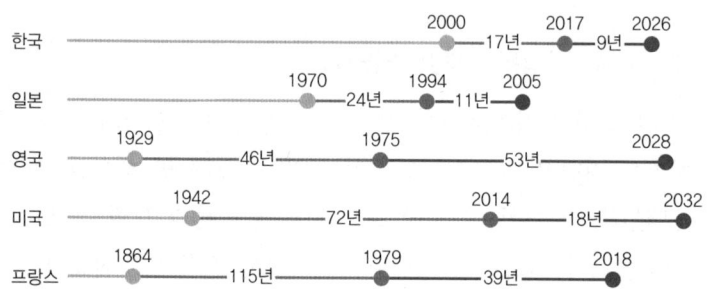

출처: 일본 국립사회보장 인구문제연구소, 「인구통계자료집」(2010년)

[주요국 고령화 속도]

02 ㅣ 은퇴 후 새로운 나를 찾기 위한 노력

직장 생활을 마감하고 은퇴 생활을 시작하면 사람들은 어떻게 생활하게 될까? 이는 누구나 한 번쯤은 고민하게 되는 과제이다. 사람에 따라서 새로운 일을 찾으려는 사람도 있겠고, 취미 생활을 즐기려는 사람도 있겠고, 자원봉사 활동을 희망하는 사람도 있겠고, 이루지 못한 자아실현을 위하여 노력하는 사람 등 다양한 모습이 있을 것이다. 그러나 오늘날 퇴직자들은 과거 어느 때보다도 건강하고 행복한 삶을 위하여 활동적이고 개방적인 사고 방식을 소유한 사람들이 많다.

은퇴 이후 새로운 나를 찾기 위한 노력으로는 다음을 들 수 있다.

인생 후반전, 제2의 인생 목표 수립하기

"당신의 전반전 인생은 행복했습니까? 여한이 없습니까?"라는 질문에 자신 있게 '예'라고 답할 사람은 많지 않을 것 같다. 그렇다면 인생 전반전 50년을 정리하는 동시에 인생 후반전 50년 목표를 수립할 필요가 있다. 과거에는 인생 후반전이 짧았지만 미래는 인생 전반전과 비슷한 기간이다. 따라서 전반전 성과만 가지고 인생 후반전에 임하는 것은 부적절한 것은 물론 그 기간도 너무 길다.

생전에 꼭 하고 싶은 일에 도전하기

퇴직 후 무엇을 해야 후회 없는 행복한 삶이 될까? 푸르덴셜 증권(2004)이 55세 이상의 퇴직자들을 대상으로 퇴직 후 정말 하고 싶은 일이 무엇인지 조사한 결과 '친구들을 만나 맛있는 음식을 먹으러 다니며 가벼운 술도 마시고 파티도 많이 열기(800만 명)', '1년간 전 세계 여행하기(780만 명)', '그림 배우기(210만 명)', '골프치기(160만 명)', '소설 쓰기(130만 명)' 순이었다. 은퇴 후 노후 생활이 행복하게 될지, 불행하게 될지는 전적으로 자기 자신에게 달려 있다. 노후라는 시간을 진정으로 본인이 원하던 일을 할 수 있는 기회로 삼고 도전해야 한다.

1인 기업 창업에 도전하기

당신의 잠재 능력을 마음껏 펼쳐보는 기회를 갖지 않겠는가? 최근 직장인들은 직장 생활을 통해 얼마만큼의 자아실현을 하고 행복감을 느끼며 퇴직을 할까? 현실은 직장인 대다수가 직장 생활에 대한 미련과 아쉬움만을 남긴 채 쓸쓸히 퇴직하고 있다. 직장 생활의 성공지수는 다양한 요소들의 총집합이므로 개인의 특정 역량 요소만으로는 한계가 있다. 그것은 개인의 능력보다도 대인 관계 능력이 더 요구되는 사회이기 때문이다.

직장은 오너가 아닌 이상 자기의 권한과 책임하에 할 수 있는 일이 결코 많지 않다. 또한 내가 노력한 만큼 조직에서의 보상도 결코 비례하지 않는다. 그러나 1인 기업은 모든 것을 자기의 권한과 책임하에 할 수 있다는 것이 큰 장점이다. 따라서 뚜렷한 철학과 비전을 바탕으로 주도면밀한 기획과 실천력을 갖춘다면 성공 가능성은 매우 높다고 할 수 있다.

평생의 노하우 공유하기

평생에 걸쳐 습득한 노하우를 사장(死藏)하겠는가? "노인 한 사람의 죽음은 마을 도서관 하나를 불태우는 것과 같다."라는 아프리카 속담이 있다. 어느 직업을 가지고 어느 길을 걸어왔든 그 나름대로의 가치가 있다. 그 가치는 또 다시 걸어야 할 개인들과 공유가 된다면 더욱 커지게 되므로 본인 스스로 평가하지 말아야 한다. 이는 의외로 많은 사람들이 자기 업적에 자긍심을 가지기보다는 소심함을 보이기 때문이다. 평생의 노하우를 공유하는 방법으로는 창업, 출판, 강의, 컨설팅, 봉사 활동 등을 들 수 있다.

평생 학습 사회에 친숙해지기

퇴직 후 전개되는 생활에 얼마나 자신감을 갖고 있는가? 대부분의 사람들은 새롭게 다가오는 직업 및 사회 환경에 잘 적응할 수 있을지에 대한 두려움을 갖는다. 과거에는 좋은 학교 졸업, 높은 학과 성적 등의 스펙이 성공적 직장 생활을 보장해 주었지만, 이제는 그 상관관계가 점차 희박해지고 있다. 직장 생활을 하는 동안에도 지속적인 학습을 하지 않으면 경쟁력을 가지기 어려운 환경이 된 것이다. 또한 퇴직 후 조직의 지원이나 배경이 없는 상황에서 전적으로 개인의 힘만으로 경쟁력을 지속한다는 것은 매우 어려운 일이다. 따라서 평생 공부한다는 생각으로 배우고 익히면서 경쟁력을 갖춰야 한다.

지인 및 동료들과 생산적인 활동하기

행복하고 만족스러운 노후 생활을 위해 생산적인 활동에 얼마나 참여해야 하는가? 미국 국립노화연구소는 2005년 60세 이상 노인 1,000명을 대상으로 자원봉사 활동을 포함해 생산적인 활동을 얼마나 했을 때 자신의 삶에 대하여 행복감과 만족감을 느끼는지를 조사했다. 조사 결과 '적당한 수(4~5개)'의 활동에 참여하고 있는 사람들이 가장 큰 행복감을 나타냈다. 반면 '지나치게 적은 수(0~1개)'의 활동에 참여한 사람들은 우울증 증세를 보였다.

자원봉사 활동에 몰입하기

퇴직 후 자원봉사 활동을 통해 얻을 수 있는 기대 효과로는 평균 수명 연장, 건강 증진 및 신체 능력 저하 감소, 우울증 예방, 인생의 만족감 및 보람 증대 등을 들 수 있다. 미국 노동통계국(2014)에 따르면 65세 이상의 퇴직자 중 23.6%가

자원봉사 활동에 참여하고 있는데, 이들의 봉사 활동 참여 시간은 미국 평균 시간의 두 배에 달하는 연간 96시간이었다.

삶의 활력이 되는 취미 활동하기

대부분의 사람들은 재직 중 규정을 준수하고 타이트한 일정을 소화하느라 시간적·정신적인 여유 없이 앞만 바라보고 달렸다. 그러나 은퇴 후에는 하루의 근로 시간 8시간이 여가 시간으로 바뀌었다. 60세 정년으로 은퇴를 가정한다면, 은퇴 후 개인에게 주어지는 40년 동안의 10만 시간이 전적으로 개인의 책임하에 놓여지게 된 것이다. 이 시간이 즐거움의 시간이 아닌 노동의 시간으로만 활용이 된다면 매우 비극이 아닐 수 없다. 이제는 근무 시간에 얽매여 일을 많이 하기보다는 여유 시간을 만들어 취미 생활이 병행될 수 있도록 노력해야 한다.

03 ㅣ 행복한 노년을 위해 미래를 향해 달리자.

퇴직 후 행복하고 풍요로운 노년을 보내는 가장 안전한 방법은 무엇일까? 사람마다 추구하는 목표는 다르다. 그러나 결국 모두가 원하는 것은 '행복'이다.

노후 생활에 있어 만족과 보람을 느낄 수 있는 방법으로는 우선 다음의 네 가지를 들 수 있다.

첫째, 자기가 살아오면서 일구어 낸 성취 결과에 대해 자긍심을 갖는 것이다. 자기가 걸어온 길을 부정하는 것은 바람직하지 않다.

둘째, 자신의 행복을 넘어 타인과 세계의 행복과 안녕에 대하여 생각하고 활동하는 것이다. 진정으로 남을 위한 삶이야말로 그 가치가 크기 때문이다.

셋째, 변화에 대하여 유연한 사고와 상상력, 그리고 긍정적 자세로 대응하는 것이다. 가치관과 패러다임은 변하기 마련이고 그것에 당당해져야 한다.

넷째, 전통을 유지·발전시키며 개인과 사회의 조화 및 안정을 추구하는 것이다. 과거는 현재의 근본이며 현재는 미래의 근본이다. 또한 개인은 사회의 구성원임을 잊지 말아야 한다.

은퇴 후에 위와 같은 삶을 찾으면 정말 행복한 노후 생활이라고 할 수 있다. 그러나 대한민국 대부분 노인들의 삶은 고단하고 불행하다. 인생에서 피해야 할 3가지가 있다. '초년 성공, 중년 방황, 말년 빈곤'이다. 젊을 때 가난은 일시적이고 비교적 극복이 쉽지만, 노년에 경제적으로 어려워지면 재기가 어렵다. 노년에는 경제적으로 부족함 없이 건강하고 편안하게 사는 꿈을 누구나 갖는다. 그러나 이러한 소박한 꿈조차 사치로 여겨지는 사람들이 있다. 바로 빈곤, 우울, 사회와의 단절을 겪는 독거노인들이다. 특히 2015년 보건복지부와 보건사회연구원의 '노인실태조사'를 보면 독거노인 가운데 최저생계비 미만으로 생활하는 경우는 53.8%로, 이는 전체 노인 평균인 34.3%보다 훨씬 높은 수치였다. 더욱 심각한 것은 독거노인의 비율이 계속 증가하고 있다는 점이다. 2000년에 16.0%였던 독거노인 비율은 2012년에는 20%를 넘어섰으며 2030년이면 전체 노인 가운데 22.2%를 차지한다고 한다.

또 빈곤 등의 문제도 심화될 것으로 보이는데, 특히 노후 파산은 심각한 문제다. 노후 파산은 평균 수명이 길어지면서 중산층이 노후에 불안정한 소득과 병치레로 빈곤 계층으로 전락하는 현상을 말한다. 노후 파산은 단순히 경제적 파산만을 의미하는 것이 아닌 삶의 다양한 측면에서 박탈을 경험하는 것, 즉 다차원적인 빈곤 상태에 빠지는 것을 의미한다. 여기에 노후 파산은 빈곤층에만 문제가 아니라 중산층으로까지 확산돼 간다는 점에서 심각성이 크다. 노후 파산의 3대 주범으로는 자녀 문제, 부부 갈등과 황혼이혼, 금융·부동산·취업·창업 관련 사기 등을 들 수 있다. 따라서 이에 대하여 깊은 주의가 필요하며, 노후 파산에 이르지 않기 위한 대비책도 다각도, 다층 구조로 준비해야 한다.

제 **4** 절 나는 은퇴할 것인가, 전직할 것인가?

01 ｜ 나는 은퇴할 것인가

누구나 퇴직과 동시에 은퇴를 생각한다면 만감이 교차하게 된다. 과거에 대한 회한과 만족, 그리고 미래에 대한 두려움과 설레임이 뒤섞이는 경험을 하기 때문이다. 또 한편에서는 과거 직장 생활에서 억눌렸던 굴레에서 벗어나 해방감과 자유감에 흥분도 되지만 그동안 누렸던 소속, 지위, 명예를 잃게 되는 상실감과 고독감에 우울해지기도 한다. 은퇴 순간 누구나 느끼는 감정이지만 은퇴 후 행복한 노후 생활을 위해서는 이 두 감정을 잘 다스릴 필요가 있다. 따라서 은퇴를 앞둔 사람들이 무슨 생각으로 머리가 복잡해지는지 분석해 보는 것은 매우 의미 있는 일이다.

그 원인으로는 첫째, 직장 생활에 대한 미련(未練) 때문이다. 직장인으로서 사명감과 자긍심, 동료애와 소속감, 근로 소득에 따른 경제적 가치, 각종 복리 후생 제도에 의한 삶의 질, 정년 보장에 의한 심리적 안정감 등이 이에 해당한다.

둘째, 노후 생활의 적응 여부에 대한 불안감을 가지기 때문이다. 자연인으로서 갑자기 늘어난 개인 시간 증가, 가족들과의 생활 시간 증가, 집에서 보내는 시간 증가, 재정적 안정 문제, 건강 관리 문제, 여가 활용 문제, 친구 교제 문제, 사회적 환경 변화 문제 등이 이에 해당한다.

은퇴를 앞둔 사람은 누구나 이와 같은 문제에 대하여 한 번 이상은 골똘히 생각하지만 사람마다 부정형, 긍정형, 비현실형 등 은퇴를 대하는 자세는 다르다. 부정형은 은퇴 후 노후 생활에 대하여 부정적, 비관적으로 생각하는 사람이다. 긍정형은 환경과 조건이 다를 뿐이지 퇴직 후에도 노후 생활은 직장 생활의 연장선상에서 전개된다고 생각하는 사람이다. 비현실형은 노후 생활에 들어가면 모든 것이 만족스럽게 전개될 것이라고 생각하는 사람들이다. 여기에 노후 생활의 불확실성에 대한 반응은 심사숙고형, 포기형, 수수방관형, 안전제일형 등으로 구분된다.

은퇴에 따른 모든 불확실한 상황을 해결할 수 있는 대책은 없다. 다만 은퇴 후 노후 생활에서 일어날 수 있는 상황에 철저히 대비한다면 불확실성이 주는 불안감을 최소화하고 행복할 수 있는 가능성을 높여 줄 수는 있다.

02 ∣ 나는 전직할 것인가

직장인 대부분은 60세가 정년이지만 최근에는 자의든 타의든 50세 전후에 퇴직을 하는 경우가 많다. 인생 100세 시대에 은퇴를 하고 노후 생활에 들어가는 것은 여러 가지로 문제가 된다. 우선 가장 문제가 되는 것은 노후 생활에 필요한 자금(돈)이다. 보통 50세 이후 100세까지 필요한 돈은 최소 현금 10억 원이라고 한다. 그러나 이 금액도 주택이나 자동차 같은 생활 환경이 안정된 상태에서 의미가 있다. 그런데 직장인 대부분은 그런 형편이 못 된다. 퇴직금을 받아도 태부족이다.

필자는 직장인 대상으로 강의를 하면서 가끔 질문을 해본다. "여러분은 이제 100세 시대에 살고 계십니다. 그렇다면 본인의 희망 수명은 몇 세입니까?"라고 물으면 대부분 "80~90세 정도입니다."라고 대답을 한다. 놀라운 사실은 20~30대 젊은 층이 그렇게 생각한다는 것이다. 뒤이어 "그 정도 수명은 현재 수명이라고 할 수 있습니다. 앞으로 30년 뒤 2045~2050년이 되면 특별한 사건·사고를 당하지 않고 질병에 걸리지 않는 한 누구나가 100세 이상을 산다고 합니다. 특히 현재 20대의 경우 건강 관리를 잘하는 사람은 110~120세도 살 수 있겠죠. 그런데 우리의 정년은 현재 기준으로 60세인데 그 이후 어떻게 살지에 대하여 계획을 세우신 분 있나요? 또 지금의 20대는 그때가 되면 정년이 되겠네요!"라고 하면 모두들 그 생각까지는 미처 하지 못했다는 표정들을 짓는다.

그러나 이것이 현실이다. 이들의 반응은 최근 방송 및 언론 매체를 통해 100세 고령 사회, 장수 사회는 익숙한 용어가 되었지만 그 사회의 도래에 따른 자신의 대응에 대한 깊은 고민은 없었다는 의미다. 지금부터 100세 시대에 맞는 직업 및 인생 설계를 다시 세워야 한다. 일반 직장인들에게 최고의 노후 생활 대비는 현재의 직장에서 퇴직을 하더라도 이직과 전직을 통해 오래 버티는 것이다. 찰스 로버트 다윈(Charles Robert Darwin)은 1859년 『종의 기원』을 발표하면서 중요한 말을 남겼다. "살아남는 종은 강한 종도, 머리 좋은 종도 아닌 변화에 유연하게 적응하는 종이다."라고.

한국 고령층의 불행한 삶

[사례 1]

인천에 사는 69세의 고길순(가명) 씨는 매일 아침 눈을 뜨는 것이 죽기보다 싫다고 한다. 또 오늘 하루를 어떻게 버티고 살아야 할지가 막막하기 때문이다. 고 씨는 40대 중반에 불의의 교통사고로 남편과 사별을 하였으나, 이후 다행히 보험금을 지급받아 여기에 약간의 은행 대출금을 더해 식당을 개업하였다. 당시만 하더라도 건강했고, 자녀들을 홀몸으로 키워야 한다는 생각에 아플 겨를도 없이 열심히 생활을 하여 아들, 딸 모두 대학까지 가르쳤다. 다행히 딸은 일찍 결혼하여 출가했지만 아들은 좀처럼 취업이 되지 않아 사업을 하게 되었다고 한다.

그러나 사업은 부진했고 고 씨는 아들의 사업 자금을 돕다가 집과 가게를 다 잃고 전셋집을 전전하는 신세가 되었다. 설상가상으로 건강도 급격히 나빠져 지금은 경제 활동을 전혀 할 수 없는 지경에 이르렀다. 이제 고 씨에게는 기초생활수급자 생계 급여 40여 만 원과 기초연금 20만 원이 월수입의 전부다. 건강도 나빠지고 경제력도 없다 보니 일가친척과도 멀어지게 되고 평소 친한 친구들과 만나는 것도 두렵기만 하다. 여기에 정신적으로도 많이 쇠약해져 우울증 초기 증세도 나타나고 있다.

[사례 2]

일산에 거주하는 전수길(가명) 씨는 64세의 남성이다. 전 씨는 6년 전에 공기업의 관리자로 퇴직했다. 퇴직 이후 새로운 직장에 취업하는 것은 포기하고 사업을 해볼 생각으로 여기저기 다니며 사업 관련 정보도 얻는 등 나름대로 1년여간 사업 준비를 했다. 이후 유통업을 시작했지만 3년 만에 폐업하고 2년 정도의 시간 대부분을 집에서 보내고 있다. 다행히 국민연금과 퇴직연금, 그리고 개인적으로 저축해 놓은 돈이 적당히 있어 경제적으로 빈곤하지는 않다. 부인도 지역 마트에서 일을 하며 생계에 보탬을 주기 때문에 아직은 문제가 없다.

그러나 전 씨는 답답하고 불안해하고 있다. 가끔 등산도 하고 친구들도 만나 술자리도 가져보지만 허전한 마음은 점점 더 커지고 어느새 자신이 무기력해져 있음을 느낀다. 아내와의 부부 싸움도 늘어나면서 부부 관계 및 대화 기회는 점점 줄었다.

자녀들도 모두 결혼하여 지방에 살기 때문에 만날 기회도 거의 없다. 과거 직장 생활을 할 때는 공기업에 근무한다는 사실에 자신감이 넘쳤으며, 사회적 영향력 발휘로 활력 넘치는 생활을 했지만 지금은 자존감이 무너져 내렸다. 새롭게 일자리를 찾는 것도 쉽지 않지만, 또 다시 사업을 한다는 것은 두렵기만 하다. 전 씨는 앞으로 무엇을 하며 남은 노후 생활을 보내야 할지 막막할 뿐이다.

교육적 시사점

- 우리나라 부모들의 자식 사랑은 각별하다. 그런데 부모들은 그 자식 사랑이 결국 자신의 노후 파산으로 이어질 수 있다는 생각을 전혀 하지 않는다. 자식을 위해 헌신적으로 돕지만 결국 대부분의 사람들은 노후에 후회를 한다.
- 앞으로 노후 생활은 매우 길다. 아무리 경제적으로 여유가 있더라도 단조로운 노후 생활은 정신적으로 큰 스트레스가 된다. 따라서 퇴직 전 빈틈없는 노후 생활 계획을 준비할 필요가 있다.

1. 우리가 4차 산업혁명에 주목해야 하는 이유는 무엇인가?

_____

_____

_____

_____

_____

_____

_____

_____

2. 4차 산업혁명이 우리의 삶에 미치는 긍정적 측면과 부정적 측면의 영향은 무엇인가?

긍정적 측면

_____

_____

_____

_____

부정적 측면

_____

_____

_____

_____

3. 4차 산업혁명에서 적응력을 높이기 위한 국가가 갖추어야 할 5대 조건은?

① _____

② _____

③ _____

④ _____

⑤ _____

☑ 자가진단 / 체크리스트

미래를 만들어 가는 힘

다음의 질문을 통해 트렌드에 대한 본인의 상태를 점검해 보세요.

점검 질문	답변
1. 4차 산업혁명은 나의 직업에 어떤 영향을 끼치는가?	
2. 나를 경쟁력 있게 만들어 줄 트렌드는 무엇인가?	
3. 재테크와 관련된 트렌드는 어떤 것인가?	
4. 건강과 관련된 트렌드는 어떤 것인가?	
5. 네트워크 사회에서 나는 어떻게 대응할 것인가?	
6. 미래에 대한 당신의 가장 큰 비전은 무엇인가?	
7. 미래의 직업을 위해 내가 준비해야 하는 중요한 것은 무엇인가?	

※ 한 개인이 대중보다 앞서 트렌드를 이해하면 회사를 설립하거나, 새로운 상품과 서비스를 개발하거나, 새로운 기술을 배우거나, 새로운 시장에 투자하는 등 효율적으로 대처할 수 있다. 트렌드를 이해하고 예측할 수 있는 이들은 혁명을 이끌 수도 있다. 이러한 트렌드는 위기 요인이 되기도 하지만 기회가 되기도 한다.

Tip

4차 산업혁명 시대에 당신이 당장 생각해 볼 것들

• 새로운 기술 프로그래밍, 대체 에너지, 빅데이터 등을 익혀라.
• 게임 산업, 보건 산업, 모바일 기술과 교육 등 익숙하지는 않지만 흥미를 느끼는 새로운 분야의 박
  람회에 참석하라.
• 잘 알지 못하는 사람 가운데 자신의 일에 열정적이고 그 일을 좋아하는 이유를 확실히 알고 있는
  10명과 대화를 나누어 보아라.
• 4차 산업혁명 시대에 등장할 트렌드 중 두 가지를 고려하여 새로운 기술, 조직, 벤처 산업을 만들
  거나 변화를 줄 수 있는 방법을 찾기 위해 고민하라.
• 나의 삶을 예측해 보라. 향후 5년 내에 커리어, 인간관계, 지위, 교육에서 당신은 어떠한 위치에 있
  기를 바라는가?

4차 산업혁명 시대를 성공적으로 준비하기 위한 행동 전략

• 판도를 뒤엎을 만한 새로운 아이디어, 상품, 조직을 만들어라.
• 발명을 하거나 완전히 새로운 혁신을 시도하라.
• 지역, 직장에서 긴급한 갈등을 해결하라.
• 나에게 의미 있는 조직을 만들어라.
• 어떤 분야의 전문가가 되어라.
• 사람들이 중요하게 여기는 분야에서 지식의 원천이 되어라.
• 직장에서 심각한 문제에 대한 해결책을 찾아라.
• 수요가 높은 혁신적인 상품이나 서비스를 고민하라.
• 다른 이들과 협력하거나 연결하기 위한 방법을 극대화하라.
• 정보를 기반으로 새로운 가치를 창출하는 회사를 세워라.
• 4차 산업혁명 시대에 등장하는 트렌드 하나를 선택하여 그것을 토대로 조직을 만들어라.

02 ^장 나의 현재 직장 생활 진단·분석하기

제1절 정확한 상황을 인식하기
제2절 재직 중인 직장을 그만둘 용기 갖기
제3절 경우의 수를 제대로 이해하기
제4절 성공적 전직을 위한 1보 후퇴하기

학|습|목|표

- 현재 직장의 상황과 분위기를 정확히 진단·분석하여 설명할 수 있다.
- 현재 직장에서 퇴직 및 전직을 할 경우 나타나는 심리적 장애를 극복할 수 있다.
- 퇴직 및 전직을 앞두고 발생 가능한 상황과 대응 요령을 설명할 수 있다.
- 성공적 전직을 위한 1보 후퇴의 지혜를 발휘할 수 있다.

학|습|열|기

인생은 단 한 번뿐이다!

사람은 누구나 공평하게 한 번의 인생 기회를 가진다. 그 소중한 기회를 당신은 어떻게 활용하고 있는가? 인생 전반전이 자기 주도적 삶이었는지 자성(自省)해 보자. 서커스단의 무대에서 '더 이상 재주 부리는 곰이 되지 말자. 불안하게 흔들리며 굴러가는 공 위에서 이제는 내려와야 한다. '코끼리와 말뚝'에 관한 이야기가 있다. 새끼 코끼리 때부터 말뚝에 발목을 묶인 코끼리는 어른 코끼리가 되어 고정된 말뚝을 뽑아 벗어날 수 있는 힘이 생겨도 그 묶여 있는 말뚝을 벗어나려는 시도조차 하지 않는다. 코끼리의 말뚝은 조련사가 만든

것이지만, 사람의 말뚝은 스스로가 만든 것이다. 공 위에서 내려오는 것도, 고정된 말뚝에서 벗어나는 것도 그 결정은 당신의 몫이다.

미래 사회에서는 어느 누구도 한 직장에서 평생을 근무할 수 없다. 언젠가는 그만두게 된다. 문제는 언제 그만두느냐가 인생 항로에 중요한 영향을 미치게 된다는 점이다. 그야말로 타이밍이 중요하다. 한 번의 탁월한 의사 결정은 성공의 길로 안내할 수도 있지만, 한 번의 치명적 의사 결정은 실패의 나락(奈落)으로 몰고 갈 수도 있음을 기억하자.

제 ❶ 절 정확한 상황을 인식하기

01 ｜ 전직(轉職)이 필요함을 알려주는 시그널

일반적으로 직장인들은 상사와 갈등이 심할 때, 승진에 불만이 생길 때, 직무에 만족하지 못할 때, 회사가 불안정할 때 등의 상황에 직면하면 직장을 옮길 생각을 하게 된다. 그런 경우 대부분의 사람들은 감정에 치우쳐 올바른 의사 결정을 내리지 못하고 결국은 되돌릴 수 없는 치명적 실수를 범하곤 한다. 이직이든 퇴직은 결코 쉽사리 생각할 문제는 아니다. 따라서 실수를 최소화하기 위한 요건은 무엇인지 그 기준을 정하고, 각 요소별로 얼마나 만족하는지를 진단하고 그 결과에 따라 이직 및 전직을 결정하는 것이 바람직하다.

이때 반드시 두 가지 측면에서 고려해야 할 사항이 있다.

첫째, 자기 자신에 대한 분석이다. 나는 누구인지, 나는 왜 이 직장에서 일하고 있는지, 이 직장에서 궁극적으로 추구하는 것은 무엇인지, 이 직장에서 성공하기 위해서 나에게 요구되는 것은 무엇인지, 나의 삶에서 이 직장 생활이 의미가 있는지 등이 그것이다.

둘째, 현재 소속되어 있는 직장에 대한 분석이다. 이 직장의 비전은 확실히 보이는지, 이 직장은 동종 업계에서 어느 수준인지, 조직 문화는 바람직한지, 조직 구성원들은 어떠한지, 이 모든 것들이 자신의 경력에 도움이 되는지 등을 점검해 보아야한다. 이를 위해선 우선 개인 점검이 필요하다. 다음 진단지를 통해 자기 자신을 점검해 보자.

개인 점검 진단 요령

각 항목에 대하여 공감하면 10점, 공감하지 않으면 1점을 기입하면 된다. (정도에 따라 1~10점까지) 그리고 각 항목에 대하여 1년 후 점수에서 현재 점수를 뺀 결과를 차이(란)에 기입한다.

● 이직, 전직 여부를 위한 개인 점검표

항목	현재	1년 후	차이(1년 후 – 현재)
1. 나는 지난 3년간 직장 업무에 만족하며 행복하다.			
2. 나는 직장에서 지난 3년간 일하면서 성취감을 느낀다.			
3. 나는 직장에서 지난 3년간 나의 능력을 발휘할 기회가 있었다.			
4. 나는 직장에서 지난 3년간 새로운 지식이나 기술을 많이 습득했다.			
5. 나는 직장에서 지난 3년간 다른 사람을 관리하거나 새로운 일을 맡는 등의 중요한 책임을 맡은 적이 있다.			
6. 나는 직장에서 지난 3년간 해결하고 싶은 의욕이 생기는, 도전할 만한 일이 있었다.			
7. 나는 직장에서 지난 3년간 일할 때 동료들과의 사이가 좋았다.			
8. 나는 직장에서 지난 3년간 나의 급여가 높다고 생각한다.			
9. 나는 직장에서 지난 3년간 나의 근무 시간이 적절하다고 생각한다.			
10. 나의 상사는 지난 3년간 내가 팀에서 가장 필요한 존재라고 생각한다.			
총점			

【개인 점검표 분석】

점수	의미
40점 미만	이직, 전직이 매우 필요한 상황
40~49점	이직, 전직이 조금 필요한 상황
50~69점	이직, 전직에 대하여 관심을 갖고 지켜볼 필요가 있는 상황
70~89점	가능한 옮기지 않는 것이 좋은 상황
90~100점	특별한 문제가 없는 한 옮기지 말아야 할 상황

【점수 차이(1년 후-현재) 분석】

점수	의미
30점 이하	이직, 전직을 하지 않는 것이 바람직함
31~40점	개선 여지가 있는지를 상사와 상담한 뒤에 이직, 전직을 결정하는 것이 바람직함
41~60점	상황을 보면서 이직, 전직의 의사 결정을 하는 것이 바람직함
61점 이상	이직, 전직에 대하여 적극적으로 준비하고 행동화하는 것이 바람직함

이와 같은 진단 외에도 직장인으로서 또 하나의 고민거리를 진단해 볼 필요가 있다. 누구나 직장에 들어가면 큰 꿈과 기대를 갖고 출발한다. 누가 뭐라 해도 직장인들의 꽃은 높은 자리로 올라가는 승진일 것이다. 그러나 조직은 무한정 승진 자리를 만들 수 없다는 것을 누구나 알고 있다. 정해진 자리를 놓고 경쟁을 하는 구조이다. 따라서 직장 생활을 하다 보면 어느 순간 '승진의 한계 지점(career plareaux)'을 느끼게 되고 갈등을 겪게 된다. 특히 그 현상은 일정 경력을 갖게 되는 중년의 나이에 들어서면 본격화되는데, 2000년대 들어서서 조직이 피라미드 구조에서 수평 조직으로 급격히 전환되면서 더욱 심각하게 나타나고 있다.

그렇다면 자신이 승진의 한계 지점에 와 있다는 증거는 무엇일까? 후배들이 내 상사가 되어 가고 있든지, 5년 이상 승진하지 못하고 제자리에 머물고 있다든지, 자신에게 주어진 일이 변화가 없이 반복된 일을 수년간 하고 있다든지, 내부에서 큰 사고를 쳐서 나에 대한 평판이 좋지 않다든지, 승진할 수 있는 자리가 극히 적어 승진 가능성이 희박하든지, 승진 제의가 있어도 승진하고 싶은 마음이 별로 없다든지, 매일 아침 출근길이 즐겁지 않고 짜증이 난다든지, 주말이나 국경일 또는 정기 휴가 등 쉬는 날만 기다려진다든지 한다면 한 번쯤은 심각하게 자신을 되돌아 볼 필요가 있다.

이와 같은 증세가 나타나면 일반적으로 사람들은 다른 생각을 자주 하게 된다. 그래서 회사 일에 무관심해지고, 현재 하는 일에 대하여 소홀히 하게 되어, 성과는 자연히 저조해질 수밖에 없고 결국 상사나 동료들과의 갈등도 증폭된다. 이때는 자신이 슬럼프에 빠졌다고 빠르게 인정하고 극복하기 위한 노력을 해야 한다. 교육을 통해 자기의 역량을 높여 존재감을 주위에 알리고 인정받는 것은 좋은 방안이 될 수 있다. 그것이 미래에 본인에게 다가올 여러 가지 기회를 잡을 수 있는 원천이 될 수 있기 때문이다.

개인 점검 다음으로는 조직에 대한 점검이 필요하다. 개인 점검 결과 현재의 직장에 머물러 있는 것이 좋다고 결정했더라도 회사 부도 직전 같은 최악의 상황이라면 그런 결정은 의미가 없어진다. 따라서 회사의 내·외적 동향을 제대로 분석하여 올바른 의사 결정을 할 수 있어야 한다.

조직 점검 진단 요령

각 항목에 대하여 긍정하면 '예' 란에 1점, 부정하면 '아니오' 란에 0점을 기입한다.

● 이직, 전직 여부를 위한 조직 점검표

항목	예	아니오
1. 우리 회사는 최근 3년간 동종업계에서 뒤처지거나 경쟁력이 떨어지고 있다.		
2. 우리 회사가 속한 산업의 트렌드 또는 회사의 여건을 고려할 때 우리 회사의 전성기가 지났다.		
3. 우리 회사의 제품이나 서비스에 고객들이 만족한다.		
4. 우리 회사가 지향하는 경영의 전반적인 방향과 내용에 동의한다.		
5. 우리 회사가 속한 산업 분야가 위축되고 있다.		
6. 내가 소속한 회사의 산업 분야에서는 다른 직장을 찾기가 쉽다.		
7. 가까운 시일 내에 회사가 문을 닫거나 공장을 옮길 가능성이 있다.		
8. 내가 다니는 현재 직장을 잃을 위험성이 있다.		
9. 내가 다니는 회사에서 1~2년 사이에 승진하지 못할 것으로 예상된다.		
10. 내가 현재 다니는 회사에서 2~3년 뒤 퇴직하더라도 퇴직 보상금을 더 많이 받지 못할 가능성이 있다.		
11. 내가 현재 다니는 회사에서 자발적으로 조기 명예퇴직을 고려해 본 적이 있다.		
12. 우리 회사의 경영진은 무능하고 신뢰가 가지 않는다.		
13. 우리 회사는 경력 관리 프로그램(CDP)이 제대로 마련되어 있지 않다.		
14. 우리 회사는 몇몇 인재들만 관리한다.		
15. 우리 회사는 최근 3년 동안 직무 순환이 거의 이뤄지지 않고 있다.		

항목		
16. 우리 회사에는 같이 일하고 싶지 않은 동료들이 많다.		
17. 우리 회사는 최근 3년간 구조조정을 해왔고, 앞으로 3년 이내에 또 할 것으로 예상된다.		
18. 우리 회사가 구조조정을 한다면 내 자리에도 영향을 미친다.		
19. 최근 3년 동안 우리 회사에는 명예퇴직을 한 사람들이 있었다.		
20. 최근 3년 동안 우리 회사의 명예퇴직 대상에는 내 부서나 업무도 있었다.		
21. 우리 회사에는 나의 승진 경쟁자가 많다.		
22. 우리 회사에는 윗사람의 주목을 받거나 업무 능력이 뛰어나서 나보다 빨리 승진할 사람이 있다.		
23. 우리 회사가 타 회사에 인수·합병될 가능성이 있다.		
24. 우리 회사의 연금 제도가 부실하다.		
25. 내가 받을 연금을 다른 펀드에 옮겨 투자할 수 있다.		
26. 사회적으로 일자리가 늘어날 것이라는 예측이 있다.		
27. 현재 고용률이 상대적으로 낮은 편이다.		
28. 사회적으로 실업자의 수가 줄고 있다.		
29. 우리 회사에는 나와 비슷한 경력을 가진 사람들이 최근에 다른 일자리를 쉽게 구했다.		
30. 회사 인근 지역에 유사한 직종이 많다.		
총점		

【조직 점검표 분석】

점수	의미
0~6점	가능한 이직, 전직을 안하는 것이 바람직함
7~14점	'예'라고 답한 항목이 주로 회사에 관련된 문제라면 옮기는 것을 고려해 보는 것이 바람직함
15~23점	이직, 전직이 용이한 경우 실행에 옮기는 것도 바람직함
24~30점	개인 점검의 결과도 나쁘면 이직, 전직이 바람직함

02 | 현재 직장에 눌러앉을 때임을 알려 주는 시그널

"마음이 떠나면 몸도 떠나게 된다"라는 말이 있다. 이사를 가겠다고 마음먹는 순간, 지금의 집에 대한 정이 떨어지는 것과 비슷하다. 대부분 사람들은 감정에 쏠려 분위기를 몰아가는 경향이 있다. 물론 그런 결과가 좋을 수도 나쁠 수도 있다. 그러나 이직·전직 문제는 또 다른 문제다. 심사숙고할 필요가 있다. 즉 현재의 직장에 눌러앉는 것이 당분간 정신적·육체적으로 힘들지 모르지만 결과적으로 잘한 결정이라고 생각되는 경우가 있다. 이럴 경우 앞으로 더 잘되기 위하여 1보 후퇴한다는 자세가 필요하다.

다음은 이직·전직보다 현재의 직장에 그대로 눌러앉아 버티는 것이 좋다는 신호들이다.

취업 시장 여건과 경기 관련 신호

1. 취업 시장 여건이 좋지 않은 경우: 이직·전직을 위해서는 자신이 희망하는 산업의 취업 시장 동향을 정확히 파악해야 한다. 취업 가능성은 시장 여건과 매우 밀접하기 때문이다. 따라서 관련 업계 정보를 제공하는 간행물을 정기적으로 구독하든지, 인터넷을 통한 전문 기관 사이트를 방문하는 등의 꾸준한 노력이 필요하다.

2. 경기가 좋지 않은 경우: 경기는 고용 시장과 밀접한 관계가 있다. 전반적인 경제 상황은 전 산업계뿐만 아니라 금리에도 영향을 미친다. 경제 상황이 나빠지면 조직은 규모를 축소시키고 신규 채용을 기피하게 된다. 또한 금리 변동은 개인뿐만 아니라 회사에도 영향을 미치게 된다. 상환해야 할 대출금이 많은 경우 또는 재취업을 위한 공백 기간이 길어지는 경우는 매우 곤란한 처지에 놓일 수 있다.

승진 관련 신호

1. 최근에 승진했을 경우: 최근에 승진을 한 경우라면 현재 조직에서 일을 잘하고 있을 뿐만 아니라 인정을 받고 있기 때문에 굳이 직장을 옮길 이유가 없다. 다만 승진의 이유가 자신의 능력보다 조직의 환경적 요소가 더 크지는 않았는지 분석해 볼 필요가 있다. 또한 승진 자리가 다음 승진을 위한 징검다리 역할을 할지, 아니면 현재 직장에서 마지막 자리인지도 생각해 볼 필요가 있다.

2. 가까운 시일 내에 승진이 매우 확실한 경우: 간혹 예정된 승진이 빗나가는 경우 대부분의 사람들은 조급한 마음에 자기 속내를 드러내, 다음 기회조차도 잃는 경우가 있다. 만일 다음 승진 기회 기한이 명확히 제시된 경우나 승진에 책임 질 만한 상사와의 약속이 있는 경우에는 한 번 더 기다리는 것이 바람직하다.

개인 자산 관련 신호

• 개인 빚이 많을 경우: 개인적으로 빚이 많은 경우 직장을 옮기는 것은 매우 위험하다. 더욱이 주택 융자금이 많아 이자 및 상환액이 많거나 신용카드 한도액이 초과되는 상황이라면 더욱 위험하다. 다만 현재의 직장보다 더 많은 급여 수준의 직장이라면 옮기는 것도 고려해 볼 만하지만 다음과 같은 상황은 아닌지는 고려해 보아야 한다.

● 고려해야 할 사항

> • 급여는 높아졌지만 직업의 안정도는 떨어지지 않는가?
> • 인상된 급여가 성과급에 해당되는 것인가? 그런 경우라면 목표 달성은 용이한가?
> • 일정 기간 수습 기간이 필요한가? 그런 경우라면 수습 기간을 무사히 마칠 수 있는가?
> • 새로운 직장에서 일하기 위해 지출해야 할 항목들(자동차 구입, 여행 경비, 옷 구입, 경비 지출을 위한 신용카드 사용 등)이 있는가?

경력과 근무 조건 관련 신호

1. 이미 직장을 여러 번 옮긴 경우: 직장을 자주 옮길 수 있는 것도 능력이 되겠지만, 1년 사이에 여러 번을 옮겼다면 옮기게 되는 회사에서 부정적인 선입견을 갖게 된다.

2. 옮길 직장이 없는 경우: 직장에서 성희롱, 금전 사고, 본인 또는 가족의 중병 등의 심각한 문제가 아니라면 옮길 직장을 결정짓고 난 후 그만두는 것이 좋다. 현직에서 물러나면 새로운 직장을 구하기가 더욱 어려워진다는 사실을 명심해야 한다.

3. 어떤 일을 할 수 있는지 모르는 경우: 자신의 능력과 지식을 현직에서 활용하지 못했다면, 유사한 직장으로 옮겨도 상황은 크게 달라지지 않을 확률이 높다.

4. 사내에서 내가 희망하는 자리에 있는 사람이 곧 옮긴다는 소문이 있거나, 마음에 안 드는 상사가 곧 옮긴다는 소문이 도는 경우: 이런 경우 소문이 사실인지 확인이 필요하며 사실이면 조금 더 인내하고 기다릴 필요가 있다.

5. 현재의 근무 조건을 다른 곳에서 찾기 어려울 경우: 직장을 옮기겠다고 마음을 먹는 순간부터 현재 직장의 단점만 눈에 띄게 된다. 그 결과 자신과 비슷한 연령대, 경력, 교육 수준 등을 갖춘 사람과 비교를 하면서 자기가 더 좋은 조건에서 근무하고 있음을 망각하는 경우도 있다.

6. 직장 이동에 관한 결정, 계약 갱신의 경우: 직장을 떠날 생각이 있을 경우 그 사실을 남에게 알리는 것은 신중해야 한다. 상사와의 두터운 신뢰가 있지 않는 한 상사에게도 비밀로 하는 것이 좋다. 그리고 계약을 갱신하는 경우 계약 갱신 기간에 회사 퇴직 여부를 결정하는 것은 위험하다. 그 기간에는 감정이 예민해져 있기 때문에 의외의 결정을 내릴 수 있기 때문이다.

제 ❷ 절 재직 중인 직장을 그만둘 용기 갖기

　사람은 누구나 직장을 옮기고자 하는 상황에 직면하면 갈등하게 된다. 앞으로의 불안, 걱정, 근심, 분노, 좌절, 그리고 지나온 과정에서 있었던 일에 대한 섭섭함과 분노 등으로 직장을 옮겨야 할지, 말아야 할지 상반된 감정이 뒤섞인 가운데 후회 없는 의사 결정을 내려야 하기 때문이다. 옮기는 것과 눌러앉는 것은 그 나름대로 타당한 이유가 있지만 그 둘은 모순된다.

01 ｜ 장고(長考)가 악수(惡手)를 둘 수 있다.

　사람들은 이직·전직을 결정하는 순간을 맞이하게 되면 온갖 생각을 다 하게 된다. '만약에, 혹시, 그래도, 설마, 그렇지만, 그럴 리가, 아마도' 등의 말을 하면서 상상의 나래를 펴게 된다. 그러나 이것이 문제가 될 수 있다는 것이다. 물론 어떤 상황과 행동에서 얻는 것과 잃는 것을 계속해서 생각하는 것은 올바른 의사 결정을 내리는 하나의 방법이 될 수 있지만, 그렇게 되리라고 생각하는 것은 착각임을 알아야 한다. 그런 생각으로 의사 결정을 늦춘 사람치고 제대로 된 결정을 내린 사람은 보기 드물기 때문이다.

　사람들이 이런저런 생각을 하며 고민하고 신중을 기하는 것은 결정을 빨리 내리다 보면 실수를 할 수 있다는 문화적 관념 또는 오해일 수도 있다. 언어에서도 이런 문화적 관념은 쉽게 찾아볼 수 있다. 사람들은 의사 결정을 빠르게 내리는 사람에 대해서 '신중하지 못하다, 충동적이다, 경솔하다, 가볍다, 깊이가 없다, 불합리하다, 논리적이지 않다, 거만하다, 제멋대로다, 고집불통'이라고 말을 한다. 물론 빠르게 의사 결정을 내리다 보면 실수를 하기도 하고 잘못된 선택을 할 수는 있지만, 그렇다고 장시간 동안 생각을 거듭해서 내린 결정보다 잘못될 확률이 높다는 것은 착각이다.

그럼에도 불구하고 사람들은 왜 지나칠 정도로 많은 생각을 하는 것일까? 첫째는 위험을 피하기 위해서다. 둘째는 자기 자신의 운명을 통제하고 싶어 하기 때문이다. 인간의 본성 중에 하나가 불확실한 것을 피한다는 것이다. 앞으로 무슨 일이 일어날지 모르기 때문에 어떻게 대응해야 할지도 모른다는 것이다. 사람은 일을 하는 과정에서 일이 많아서 스트레스를 받는 것보다 자기가 하는 일에 대해서 자신이 주도하지 못하고 수동적, 피동적으로 따라가야만 하는 상황, 그리고 예측이 안 돼 늘 긴장해야 하는 상황에서 더 스트레스를 받는다고 한다.

더욱이 직장을 옮기는 문제는 온전히 자기 자신이 생각하고 결정을 해야 할 뿐더러 그 결과를 수용해야 하는 것도 본인 몫이다. 매우 불확실한 상황에 자신을 맡기게 된다는 것은 스트레스를 자처하는 꼴이다. 지나친 위험을 감수하거나 우연에 지나치게 의존하는 것은 바람직하지 않지만 미래 불확실성에 대한 위험도는 누구도 정확히 가늠하기가 어렵다. 가만히 있으면 중간이라도 간다는 말이 있듯이 안 움직이면, 움직여서 초래되는 위험을 막을 수는 있다. 또 그렇다고 안 움직이면, 안 움직여서 오는 위험이 없는 것도 아니라는 사실을 알아야 한다. 투자든 비즈니스든 모든 성과 정도는 위험도와 상관관계가 있음을 알아야 한다.

제임스 캔턴(2006)은 『극단적 미래 예측』이라는 저서를 통해 극단적 미래를 정의하는 5가지 키워드를 속도, 복잡성, 위험도, 변화, 놀라움으로 밝힌 바 있다. 미래 직업 세계에서 무엇이 '뜨는 직업'이고 '사라지는 직업'인지를 예측하는 것은 중요하지만 무엇이 불확실하고 위험한가를 결정하여 대응하는 것도 중요하다. 이 모든 것의 성공 여부는 얼마만큼 멀리 내다보느냐에 달려 있다.

02 ㅣ 안주(安住)하는 소극적인 생각이 자기 성장에 장애가 된다.

직장인들의 근무 태도를 분석해 보면 크게 세 부류로 나눌 수가 있다. 매사 적극적인 사람, 매사 소극적인 사람, 매사 절충하고 타협하는 사람이다. 가장 위험한 사람은 매사 소극적인 사람이다. 이들은 "좀 불편하긴 하지만 옮기지 않고 그냥 있을래.", "상사에 대해서 불만이 있긴 하지만 신경 안 쓰고 살래.", "야근, 특근 등 쉬는 날이 거의 없지만 내가 좀 희생하지 뭐. 가족들도 이해하겠지!", "어차피 옮겨도 뻔할 텐데, 오히려 더 나쁠 수도 있지.", "이야기 해본들 바뀌지도 않을 뿐더러 상사에게 찍히기만 할 텐데 차라리 포기하고 지내는 게 낫지."라면서 자신을 제한하고 통제적 사고를 갖는 사람들이다. 이들은 통제할 수 없는 상황에 대하여 문제의식을 갖고 극복하려는 자세보다 포기가 빠른 사람이다. 이것은 자신의 실패를 인정하는 꼴이다. 스스로 자신을 중심으로 방패막이를 하고 외부와 벽을 쌓는 것이다. 문제는 조직에서 그 상황을 방치하지 않는다는 것이다. 더욱 안타까운 것은 본인은 그 심각성을 모르는 데 있다. 그러다가 후배 직원이 먼저 승진하고 심지어 자신의 상사로 함께 일하게 되는 상황에 이르고 나서야 문제의 심각성을 알아채는 경우가 있다. 그러나 그때는 이미 되돌릴 수 없는 상황이 된 것이며, 후회해도 소용없다.

대부분의 사람은 그 상황에 이르게 되면 깊이 반성하고 자신의 발전을 위한 노력과 기회를 모색하기는 커녕 온갖 분노와 질투 같은 부정적 감정과 태도로 조직 생활을 일관하게 되고 결국에는 잘못된 의사 결정을 내리는 과오를 범하기도 한다.

03 ㅣ 현실 문제는 장기적 관점에서 바라보면 해답을 찾을 수 있다.

직장인들의 표정과 언행을 보면 그 사람의 현재 생활에 대한 건강성을 가늠해 볼 수 있다. 건강한 사람은 목전의 상황에 대해 일희일비하지 않는다. 현재 생활이 남들 눈에는 다소 힘들게 보이더라도 정작 본인은 그렇게 느끼지 않는다. 그 이유는 10년 뒤 자신이 꿈에 그리는 모습이 현실화되어 있을 것을 상상하면 저절로 힘이 생겨 더욱 열정적으로 일할 수 있기 때문이다. 현재의 고생이 고생으로 받아들여지기보다는 미래의 행복을 위한 하나의 과정이라고 생각하기 때문에 마냥 즐거울 수 있다. 멀리 느껴질 수 있겠지만 가장 좋은 것은 자신의 마지막 근무처가 어디든 정년을 맞이해 은퇴식을 마치고 귀가해서 다음과 같이 자문하고 있음을 상상해 보자.

- 지나온 나의 경력에 대해 어떻게 느끼는가?
- 나는 어떤 이력을 거쳐 지금에 이르렀는가?
- 나의 인생에서 무엇을 이루었는가?
- 나의 직장 생활은 어떠했는가?
- 나는 직장에 도움이 되는 일을 했는가?
- 내가 한 일에 대한 직장에서의 평판은 어떠했는가?
- 나는 직장 일에 최선을 다했는가? 무엇을 더 할 수 있었는가?
- 다시 같은 일을 할 기회가 주어진다면, 어떻게 다르게 하겠는가?

이렇게 미래의 모습을 상상하고 과거의 모습을 되돌아보는 것은 자신의 목표를 분명히 하고 달성하는 노력에 동기를 부여할 수 있는 효과적 방법이다. 뿐만 아니라 매사 근시안적으로 판단하기보다는 중·장기적 관점에서 상황을 이해하고 수용하게 된다. 이런 시각을 견지하게 되면, 현재의 직장에 머물러 있는 것이 직장을 옮기는 것만큼이나 위험한 일이라는 것을 발견하게 된다.

04 ┃ 기회가 주어지면 미루지 말고 무조건 잡아라.

기회가 왔으면 포기하지도, 양보하지도, 다음 기회로 미루지 말고 잡는 것이 좋다. 설령 수년 뒤 퇴직할 마음이 있더라도 그 생각을 하면서 기회를 잡지 않는 것은 정말 미련한 짓이다. 이것은 일종의 현실 도피에 해당된다. 이런 사람은 기회가 올 때마다 "아직은 때가 아니야.", "더 좋은 기회가 올 거야!" 하면서 다음으로 미룬다. 심지어는 "어차피 몇 년 뒤에 그만둘 텐데 굳이 뭐하러 잡아!" 하는 사람도 있다. 그렇다가 결국은 아무것도 하지 못하고 귀한 경력만 낭비하게 된다.

사람들은 한결같이 자기에게 좋은 기회가 오면 쉽게 알 수 있다고 생각하는 경향이 있다. 그래서 그런 기회가 오기를 막연히 기다리기도 한다. 그렇지만 현실은 야속하게도 좋은 기회가 잘 오지도 않지만 오더라도 식별이 안 될 정도의 문제를 대동하는 경우가 의외로 많다. 그렇게 때문에 결국 만족스럽지 못한 결과를 보게 된다. 반면에 자신이 노력해서 만든 기회를 성공시켰을 때는 리스크도 거의 없고 만족감도 극대화된다. 노력 없이 그냥 주어지는 것은 대부분 소중함을 느끼지 못하며, 자기가 하는 일에도 가치를 느끼지 못하기 때문에 최선을 다하지 않게 돼 개인적으로 발전할 수도 없다. 따라서 기회를 기다리기보다는 기회를 만드는 노력이 필요하다.

일반적으로 많은 사람들이 착각하는 것 중에 하나는 자신은 남들과 달리 특별하다고 생각하는 것이다. 자기 자신에게 불행한 일은 절대로 일어나지 않을 것이며 언젠가는 행운이 찾아올 것이라고 믿는다. 어느 모로 보아도 지극히 평범한 사람조차도 그런 경우가 허다하다. 더욱 안타까운 것은 어떤 노력도 하지 않고 요행만 기다린다는 것이다. 직업을 갖는 데 있어서는 이성적이고 냉정할 필요가 있다. 자기 자신을 객관화하지 않으면 실망만 하게 된다. 자기가 생각하듯이 결점 없는 완벽한 조건의 직업 기회가 오리라는 것을 기대하는 것은 옳지 않다.

05 ┃ 자기 자신을 옭아매는 제한적인 사고에서 벗어나자.

미국의 심리학자 윌리엄 제임스는 "생각이 바뀌면 행동이 바뀌고, 행동이 바뀌면 습관이 바뀌고, 습관이 바뀌면 인격이 바뀌고, 인격이 바뀌면 운명까지도 바뀐다." 라고 설파했다. 결국 부정적인 생각은 자신의 운명을 파멸로 이끌 수 있다는 말로도 해석이 가능하다. 부정적인 생각의 틀에서 벗어나기 위한 노력은 다음과 같다.

스스로를 제한하는 생각과 말들을 적극적으로 자제할 것

1. 하는 말 중에 수동적인 태도를 나타내는 말: "아주 좋은 기회가 아니면 직장을 옮기지 않을 거야." 같은 말은 언뜻 보면 단호해 보이지만 기회는 주어지는 것이라는 수동적인 태도가 숨겨져 있다. 이보다는 "나는 훌륭한 기회를 찾아서 직장을 옮길 거야."라고 표현하는 것이 보다 적극적인 태도이다.

2. 자기 자신에게 부담 주는 조건을 내세우는 말: "확신이 생겨야만 직장을 옮길 수 있다."에서 '~해야만'이라는 조건의 말은 스스로에게 부담을 주는 말이다. 이보다는 "내 경력의 다음 단계로서 다른 직장으로 옮기거나 다른 직업을 갖는 것이 좋을 것 같다."라고 생각하는 것이 좋다.

3. 흑백논리로 접근하는 말: "지금 아니면 안 돼.", "이 직장 아니면 안 돼." 같은 단정적인 말은 바람직하지 않다. 세상일은 그렇게 극단적으로 전개되는 경우는 거의 없다. 또한 어떤 직장에서도 모든 경제적·감정적 문제를 동시에 해결해 주는 것은 거의 불가능한 일이다. 어느 직장이든 시작해 보면 얻는 것도 있고, 잃는 것도 있게 마련이다.

4. 자신을 제한하는 실패의 두려움 같은 사고에서 벗어나기: 자신을 제한하는 사고는 기회를 포착하는 데 방해가 될 뿐이다. 실패 없는 인생도 없고 성공 없는 인생 또한 없다. 사람은 누구나 실패할 수도 성공할 수도 있다. 그래도 아직 당신이 건재하다는 것은 앞으로 얼마든지 성공할 수 있음을 뜻한다.

주변 사람들에 대해 생각하는 것

불행한 일이 일어날 가능성은 누구에게나 있다. 직장에서 일어날 수도 있고, 가정에서도 일어날 수도 있다. 그리고 사회 생활을 하면서 겪을 수도 있다. 그러면 내가 사랑하는 가족들 그리고 친구들에게 안 좋은 일이 일어나는 경우와 내 직업상 안 좋은 일이 일어나는 경우 중에서 어떤 것이 더 심각한가?

코카콜라 전 CEO 더글라스 데프트(Douglas Daft)는 우리의 삶을 다섯 개의 공을 공중에서 돌리는 저글링 게임에 비유했다. 다섯 개의 공은 일, 가족, 건강, 친구, 나(자신)를 뜻한다. 일은 고무공이고 나머지 네 개는 유리공이라는 것이다. 고무공(일)은 떨어지더라도 반동에 의해 다시 튀어 오르지만 나머지 네 개의 공은 유리공이라서 떨어지면 깨져 버리기 때문에 붙일 수도 없고, 반동에 의해 튀어 오르지도 못한다는 것이다. 그런 사실을 알면서도 사람들은 고무공(일)은 손에 꼭 쥐고 나머지 유리공(가족, 건강, 친구, 나 자신)은 공중에 띄어 놓는다. 앞으로 실패 아니면 성공이라는 이분법적 사고보다는 다섯 개의 공을 두 손으로 자연스럽게 위치를 바꿀 수 있는 유연성이 필요하다. 스스로를 제한하는 사고는 행동까지 지배하게 되고, 현실을 왜곡시킨다. 따라서 스스로 구속하고, 새로운 것을 경험할 수 있는 기회를 놓치게 한다.

06 ∣ 자기 자신을 과대평가하는 착각에서 벗어나자.

사람은 누구나 칭찬에 약한 모습을 보인다. 자신에 대한 좋은 이야기에 대해서는 호감을 보이지만, 듣기 불편한 이야기에 대해서는 비호감을 나타낸다. 직업 세계에서 듣기 좋은 말로 상대를 부추기는 경우는 비일비재하다. 특히 상사가 아랫사람을 대상으로 승진에 관한 약속을 할 때가 가장 위험하다. 아랫사람은 상사의 달콤한 말 한마디에 쉽게 넘어가는 경우가 많다. 일반적으로 상사가 하는 말이 있다. "전임자가 그만두거나 자리를 옮기면 그 자리는 곧 당신 자리가 될 것이다." 이 말에 무한 책임을 갖는 상사는 현실적으로 거의 없는 듯하다. 아랫사람 대부분은 이 말만을 믿고 참을성 있게 기다리다가 끝내 이력을 망친다. 상사들은 좋지 않은 결과가 나오면 "다음에 더 좋은 기회를 보자!"는 영혼 없는 위로의 말로 마무리하려고 한다. 그때 아랫사람들은 감정어린 어조로 항변을 하지만 곧 소용없음을 뒤늦게 깨닫는다. 그리고 나서 다른 가능성을 찾아보는 노력조차 포기하는 사람이 의외로 많다. 포기하는 순간 자신은 지금의 직장에 저당 잡히게 됨을 잊지 말아야 한다.

상사에 지나치게 의존하는 것보다는 본인이 적극적으로 취업 시장에 관심을 갖고 언제라도 기회가 되면 당당히 떠날 수 있도록 철저한 준비를 하면서 자기 관리를 하는 것이 현명한 처사다. 그런 경우 현재의 직장에 남게 되더라도 자기 주도적인 직장 생활을 할 수 있게 된다.

한편 직장 내외에서 상사나 지인들로부터 승진이나 스카우트 제의를 받는 경우가 있다. 그때 구체적인 내용이 없다면 큰 기대를 갖지 않는 것이 좋다. 대부분이 립 서비스라고 보면 된다. 만일 누군가 이직을 권하며 호의를 보였을 때 진실 여부를 확인하기 위해서는 우회적인 표현을 하지 말고 다음과 같이 적극적 공세를 취하면 금방 확인이 된다.

- 신경 써주셔서 감사합니다. 당신과 함께 일할 수 있을 거라니 저로서는 영광입니다.
- 요즘 그 회사 사정은 어떤가요?
- 만일 제가 옮긴다면, 언제쯤 지원 가능한가요? 무슨 일을 맡게 될까요? 혹시 계획하는 일에 제가 필요한가요? 지금 당장 구체적 논의가 필요한가요?

위와 같은 질문은 서로에게 부담을 주지 않으면서, 현재 시점에서 그 제의가 어느 정도 신빙성을 갖는지 확인할 수 있다. 뿐만 아니라 상대방의 제의가 진심이었다면 지금 당장 당신을 원하는 것은 아니지만, 당신이 그 제의에 관심이 있다는 의사를 분명히 전달하는 효과가 있다.

사람은 누구나 자기 자신의 능력을 과신하거나 착각하는 경우가 많다. 이는 자기 자신을 객관화시키지 못하는 결과다. 요즘은 스펙 좋은 사람이 주위에 너무나 많다. 역량이 부족해서 채용이 되지 않는 경우는 과거에 비하여 드물다. 옮기고자 하는 직장에서 요구되는 역량에 부합하는 것과 지원자 간의 경쟁에서도 승자가 되어야 하기 때문이다. 과신이나 착각에서 벗어나기 위해서는 다음과 같은 것에 주의할 필요가 있다.

첫째, 자기 자신에 대한 이력서를 지속적으로 업데이트하면서 경쟁력을 높이는 것은 필수적이다. 그리고 자신의 이력에 자신감을 갖는 것은 필요하나 과신은 금물이다. 특히 지원 과정의 면접 시에는 특히 주의할 일이다.

둘째, 나는 직장을 잃을 일이 절대로 없다는 생각은 금물이다. 오너가 아닌 직장인들은 어느 누구도 생존 여부에서 자유로울 수가 없다. 현재 상사로부터 총애를 받고 있더라도, 지금까지 초고속 승진해 왔더라도 미래 일에 대해서는 아무도 모른다. 그야말로 신만이 알 것이다.

셋째, 다른 직장에서는 나를 좋아할 것이라는 생각 역시 착각이다. 일반적으로 현재 다니는 직장에서 소외감을 느끼는 사람들 대부분은 자기 존재감에 대한 착각이 있다. 지금 직장에서는 자신을 인정하지 않지만 옮기게 되는 직장에서는 자신을 환영할 것이며 우호적인 상황에서 즐겁게 일할 수 있을 것이라는 착각을 한다. 지금 다니는 직장에서 문제가 있다면 그 원인을 제대로 찾고 극복하는 노력이 선행돼야지, 옮기면 상황이 다를 것이라는 것 자체가 착각이다. 다른 곳으로 옮기면 환영받고 인기가 있을 거라고 착각하는 것은 남들의 칭찬에 귀가 얇아지기 때문이다. 남들은 그저 지나가는 말로 허황된 약속을 하거나, 영혼 없고 진정성 없는 말을 쉽게 하는 경향이 있다는 사실을 간과해서는 안 된다. 만일 그 말을 철석같이 믿고 이직에 대한 중대 결심을 하는 실수를 해서는 절대 안 된다.

넷째, 지금 다니는 회사 내에서 퍼지고 있는 소문에 휩싸이지 않도록 주의해야 한다. 흔히 목격할 수 있는 것은 내 업무 또는 소속된 부서 업무가 회사 상황이 나빠지면서 축소 또는 폐업한다는 등의 소문이다. 이 소문에 예민해져 해고되기도 전에 사표를 내는 비이성적인 행동을 보일 수도 있다.

다섯째, 자기 자신이나 주변 상황을 있는 그대로 인정하지 못하는 현실 기피 증후군에서 벗어나야 한다. 현실 기피 증후군은 자기 자신에 대해 정확하게 보고 듣기를 거부하는 증상이다. 이 증상이 깊어지면 직장을 옮길지 여부에 대해서도 올바른 판단을 기대하기 어렵다. 특히 우월감에 빠져 있는 사람들이 갑자기 주위로부터 공격을 당하거나 위기에 처하면 그 자체를 부정하는 경향이 있다. 심지어 퇴직해야 하는 상황이 벌어져도 인정하지 않으려 한다.

남의 떡이 더 커 보인다는 말처럼 보통 사람들은 자기가 익숙한 것에 대해서는 대수롭지 않게 보면서, 타인의 것에 대해서는 무조건 동경하는 모습을 보이는 경우가 많다. 이럴 때 대부분의 사람들은 그 상황이나 기회를 제대로 판단하지도 않은 채 행동으로 옮기는 경향이 있다. 그러나 이러한 행동에는 평생 후회하게 되는 리스크가 도사리고 있음을 명심해야 한다. 설령 내가 지금 다니는 직장에서 높은 성과를 달성해 인정을 받았더라도 직장을 옮겨서 똑같은 성과를 낼 것이라는 것은 착각이다. 세상일들은 똑같아 보이는 것도 자세히 들여다 보면 똑같지 않다는 사실을 깨우쳐야 한다.

07 ㅣ 걱정과 의심으로부터 자유로워지자.

이직·전직을 마음먹은 사람이라면 결정을 내리는 순간까지 걱정과 의심으로 수 많은 시간을 보내게 된다. 결정을 내릴 때에는 신중에 신중을 더해가며 최선을 다 하지만, 일정한 시간이 지나가 결과가 나타나기 전까지는 옳은 결정인지 여부에 대 해서는 아무도 모르기 때문이다. 만일 직장을 옮겼는데 옮기기 전보다 만족스럽지 못한 상황이 되었다고 후회한들 상황을 되돌릴 수도 없지만, 설령 옮기지 않고 전 직장에 그대로 남아 있었다고 해서 과연 더 행복해졌을 것이라고 누가 장담할 수 있는가? 어떤 결정이든지 어느 정도의 걱정과 의심은 따르기 마련이다. 무엇을 하 든지 자기가 통제할 수 있는 것이 있는가 하면 통제할 수 없는 요소가 있다. 그것 은 미래를 예측할 수 없기 때문이다. 우리의 삶이란 항상 위험 요소가 작용한다. 따라서 위험 요소를 전제로 결정을 내려야 하는 점을 항상 염두에 두어야 한다.

제 ❸ 절 경우의 수를 제대로 이해하기

01 ㅣ 명예퇴직을 당하게 된다면

명예퇴직이라 하면 우리 사회에서는 일반적으로 긍정적 측면보다는 부정적 측면에서의 시각이 강하다.

명예퇴직자들은 우선 몇 가지 난관에 부딪히게 된다. 자발적으로 조기 퇴직을 선택하는 경우도 있지만, 대부분이 직장에 의해 일방적으로 결정되는 경우가 더 많다. 따라서 명예퇴직자는 고용 문제 자체에 대해 비관적 입장이며, 그만둔 직장에 대한 적대감마저 가질 수 있다. 이럴 경우 자신의 능력에 대한 자신감을 잃는 것은 물론 자기 비하마저 생긴다. 이들이 난관을 극복할 수 있는 방법은 무엇보다 잃어버린 자긍심을 되찾고, 눈앞의 현실보다는 멀리 내다볼 수 있는 안목을 갖추는 것이다. 또한 자신의 능력을 알아보고 믿음을 갖는 것이 중요함은 두말할 필요가 없다.

비록 원치 않았던 명예퇴직이라도, 지금까지의 경력을 되돌아보면서 앞으로 새로운 선택의 기회를 만들 수 있는 좋은 계기가 될 수 있다는 것을 알아야 한다. 예를 들면 퇴직금으로 자기 사업을 할 수도 있고, 상황이 허락하는 범위 내에서 파트타임으로 일하는 것을 고려해 볼 수도 있다. 이처럼 새로운 기회를 제공한다는 의미에서 명예퇴직은 긍정적 측면도 있다.

02 ㅣ 해고를 당하게 된다면

만일 해고를 당했다면 매우 암담하고 슬프겠지만, 이미 일어난 사실을 인정하고 냉정하게 대응할 필요가 있다. 해고를 당하면 곧바로 법적인 자문이나 노동조합을 방문해 상의하는 것이 우선이다. 화가 난다고 해서 감정적으로 대처하게 되면 추후 수습하기 곤란한 문제가 발생할 수도 있음을 주의해야 한다. 해고를 당한 입장에서 더 이상 그 직장에서 일하고 싶은 마음은 없겠지만 굳이 받아야 할 보상을 외면할 이유는 없다. 즉, 이성적으로 필요한 자문도 받는 등 긍정적으로 멀리 앞날을 내다보고 대응하는 지혜가 필요하다.

03 ㅣ 홧김에 직장을 그만두었다면

이미 발생한 일이라면 다시 되돌리기란 거의 불가능하다. 다만 앞으로 반복되는 실수를 방지하기 위해서는 사전에 위험 신호들을 감지하고 스트레스를 다스리는 방법을 익혀 활용할 필요가 있다. 마음속에 화가 치밀어 오를 때나 짜증이 날 때는 잠시 휴식 시간 갖기, 심호흡하기, 하루쯤 여유를 두고 생각하기, 상대방이 원하는 대로 해주기, 사랑하는 가족들을 생각하며 참기 등을 실천하거나 이와 관련된 전문 서적을 읽고 전문가의 도움을 받는 것도 좋은 방법이다. 어떤 상황이든 급한 마음에 내린 결정은 결코 현명한 결정이 될 수 없다는 것을 기억하자.

04 ㅣ 회사를 그만둔 뒤 생각이 바뀌면

이런 경우에는 침착하게 '왜 생각이 바뀌었는지'에 대한 원인 분석을 정확히 할 필요가 있다. 우선 원인이 단지 변화와 불확실한 상황에 대한 불안인지, 아니면 잘못된 의사 결정임을 확인한 뒤의 반응인지를 구별해 본다. 단지 불안에 대한 반응이라면 큰 문제는 되지 않는다. 이는 적극적인 행동으로 불안을 극복하면 될 문제이기 때문이다. 만약 잘못된 의사 결정이었다는 실수를 인정한다면 두 가지 선택이 가능하다.

첫째, 자신의 실수를 인정하고 하던 일을 예정대로 계속하면 된다. 즉, 그 실수를 계속해서 떠올리며 고민하지 말아야 한다. 만일 과거의 실수를 잊지 못하고 깊이 빠져들면 더 큰 실수를 할 수 있다.

둘째, 상황이 완전히 끝난 것이 아니라고 판단되면 곧바로 상황을 되돌릴 수 있는 모든 노력을 해야 한다. 예를 들어 이전 직장에 다시 찾아가 전후 사정을 호소하는 것도 하나의 방법이 될 수 있다. 재직 시 평판이 나빴다든지, 그만두는 시점에서 서로 불편하게 하지만 않았다면 되돌릴 수 있는 가능성이 완전히 없는 것은 아니기 때문이다.

제 **4** 절 성공적 전직을 위한 1보 후퇴하기

여러 가지 사정으로 조직을 그만둘 생각이 있었는데, 상황 분석을 해 보니 타이밍이 좋지 않다고 판단되면 지금의 직장에 머무르는 것이 현명한 대응이다. 일단 그러한 결정을 하게 되면, 다음 기회가 또 올 때까지는 과거의 모든 의도적인 언행을 숨기고 주어진 자리에서 성공을 향한 페달을 가속시키는 것이 좋다. 그것은 누구도 아닌 본인을 위해서 필요하다. 만일 그런 생각이 없다면 회사에 남아 있는 것은 개인이나 조직에도 도움이 되지 않는다. 최선을 다하게 되면 근무하는 과정에서 만족감이 높아지고, 자신의 경력에도 도움이 되어 훗날 이직 시에 성공 가능성을 높일 수 있다. 지금의 직장에서 성공적으로 일할 수 있기 위해서는 다음과 같은 방법이 좋다.

01 ㅣ 직장을 옮기겠다는 이전의 생각은 머리에서 지워라.

지금의 직장에 남기로 한 이상 당분간은 이전의 생각을 완전히 지워버리고 지금의 일에 집중하는 자세가 필요하다. 특히 어떤 경우라도 누구에게도 당신이 직장을 떠나려 했다는 사실을 알려서는 절대 안 된다. 그 순간 그 사실이 당신의 약점이 되어 꼬리표로 남게 되기 때문이다. 또한 근무 과정에서도 유사시에는 옮길 의사가 있음을 나타내는 어떤 표현도 하지 않는 것이 상책이다. 만일 자신의 존재감을 주위에 알리기 위해서 한 번의 의사 표시를 했다면 그것으로 충분하다. 반복되는 말은 신뢰감을 떨어뜨리는 것은 물론 낙인이 되므로 승진과 각종 수혜 기회에서 불이익을 당할 수 있음을 알아야 한다.

02 ┃ 과거의 의사 결정에 미련을 갖지 말아라.

과거는 과거일 뿐이다. 이미 지나간 사실이기에 돌아오지 않는다. 지나간 일을 아무리 후회해도 상황은 바뀌지 않는다. 상대방 입장에서는 과거와 관련된 후회의 말을 듣는 것만큼 따분한 일은 없다. 예를 들어 "예전에 그 직장에서 나에게 스카우트 제안을 했을 때 받아들였다면 지금쯤 이런 모습으로 살고 있지 않을 텐데!" 라고 한다면, 남에게는 신세타령으로 들릴 뿐더러 좋은 기회를 놓친 바보 취급을 받기 쉽다. 당신 스스로가 심사숙고해서 결정한 사실임을 잊지 말아야 한다. 이제는 과거에 집착하는 시간보다는 자기 이력을 개발하면서 보다 생산적으로 시간을 활용할 필요가 있다.

03 ┃ 내가 거절한 자리에 누가 가든 신경 쓰지 마라.

당신이 제안받았던 자리를 당신이 거절하면서 다른 사람이 차지하게 되었다면 그가 누구든 상관하지 마라. 부러워하는 나약한 마음을 가져서도 안 된다. 당신이 지금의 직장에 남아 있기로 한 이상 그 결심에 흔들림이 있어서는 절대 안 된다. 매 순간 그 결의를 다지며 재충전에 소홀함이 없이 자기 연마에 최선을 다해야 한다. 만일 지금 하고 있는 일이 자신에게 최고가 아니라면 다음을 도모할 필요가 있다. 즉, 직장을 옮기지 않겠다고 결정했더라도 절대론의 덫에 걸리지 않도록 의식해야 한다는 것이다. 그 결정이 정년까지 반드시 근무해야 한다는 의미가 아니기 때문이다. 설령 지금의 나이가 정년이 가까워 정년을 맞이하더라도 새롭게 일을 시작할 수 있기 때문에 자신의 능력을 제한하는 절대론적인 태도는 바람직하지 않다.

04 ┃ 옮길 기회가 오면 잡을 수 있도록 준비를 지속적으로 하라.

직장을 옮기지 않기로 결정했더라도 앞으로 옮길 기회가 올 경우 놓치지 않기 위해서는 지속적으로 경력 관리 및 자기 개발을 해야 한다. 만일 결정이 최근에 이루어졌다면 최소 6개월 이상은 잡념을 버리고 맡은 일에 최선을 다해야 한다. 그렇지 않으면 정신적 혼란으로 업무에 매진할 수 없게 된다. 일정 시간 안정을 취하는 것이 업무 성과를 높이거나 다음 기회를 도모하는 데도 도움이 된다. 그 과정에서 다음과 같은 몇 가지 개인적인 목표를 갖는 것도 필요하다.

- 보다 만족스런 직장 생활을 통해 앞으로 12개월간 어떤 일을 달성하고자 하는가?
- 나의 능력 개발을 위해 무엇을 할 것인가?
- 이 기간 동안 나의 장기적인 취업 가능성을 높이기 위해 무엇을 할 것인가?
- 지금의 직장에 남기로 결정했을 때 기대했던 바와 실제 업무가 얼마나 차이가 나는가?

일반적으로 직장을 자주 옮기게 되면 긍정적 측면에서는 하나의 능력으로 평가되어 승진의 기회를 자주 잡을 수 있지만, 부정적 측면에서는 개인적으로 문제가 있어 자주 옮기는 것으로 오해를 받을 수도 있다. 다만 직장이 부도가 났다든지, 경영 악화로 인하여 대대적인 구조 조정이 불가피하여 구직 대열에 포함된 사실이 사회적으로 인정이 되는 경우는 예외일 수 있다. 그 외에는 한군데서 최소 1년 이상 근무하는 것이 좋다.

05 | 지금 직장에 남아 있기로 결정했다면 승진에 최선을 다하라.

직업을 계속 유지하기 위한 방법에는 세 가지가 있다. 이에는 ▷정기적으로 직장을 옮기는 것 ▷한 조직에서 정년까지 끝까지 남아 있는 것 ▷두드러진 성과를 통하여 높은 자리까지 승진하는 것이다.

많은 연구 결과에 따르면 승진을 위해서는 한 직장에 오래 머물러 있기보다는 자주 직장을 옮기는 것이 유리함을 알 수 있다. 일반적으로 조직 내부에 오래 있는 사람들에게 승진의 기회가 더 많이 주어질 것으로 생각하는데, 실제에서는 그렇지 않고 외부에서 스카우트 형태로 들어오는 사람들이 더 빨리, 더 높이 승진할 가능성이 높다. 신입 사원때부터 시작한 길은 험난한 길을 걸을 수밖에 없다. 선배나 상사들은 후배들을 평가할 때, 충분히 역량을 개발하여 승진의 자격을 갖추었음에도 불구하고 신입 사원 때 가졌던 선입관을 갖게 되기 때문이다. 따라서 승진의 시기가 다가오면 적극적으로 조직 내에 영향력 있는 선배나 후원자를 확보하는 것이 무엇보다도 중요하다. 심사위원들에게 추천을 해줄 수 있거나, 심사위원단에 속하게 되는 사람이면 더욱 좋다. 그런 상사, 선배, 후원자를 찾는 방법은 다음과 같다.

- 자신이 승진하는 데 도움을 줄 수 있는 사람이 누구인지를 파악한다.
- 그 사람 가까이에서 일하면서 자신에게 유용하고 도움이 되도록 한다.

- 가능하면 그와 함께 일할 수 있도록 기회 및 자리를 만든다.
- 직장의 각종 모임에서 그 사람과 자주 만나도록 노력한다.
- 그 사람에게 자신이 무슨 일을 하는지 적극적으로 알린다.
- 자신이 맡은 프로젝트나 판매 실적 등의 문서 및 정보를 보내 우수 직원임을 알린다.
- 일하면서 문제가 발생하면 그 사람에게 의식적으로 조언 및 자문을 구한다.

위와 같이 적극적인 자세를 보여주면 그 사람은 당신의 행동에 대해 자연스럽게 호감을 갖고 만족해 할 것이다.

06 ｜ 직장에서의 성공을 위해서는 평소 승진 요건을 파악하라.

직장에서 성공하기 위해서는 열심히 일만 하는 것보다 평소 승진 요건에 대해 파악하고 요건 충족에 최선을 다해야 한다. 최소한 지금의 직장에서 승진 요건 중 무엇을 가장 높게 평가하는지를 알아 둘 필요가 있다. 또한 최근에 승진한 사람을 만나서 조언을 구하는 것도 좋은 방법이다. 기준을 명확히 이해했다고 혼자서 단정 짓는 것은 오해의 소지가 있기 때문에 위험할 수 있다. 자신의 이해가 불분명한 것에 대해서는 재확인이 필요하다.

직장 생활을 하다보면 나름대로 자기의 직장 가치관이 확립되고 소신이 갖춰진다. 이는 물론 중요하지만 승진의 경우는 무조건 직장의 기준에 맞추어야 한다. 가끔 이것에 배치되는 활동으로 갈등을 느끼는 직원들이 있다. 승진에 누락되고 나서는 자성하기보다는 공격의 화살을 직장으로 돌리는 안타까운 경우를 접하게 된다. 승진에 관련된 규정과 프로세스를 이해하게 되면 승진 가능성에 대한 아이디어를 얻게 되므로 다음과 같이 자문해 볼 필요가 있다.

- 과거에 지금의 내 자리에 있던 사람들은 얼마나 자주 승진했는가?
- 승진은 때가 되면 저절로 되는 것인가?
- 과거에 다른 사람들은 지금의 내 자리에서 몇 년 일하고 승진했는가?
- 그들은 몇 번의 시도 끝에 승진되었는가?

직장인들에게 직장 생활의 꽃은 '승진'이라는 말이 있을 정도로 직장인들에게는 승진이 중요한 가치이자 만족과 행복의 바로미터가 되기도 한다. 그러나 모든 사람이 다 이 행복을 누릴 수는 없다. 승진한 사람이 있는가 하면 실패한 사람도 나오게 마련이며, 상대적으로 승진에 성공한 사람보다 실패한 자가 더 많이 발생한다. 사람들은 승진에 실패하게 되면 직장에서 나의 가치를 인정해 주지 않는다고 판단해 한시적으로 의기소침해진다. 그러나 꼭 기억해야 할 중요한 사실이 있다. 승진은 일종의 게임이다. 직장에서는 기본적으로 승진자를 최소화하려 한다. 이는 인건비 때문으로, 인건비 부담을 느끼면서 승진자를 확대하려는 조직은 없다. 그렇기에 '열심히 일만 잘하면 조직이 승진을 시켜주겠지'라고 생각하는 것은 큰 착각이다. 조직은 가능한 한 적은 수의 승진자를, 가능한 한 승진 시기를 뒤로 미루고자 한다.

따라서 승진을 희망하는 사람은 감나무 밑에서 떨어지는 감만 기다려서는 안 된다. 기회가 있을 때마다 상사나 조직에 적극적으로 어필하고 승진 심사에 적극적으로 지원해야 한다. 그렇게 해도 받아들여지지 않을 수 있지만 포기해서는 절대 안 된다. 일부 조직에서는 고의로 그 과정을 지켜보는 경우도 있다. 어렵게 승진하는 과정에서 의미를 찾고, 감사의 마음으로 일을 더욱 열심히 하라는 뜻이 있기도 하다. 결론적으로 동기가 무엇이든 승진은 여러 요인이 맞물린 하나의 게임이다.

공원 벤치에 앉게 될까? 명차 벤츠를 타게 될까?

K협회에서 경영 컨설턴트로 활동하고 있는 필자의 사례이다. 필자는 1988년 2월 K협회 대졸 공채 1기 직원으로 채용돼 만 25년을 근무하였다. 그러다 60세 정년 까지 9년 정도 남긴 2013년 6월 안정된 직장 생활을 포기하고, 명예퇴직 신청과 더불어 프리랜서를 선언하여 주위 사람들을 놀라게 하였다.

필자는 신입 사원 때부터 주위 선후배 직원 및 상사로부터 신임이 두터울 정도로 인정을 받는 유능한 직원이었다. 신입 3년차부터는 선배 전문 위원의 추천으로 강의를 할 수 있는 행운도 잡았다. 강사 초기에는 강사로서의 자격이 미흡함을 절 실히 느끼고 강의 분야에 맞춰 학부 때의 전공인 전기공학을 포기하고 교육학으 로 석·박사 학위를 받았다. 박사 과정 시절에는 지도 교수의 권유로 대학 강의도 시작하였으며, 박사 학위를 받은 직후에는 대학원 겸임 교수로 임명이 되는 동시 에 협회로부터도 팀장 보직도 받게 되었다.

그 이후 학술 논문 발표 및 전문 도서 집필, 수많은 HRD 분야 국가 프로젝트의 심의·심사위원으로 활동하는 등 전문가로서 개인의 인지도 및 평판도 대내외적 으로 높여 갔다. 그럴수록 본인도 주위를 의식하며 활동에 신중을 기했지만, 안 타깝게도 시간이 지날수록 개인의 외부 활동에 대해서 협회 내부적으로 비호감 을 갖는 분위기가 보이기 시작했다. 설상가상으로 본인의 의사와 관계없이 보직도 잃게 되고 전문가로서 역량을 펼칠 수 있는 기회도 점차 줄어갔다. 그야말로 필자 에게는 임원 승진에 대한 가능성도 보이지 않고 경력 관리 뿐만 아니라 비전마저 없어져 버린 것이다. 개인적으로 여러 가지로 상처를 입은 상태에서 정년까지 장 기간 버틴다는 것은 무리라고 판단되었지만 쉽사리 전직할 용기가 생기질 않았다. 무엇보다 이 상황을 참고 버티면 정년까지는 안정된 생활과 고액 연봉을 받을 수 있다는 안일한 생각 때문이었다.

그러나 더 이상 버틸 용기도 없었고, 어차피 정년 이후에도 전직은 불가피하다면 오히려 조금이라도 젊을 때 전직에 도전하는 것이 좋겠다는 생각에 이르게 되었 다. 프리랜서로의 활동에 대한 충분한 준비는 이뤄지지 않았지만, 전혀 하지 않았 던 것도 아니기 때문에 어느 정도 자신감도 있었다. 그렇다면 평소 나의 스타일대 로 모험을 건 의사 결정을 할 수밖에 없었다. 실패를 하면 동네 공원 벤치에 앉는 신세가 될 것이고, 성공하면 벤츠 승용차를 탈 수 있는 기회가 마련되리라는 생각 으로 중대 의사 결정을 내린 것이다.

이에 필자는 퇴직을 결심하고 회사에 사표를 제출했다. 다행히 퇴직 직후 전직을 곧바로 하긴 했지만, 1년차 때는 새로운 환경에 적응하느라 적지 않은 갈등과 스트레스로 힘이 들기도 했다. 하지만 지금은 생활도 안정 궤도에 올라섰고 행복감도 느끼고 있다. 또한 후회 없는 탁월한 선택을 했고 롱런할 수 있는 길을 걷고 있다고 자신하고 있다.

교육적 시사점

- 전직에 대한 의사 결정은 신중해야 한다. 다만 100% 완벽한 준비를 한다고 해서 모두 성공하는 것은 아니다.
- 자신이 원하는 일을 하고자 할 때는 잃는 것에 대해 포기할 수 있는 마음가짐이 필요하다.

1. 나의 꿈과 목표를 달성할 수 있도록 도와줄 사람 7명의 이름을 적어 보자.

① _____

② _____

③ _____

④ _____

⑤ _____

⑥ _____

⑦ _____

2. 자신이 직장 생활을 하면서 바쁘다는 이유로 계속 시간을 끌며 미뤄왔던 7가지 일을
   적어 보자. 그리고 이번 주에 그 7가지를 완료할 수 있도록 구체적인 계획을 세워 보자.

① _____

② _____

③ _____

④ _____

⑤ _____

⑥ _____

⑦ _____

☑ 자가진단 / 체크리스트

전직·이직 가능성 자가진단

1	2	3	4	5	6	7	8	9	10
전혀 그렇지 않다			그렇다				매우 그렇다		

항목		A 중요도	B 과거 2년 이내 정도	C 미래 2년 후 정도
1	나는 업무를 나의 책임하에 주도적으로 처리할 수 있다.			
2	나는 동료들로부터 언제든지 업무 지원을 받을 수 있다.			
3	나는 최근 3년간 새로운 업무 지식과 기술을 습득하였다.			
4	나는 업무를 매뉴얼에 의존하지 않고 창의적으로 처리할 수 있다.			
5	나는 현재 회사의 임금 및 보상 체계에 대하여 만족한다.			
6	나는 현재 업무를 통해 꿈과 이상을 실현하여 원하는 삶을 살 수 있다.			
7	나는 일을 통해 사내·외적으로 인정·존경을 받고 있다.			
8	나는 일을 통해 다른 사람에게 도움을 주고 있다.			
9	나는 나의 일이 안정적이라고 생각한다.			
10	나의 업무는 다른 사람을 관리하고 있다.			
11	나는 업무를 벗어나 장기간 멀리할 수 있다.			
12	나는 신체적 활동이 많은 일을 하고 있다.			
13	나는 쾌적한 환경에서 일을 하고 있다.			

진단 결과표

항목	현재 직장에 대한 만족도 (C−B)	전직·이직에 대한 동기 A×(C−B)
1. 업무의 자율성·주도성		
2. 동료의 협력성		
3. 지식·기술의 최신성		
4. 업무의 차별성·창의성		
5. 금전적 보상		
6. 삶의 질 향상		
7. 타인의 인정 및 존경심		
8. 지원 및 봉사		
9. 직업의 안정성		
10. 관리 및 통제 업무		
11. 일과 생활의 균형(WLB)		
12. 신체적 활동성		
13. 쾌적한 근로 환경		

진단 평가표

항목	현재 직장에 대한 만족도 (계속 근무 가능성)				전직·이직에 대한 동기 (전직·이직 가능성)				
	10	20	30	40	50	60	70	80	90
1. 업무의 자율성·주도성									
2. 동료의 협력성									
3. 지식·기술의 최신성									
4. 업무의 차별성·창의성									
5. 금전적 보상									

6. 삶의 질 향상									
7. 타인의 인정 및 존경심									
8. 지원 및 봉사									
9. 직업의 안정성									
10. 관리 및 통제 업무									
11. 일과 생활의 균형(WLB)									
12. 신체적 활동성									
13. 쾌적한 근로 환경									

|진|단|결|과|

전직·이직 가능성에 속해 있는 항목 수	취해야 할 행동 포인트
4개 이하	현재의 직장이 현재와 미래의 거의 모든 욕구를 충족시키고 있으므로 현재의 직장에 그대로 다니는 게 좋다.
5~7개	직장을 옮기는 것이 최선의 선택은 아니다. 전직·이직 가능성 부분에 속하는 항목이 무엇인지 살펴보고, 개선할 수 있는 여지가 있는지 생각해 본다. 전직·이직 가능성 부분에 속하는 항목들이 다른 항목보다 훨씬 더 중요한 항목들이 아니라면, 현재의 직장에 다니면서 개선하는 것이 바람직하다.
8개 이상	현재의 직장이 현재와 미래의 모든 욕구를 거의 충족시키지 못하고 있으므로 전직, 이직을 고려하는 것이 낫다.

Tip

전직·이직 의사 결정 시 고려 사항

전직·이직 의사 결정 시 문제점

- 자신이 무엇을 하고 싶어 하는지 모른다.
- 자신의 장점과 약점을 잘 모른다.
- 자기 비하나 자신감이 부족하다.
- 지나치게 겸손하다.
- 변화나 불확실한 상황에 대한 불안감이 크다.
- 모든 일을 자신이 통제하려 한다.
- 계속되는 구직 실패로 인한 좌절감이 크다.
- 바쁘다는 이유로 경력 관리를 계속 미룬다.
- 일을 통해서 모든 것을 얻으려는 비현실적인 기대가 크다.
- 일에 몰두하거나 어려운 문제에 봉착할 경우 전체 상황을 보지 못하거나, 눈앞의 문제조차도 보지 못한다.
- 새로운 일을 시작하기 전 실패에 대한 두려움을 크게 가진다.

전직·이직을 위한 우연한 기회 이용하기

- 자기와 타 직종 종사자들의 모임에 적극 참여한다.
- 온라인 채팅 및 동호회 모임에 적극 참여한다.
- 다양한 장르의 독서를 한다.
- 직장인 대상의 야간 강좌 및 주말 강좌에 적극 참여한다.
- 지역 행사 또는 자선 모임에 적극 참여한다.
- 모임에서는 나의 이야기보다 상대방의 이야기를 많이 듣는다.

내가 하는 최선의 행동 중 한 가지는 주변에 "왜 그래?"라고 물어보는 친구들이 아닌, "안될 게 뭐 있어?"라며 주저하지 않고 말해 주는 친구들을 곁에 두는 것이다. 그런 태도는 놀라운 파급 효과가 있다.
– 오프라 윈프리(방송인)

03장 성공적 후반 인생을 위한 스마트 기획하기

학|습|목|표

• 후반 인생을 위한 하프타임의 중요성을 설명할 수 있다.
• 후반 인생의 비전 체계를 작성할 수 있다.
• 후반 인생의 비전 달성을 위한 전략을 도출할 수 있다.
• 후반 인생에서 5년 안에 성공시켜야 할 과제를 설명할 수 있다.

학|습|열|기

당신은 어떤 후반 인생을 원하는가?

기획이란 무엇인가? 기획을 한자로 쓰면 '바랄 기(企)'에 '새길 획(劃)'이다. 개인이든 조직이든 미래의 바람직한 모습을 꿈꾼다. 그 모습을 종이에 새기는 것이 기획이 되는 것이다. 사람들이 착각하는 것은 '기획은 직장에서만 필요한 것'이라는 것인데, 이는 잘못된 것이다. 개인적 삶에 있어서도 기획이 필요하기 때문이다.

그렇다면 기획에 대한 개념을 다시 한번 정리할 필요가 있다. 일반적으로 성공적인 삶을 위해서는 '계획'이 필요하다는 표현을 한다. 틀린 말은 아니지만 좀 더 정확히 표현을 하자면 '기획'이 필요한 것이다. 즉 기획이란 "미래의 바람직한 모습을 그린 후, 현재 모습과 비교하여 전략과 실행 방안을 계획, 실행 및 평가하여 목적 달성을 추구하는 프로세스다."라고 정의할 수 있다.

누구나가 성공적인 인생을 꿈꾸지만 성공하는 사람이 많지 않은 것은 한마디로 '기획' 없이 살았기 때문이다. 『하버드 비즈니스 리뷰』에 의하면 확고한 기획 여부에 따라서 윤택한 삶(3%), 부유한 삶(10%), 가난한 삶(60%), 구호 대상의 삶(27%)과 같이 다른 삶을 살게 된다.

제 ❶ 절 후반 인생을 위하여 하프타임을 갖자

01 ┃ 현대 직장인들은 하프타임을 반드시 가져야 한다.

고대 중국의 사상가 공자(BC. 551~BC. 479)는 이미 2,500년 전에 사람들이 어떻게 살아가야 하는지에 대한 방향을 제시하였다. 공자는 15세에 지학(志學), 30세에 이립(而立), 40세에 불혹(不惑), 50세에 지천명(知天命), 60세에 이순(耳順), 70세에 종심(從心)하라고 했다. 얼마나 명확한 지침이던가. 필자는 학교 교육을 통해서 선생님들로부터 이러한 가르침을 받고 그렇게 살아야겠다는 생각을 갖기도 했다. 그러나 현대 직장인들에게는 이것이 고리타분한 지침이 되어버렸다는 것을 2000년대 들어서야 뒤늦게 깨닫게 되었다.

오늘날 대한민국 직장인들의 현주소는 어디인가? 그리고 앞으로 10년 이내에 지금의 직장에서 퇴직을 하게 될 40~50대 중년들은 어떤 상황에 놓여 있는가? 그들은 마치 불빛이 전혀 없는 터널 속을 자동차로 달리듯이, 자동차 전조등을 켜도 전방 1~2m도 분간이 안 되는 안개 속을 질주하는 자동차 모습에 비유할 수 있을 것 같다. 청년 취업은 사회적 문제로 대두된 지 오래고, 퇴직 후 재취업은 꿈도 못 꾸는 상황이다. 2013년 통계청 자료에 따르면 대기업 근속년수는 9.7년이고 전체 취업자 중 22.5%에 달하는 자영업자들의 생존율은 20%도 되지 않는다. 최근 직장인들의 정년이 대부분 60세로 늘어났지만, 2015년 기준 대한민국 국민의 평균 수명은 남자 78세, 여자 85세이다. 지금의 중년들 대부분이 앞으로 100세까지 살 것으로 전망되는데, 그렇다면 60세 이후 노후 생활은 과거처럼 10년이 아니라 최소 30년 이상이 될 것이다. 그러나 과연 그 기간을 어떻게 맞이할지에 대한 대비책을 수립한 중년들이 얼마나 될지 의문이다.

과거에 수립한 노후 생활에 대한 계획을 전면 재수정해야 하는 것은 두말할 필요가 없다. 성공적인 노후 생활을 위한 마스터플랜을 수립하기 위해서는 종전의 패러다임으로는 실패할 확률이 높기 때문에 전략이 필요하다. 전략이란 '목표를 달성하기 위한 차별화된 방안'이라고 할 수 있다. 따라서 이를 위한 별도의 시간이 누구에게나 필요한데, 이 시간이 바로 하프타임이다. 하프타임은 운동 경기에서 사용되는 용어로, 전·후반 경기를 하는 종목에서 전반전 경기를 마치고 갖는 휴식 시간을 말한다. 이 시간은 전반전을 되돌아보고, 후반전을 어떻게 경기를 치룰 것인지 전략을 모색하는 시간이다. 만일 전반전 경기를 이기고 끝냈지만, 하프타임에 특별한 전략 고민 없이 쉬다가 후반전 경기에 패했다면 얼마나 실망하겠는가. 반면 전반전 경기를 지고 끝냈지만, 하프타임에 감독과 선수들이 머리를 맞대고 후반전을 어떻게 해야 승리할 수 있을지에 대한 전략을 세워 역전승을 거두었다면 승리감은 배가 될 것이다.

인생에서도 운동 경기처럼 하프타임이 중요하다. 과거에는 인생의 전·후반이 의미가 없었다. 시간의 균형이 맞지 않고 활동의 무대도 달라서 굳이 하프타임을 갖지 않아도 됐기 때문이다. 전반전만 성공적으로 뛰면 후반전은 행복할 수 있었다. 그러나 지금은 전·후반 균형도 맞추어졌고 활동 무대도 유사해졌기 때문에 하프타임이 의미 있게 되었다. 그 뿐만 아니라 전반전보다 후반전이 상대적으로 더 중요해졌다.

그렇다면 하프타임은 무엇을 하는 시간인가? 이 시간을 어떻게 활용할지에 대한 고민이 필요하다. 퇴직을 앞둔 대부분의 중년들은 지금까지 앞만 보고 달려온 베이비붐 세대들이다. 이들은 초·중·고 시절에는 오로지 좋은 대학에 진학하기 위한 공부, 대학 시절에는 좋은 직장에 들어가기 위한 공부가 전부였다. 이렇듯 이들은 성장 과정이 출세 지향적이었기 때문에 주위를 돌아볼 겨를이 없었다. 육상 경기로 보면 100m 단거리 선수다. 단거리 선수는 중·장거리 선수처럼 페이스 조절을 해가면서, 또는 함께 달리는 경쟁 선수들을 곁눈질하면서 달리지 못하고 오로지 골인 지점만 의식하고 역주한다. 그러나 인생은 마라톤 경주와 같다. 마라톤은 단거리 경주같이 무조건 앞만 보고 질주해서는 승리할 수 없다. 전략이 필요하다.

다만 인생은 운동이 아니라는 것도 기억해야 한다. 운동은 경기 결과만 좋으면 되지만 인생은 과정도 중요하다. 인생에서 지위나 명예, 부(富)도 중요하지만 관계(關係)도 중요하다. 무엇보다 정말 중요한 것은 나 자신을 위한 삶이다. 그런데 현재 퇴직을 앞두고 있는 베이비붐 세대들은 주위를 너무 의식하며 살아왔다. 나를 위한 삶이 아니라 남을 위한 삶을 살아온 것이다. 개인에 따라 차이는 있지만 대부분의 중년들은 나를 위한 삶을 살아와서 남을 위한 삶에는 소홀했다고 볼 수 있다. 후반전 인생에서는 나와 타인의 균형을 유지하도록 노력하면서, 목표 지향적인 삶보다는 의미를 부여하는 삶이 중요하다.

인생은 예술이라고 한다. 예술 세계에서 하나의 작품은 완성품에서 그 가치를 인정받는다. 작품이 완성되어 가는 과정에서는 그 가치를 전혀 알 수 없다. 그런데 과정이 잘못되면 좋은 작품이 만들어지지 않는다. 인생도 마찬가지다. 마지막에 웃는 자가 최후의 승자다. 전반전 직장 생활에서 성공했더라도 하프타임을 적절히 활용하지 못해서 후반 인생을 잘못 보내면 결국 실패한 인생이 된다. 반면 전반전 직장 생활에서 성공적이지 못한 사람이 하프타임을 활용해 후반 인생을 잘 설계하고 생활해서 마무리를 잘하면 결국에는 성공한 인생이 된다. 하프타임을 활용해 후반 인생을 잘 설계하기 위해서는 전반전 생활에 대한 분석과 반성이 필요하고 후반전의 의미를 깨달아야 한다. 후반전에서는 전반전에서의 시행착오를 줄이고 성공 포인트를 잘 관리하는 지혜가 무엇보다 필요하다.

02 ǀ 하프타임의 정신을 제대로 이해하고 실천하자.

하프타임을 잘 보내기 위해서는 하프타임 정신이 필요하다. 이것은 기본 전제 조건에 해당된다. 그렇지 않고서는 하프타임이 전반전의 연장선이 되어버리는 경우가 되고 만다. 하프타임의 정신에는 세 가지가 있다.

첫째, 과거의 연(緣)을 끊어라. 삶은 전환의 연속이다. 사람은 태어나서 기본적으로 가족 단위의 생활을 한다. 이 과정에서 가족 구성원들의 사랑을 받으며 성장하게 되며, 그 이후에는 유치원과 학교 생활을 하게 된다. 이때는 가족들과의 관계를 벗어나서 또래 집단 생활을 새롭게 시작한다. 졸업 후에는 본격적으로 사회 집단 생활이 시작된다고 볼 수 있다. 각 단계별 이동에는 성공적인 전환이 요구되며, 전환을 통해 삶의 성숙도가 달라진다. 삶의 전환은 두려운 과정을 포함한다. 이 두려운 과정을 극복하지 못하면 삶의 성숙에 장애가 되어 결국 인생에 실패하게 되는 것이다.

둘째, 평생 학습을 결심하라. 과거에는 학교 교육 16년을 성공적으로 마치면 평생 동안 안정되고 행복한 삶을 누릴 수 있었다. 그것은 지식의 변화 주기가 길었기 때문에 가능했다. 그러나 이제는 100세 시대이기도 하지만 지식의 변화 속도가 빨라져 지식 반감기가 짧아졌다. 평생 동안 학습-경제 활동-휴식 사이클을 10년 단위로 순환시켜야만 삶을 지속할 수 있게 되었다. 끊임없이 학습하지 않으면 안 되는 평생 학습 시대가 본격화된 것이다. 이것은 선택 과업이 아니라 필수 과업이다.

셋째, 공동체 생활을 준비하라. 미래 사회에서는 개인주의가 발달된다고 하지만 공동체 생활을 벗어날 수가 없다. 공동체 생활이 없는 사회는 있을 수 없다. 개인이 아무리 독립적인 생활을 선호하더라도 그 생활 자체가 타인에게 영향을 미치고, 영향을 받을 수밖에 없게 되었다. 그것이 네트워크 사회다. 미래 사회 구조는 더욱 복잡하고 상호간에 밀접하게 연결된 사회다. 공동체를 염두하지 않고 삶을 추구하는 것은 아무 의미가 없다. 이제는 서로 마음의 문을 열고 공동의 목적과 선(善)을 추구하는 노력이 필요하게 되었다.

03 ㅣ 하프타임에서의 나의 모습을 새롭게 하자.

하프타임에서는 반드시 다음과 같이 나의 모습을 새롭게 해야 한다.

첫째, 나를 이겨야 한다. 하프타임에서는 직장인 누구나 불안감과 두려움 증세를 호소한다. 이 기간에는 남들과 경쟁하는 것이 아니라 자신과의 험난한 싸움이 지속된다. 진정한 승리자는 남이 아닌 자신과의 싸움에서 이기는 사람이다.

둘째, 훌륭한 멘토를 만나야 한다. 아무리 혼자서 미래에 대한 궁리를 해도 여러 사람의 지혜는 따라가지 못한다. 일본 속담에 "세 사람의 지혜는 문수보살보다 낫다."라는 말이 있다. 문수보살은 대승불교에서 최고의 지혜를 상징하는 보살이다. 그만큼 많은 사람의 지혜를 빌리라는 뜻이다. 인생의 멘토는 사람일 수도 책일 수도 있다. 세상의 모든 지혜를 직접 경험하는 것은 무리다. 직접 사람을 만나기 어려우면 각종 매체를 이용한다거나 책과 같은 간접 경험도 효과가 있다.

셋째, 내면의 나를 만나야 한다. 나의 삶에서 궁극적으로 하고 싶은 일 또는 꿈이 무엇인지를 제대로 찾는 것이 중요하다. 그것이 밝혀지면 이룰 수 있는 길은 얼마든지 있게 마련이다. 힘들게 살아오는 과정에서 바쁘게 살아오는 과정에서 미처 몰랐던, 잊혀졌던 나를 찾는 것이다. 이것을 찾지 못하면 후반전에도 남의 삶을 지속할 수밖에 없다.

넷째, 자기 삶의 주인이 되어야 한다. 전반전에는 남을 지나치게 의식하여 내 삶의 주도권을 남에게 내어준 채 노예 근성으로 끌려 다녔다면, 후반전에는 당당함과 자기 긍정의 상태로 주도적인 삶을 살아야 한다.

다섯째, 사소한 일에 민감함을 보이거나 불안감을 갖지 말아야 한다. 사람들은 실제로 일어나지 않는 일, 자기와는 무관한 일에 지나치게 집착하며 불안해하는데 이러한 자세는 버려야 한다.

여섯째, 부정적 자아상에서 벗어나야 한다. 부정적 자아상은 자신감을 떨어뜨리고 활동성을 약화시킨다. '지금의 나'는 '과거의 나', '어린 시절의 나'가 아니라는 것을 깨닫는 것이 중요하다.

04 ㅣ 하프타임의 기대 효과는 무엇일까?

하프타임을 통해 우리의 삶은 두 가지가 달라져야 한다.

첫째, 자기의 꿈을 찾게 만드는 것이다. 과거에는 사회 지향적, 출세 지향적으로 사는 과정에서 내면의 모습을 숨기고 가면을 쓴 채로 꼭두각시 인생을 살았다면 미래에는 자아 성찰을 통해 내면의 모습을 드러내고 자기 주도적 삶을 살아야 한다. 과거에는 직장이나 직업이라는 굴레에서 사회적 위치로 자신의 정체성을 찾았다면, 미래에는 자기 꿈을 소중하게 가꿔 실현시키는 과정에서 정체성을 찾아야 한다. 또 과거에는 학교 생활과 직장 생활에서 자기를 잃고 부정적 자아상으로 내면에 상처를 입었다면, 미래에는 그동안 받았던 상처를 드러내 놓고 치유도 하면서 그동안 받아들이지 못했던 것을 수용하면서 진정한 자아를 찾아야 한다.

둘째, 공동체 생활의 진정한 가치를 느끼게 한다. 과거 학교 생활이나 직장 생활은 동료, 선·후배들과의 치열한 경쟁으로 점철돼 있었다. 전반전은 오로지 내가 세상의 중심이었고 무조건 살아남는 것이 최우선이었다. 그러나 후반전은 더불어 함께 살아가야 하는 공동체적 삶의 미덕을 깨달아야 한다.

05 ㅣ 하프타임은 어떻게 전개하는 것이 바람직한가?

하프타임은 전반전을 마치고 쉬는 시간에 해당된다. 그렇다고 생각 없이 널브러져서 쉬다 보면 근육이 완전히 이완되어 후반전 경기에 부담을 주게 된다. 생산적인 하프타임을 만들기 위해서는 육체적 피로는 휴식과 더불어 재충전을 해야 하며, 정신적으로는 전반전 성과에 대한 문제점 분석과 함께 후반전 전략을 구상하며 긴장감을 놓지 않는 것이다. 이렇게 해야 후반전에서도 경기력의 저하 없이 전반전 컨디션을 그대로 이어갈 수 있다. 다음은 효과적인 하프타임 전개 4단계에 대한 설명이다.

1단계: 멈춤

경기를 멈춰야 쉴 수 있는 시간이 주어지는 법이다. 멈춰야 안정된 자세로 앞을 내다볼 수 있다. 일반적으로 멈춤은 정지 상태로서 무엇인가 정체된 느낌을 갖게 되지만, 사실은 그렇지 않다. 정지한 후에 그동안 달리는 과정에 문제는 없었는지 분석하고 좀 더 나은 방법도 모색해야 더 빨리, 더 멀리 달려갈 수 있는 것이다. 그런데도 이직·전직을 하는 직장인 대부분은 사직 직후부터 미래에 대하여 불안해하고 조급증을 갖는다. 하프타임을 갖지도 않으려고 하며, 바로 코트를 바꾸어 후반전 경기를 치르려고 한다.

고속도로를 달리는 자동차도 일정 거리를 운행하면 휴게소에 들러 엔진을 멈추게 한다. 목수도 대패질을 오래 하고 나면 대패 날을 갈아 끼워 가며 적당한 휴식을 취한다. 그래야 자동차는 엔진에 무리가 안 가고, 목수는 보다 수월하게 일할 수 있어 목공일이 즐겁고 생산성도 높아진다.

2단계: 자기 성찰

멈춘 다음에는 곧바로 자기 성찰의 시간을 갖는다. 이 시간은 자신을 점검하고 객관화하는 과정이다. 그러나 자기를 객관화해서 진단을 한다는 것은 쉽지 않다. 그렇지만 MBTI, 애니어그램, LIFO, TA, DISC 등의 진단 도구들을 활용하면 도움이 된다. 자기 성찰에는 먼저 자기 이해가 필요하다. 그러기 위해서는 누구와도 비교하지 않고 있는 그대로의 자신을 파악해야 한다. 이 과정에서는 '좋다, 나쁘다'로 평가하지 말고 객관적으로 자기 자신을 이해하는 것이 중요하다. 그래서 자기 성찰에는 자기 수용도 필요한 것이다. 그 다음으로는 자기 개방이 필요하다. 그래야 이기주의에서 이타주의로, 개인 중심에서 공동체 중심으로의 전환이 가능하다. 그렇게 하면 '나는 누구인가'에 대한 질문을 하게 되면서 자연적으로 자신의 정체성을 찾게 되는 것이다. 자기가 누구인지 정체성 확인을 위해서는 남의 이야기도 중요하지만, 더 중요한 것은 스스로에게 던지는 질문이다.

3단계: 충전

멈춰서 나의 정체성을 발견하고 진단 도구를 통해 나를 객관화했다면 이제 에너지를 충전해야 한다. 즉, 후반전을 달릴 수 있는 에너지 충전이 필요한 것이다. 많은 사람들이 후반전 변화에 실패하는 이유 중 하나는 에너지가 부족하기 때문이다. 더욱이 긍정적인 에너지가 아닌 부정적인 에너지를 사용하기 때문이다. 긍정적인 에너지를 충전하기 위해서는 기본적으로 과거에 상처가 되었던 부정적 에너지를 단절시켜야 한다. 그리고 행복한 인생과 성공을 위한 절심함을 바탕으로 표출된 열정을 가져야 한다.

4단계: 사명과 비전

나는 누구인가? 나는 어디서 왔으며, 어디로 향하고 있는가? 나는 무엇을 위해 이 세상에 태어났는가에 대한 자문과 답을 해보면 인생의 궁극적 목적 즉 사명과 비전을 작성할 수 있을 것이다. 이는 하프타임에 꼭 작성해야 한다. 사명과 비전이 확고히 정해져 있는 사람은 어떤 어려운 환경에서도 흔들리지 않는 힘이 생긴다. 특히 이 단계에서는 단기적인 목적이 아닌 자기 인생 전체에 대한 목적을 찾아야 한다. 그렇게 해야 죽음의 공포에서도 벗어날 수 있는 엄청난 힘이 생기는 것이다.

마하트마 간디(Mahatma Gandhi, 1869~1948)는 다음과 같은 자신의 인생 사명서를 작성했다. "나는 지상의 어느 누구도 두려워하지 않을 것이다. 나는 오직 신(神)만을 두려워할 것이다. 나는 누구에게도 악한 마음을 품지 않을 것이다. 나는 누가 뭐래도 불의에 굴복하지 않을 것이다. 나는 진실로 거짓을 정복할 것이다. 그리고 거짓에 항거하기 위해선 어떤 고통도 견뎌 낼 것이다."

필자 자신도 전 직장을 그만두면서 인생 사명서를 다시 작성했다. "나는 의미 있는 삶을 추구할 것이다. 나는 사람들이 성공할 수 있도록 저술, 강의를 통한 멘토 역할에 최선을 다할 것이다. 나는 행복하게 인생이 마무리되도록 자기 주도적으로 생활할 것이다."

제 ❷ 절 후반 인생의 비전 체계를 작성하자

01 | Visioning, 성공의 필수 조건 No.1이다.

비전(vision)은 개인, 조직 모두에게 미래를 준비하고 동기를 부여하는 데 중요한 영향을 미친다. 진정으로 후반 인생의 성공을 꿈꾼다면, 자신이 무엇을 원하는지를 명확히 하고 메모지에 작성하는 것이 필요하다. 명확한 표현이 안 되고 작성이 되지 않으면 허황된 꿈이 되기 쉽기 때문이다.

visioning은 비전을 만드는 일련의 과정을 뜻한다. 즉 ▷나는 누구인가?(미션) ▷나의 꿈은 무엇인가?(비전, 목적) ▷나는 무엇에 대하여 가치를 높게 평가하는가?(핵심 가치) ▷비전 달성을 위해서 필요한 목표는 무엇인가?(단기·중기·장기) ▷목표를 성공적으로 달성할 수 있는 방안은 무엇인가?(전략) ▷목표를 달성하기 위해서 필수적으로 해결해야 할 과제는 무엇인가?(추진 과제) ▷추진 과제별로 구체적 계획은 무엇인가?(실행 계획)에 대한 내용이 도표로 작성되어야 한다. 이것이 비전체계도이다.

● 비전체계도

미션	나는 누구인가?	미션은 삶에서 '나는 누구인가?'라고 하는 정체성을 뜻한다. '나는 이 세상에 무엇을 위해서, 왜 태어났는가?'에 대한 답을 스스로 찾아야 한다.
비전, 목적	나의 꿈은 무엇인가?	비전은 미래에 꼭 이루고자 하는 모습이다. 즉, 당신의 인생에서 최종 목적지에 해당된다. 예 2030년까지 10만 명 이상의 직장인들에게 풍요롭고 만족스러운 삶을 사는 방법을 제시하고 동기를 부여한다.

핵심 가치	나는 무엇에 대하여 가치를 높게 평가하는가?	가치관은 당신이 비전을 달성하기 위한 과정에서 중요하다고 생각하는 기준을 말한다. 가치관은 비전을 달성하는 과정에서 나침반, 즉 방향타 역할을 한다. 사람은 가치관에 따라 행동하기 때문에 어떤 가치관을 지니냐에 따라 비전 달성 여부가 결정된다. 예 인간성, 신뢰성, 경제성, 창조성
단기·중기·장기 목표	비전 달성을 위해서 필요한 목표는 무엇인가?	목표는 비전(목적) 달성을 위해 정해진 기간 내에 반드시 이루어야 할 결과이자 성과다. 그러기 위해서는 과장된 목표가 아니라 달성 가능한 목표 설정이 중요하다. 목표 설정은 일반적으로 SMART, 즉 구체적으로(specific), 측정이 가능하도록(measurable), 달성이 가능하도록(attainable), 실행이 가능하도록 현실성 있게(realistic), 언제 달성할 것인지 기한을 표기(timebound)하는 것이 중요하다. 목표 설정 후에는 계획대로 추진이 잘되고 있는지 중간 점검이 필요하다. 예 단기, 중기, 장기 목표
전략	목표를 성공적으로 달성할 수 있는 방안은 무엇인가?	전략이란 목표를 성공적으로 달성할 수 있는 차별화 방안을 뜻한다. 여기서 차별화가 중요한 포인트다. 보통 사람처럼 생활하면 과연 목표를 달성할 수 있을까? 성공할 수 있을까? 나와 경쟁하든 다른 사람과 경쟁하든 경쟁에서 이기기 위해서는 전략은 필수다. 예 건강 관리, 네트워크 관리, 스펙 관리
추진 과제	목표를 달성하기 위해서 필수적으로 해결해야 할 과제는 무엇인가?	과제는 비전 달성, 목표 달성, 전략 실행 과정에서 반드시 해결해야 할 일(과제, 문제)들을 뜻한다. 이 일들을 해결했을 때 비로소 원하는 것을 얻을 수 있게 된다. 예 식습관, 친구 교제, 학위 취득
실행 계획	추진 과제들을 어떻게 추진할 것인지 구체적 계획은 무엇인가?	실행 계획은 과제별 육하원칙에 따라 구체적으로 작성되어야 한다. 중요한 것은 보기 좋은 계획이 아니라 실행 가능한 계획이 되어야 한다.

02 ㅣ 비전이 있는 삶은 다르다.

모든 비전(꿈)은 모두 제 갈 길을 이미 잘 알고 있다. 만일 비전이 없다면 당연히 그 길도 존재하지 않는다. 지금 상상하는 모든 것들은 5년 뒤 찾아올 미래의 모습들이다.

매일 아침 A4용지에 자신이 생각하는 것들을 자유롭게 적어 보자. 내용의 경중은 상관없다. 이 습관은 자신의 무의식을 끄집어내어 과거에는 미처 몰랐던 것을 현실화시키는 힘을 갖기도 한다. 버지니아 공대 명예교수 데이브 콜에 따르면 정기적으로 삶의 목표를 작성하는 사람들은 그렇지 않은 사람들보다 9배나 더 많은 성취를 한다. 그러나 현대인의 80%는 삶의 목표조차 없다고 한다. 그 외 16%는 대략적인 목표가 있지만, 실제로 써 본 적이 없다. 겨우 4% 미만의 사람들만이 목표를 작성하며, 1%도 안 되는 사람들이 사실상 꾸준히 그 목표를 점검한다. 『하버드 비즈니스 리뷰』에 따르면 확고한 목표 여부에 따라 윤택한 삶 3%, 부유한 삶 10%, 가난한 삶 60%, 구호 대상 27%로 달라진다고 한다.

　　존 고다드(John Goddard, 1924~2013)는 탐험가, 인류학자, 다큐멘터리 제작자로 카약 하나에 의지하여 세계에서 가장 긴 나일강 탐험을 역사상 처음으로 해낸 인물이다. 존 고다드가 유명하게 된 진짜 이유는 어린 시절부터 적어 오던 '꿈의 목록' 때문이다. 그는 127개의 꿈의 목록을 써 내려갔고, 그중 111개의 꿈을 성취했으며, 그 후로도 500여 개의 꿈을 더 이루어 냈다. 존 고다드의 이야기는 1972년 미국 『라이프』지에 소개되며 유명해졌다. 그는 아무리 이루기 어려운 꿈일지라도 불가능할 것이 없다는 희망을 사람들에게 증명해 보인 것이다.

　　투자의 귀재 워렌 버핏은 한때 다음과 같은 질문을 받았다. "이제 전 세계에서 가장 돈이 많은 사람 가운데 한 명이 되었는데, 그 전과 달라진 점이 있다면 무엇입니까?" 버핏은 이렇게 대답했다. "제가 하고자 하는 것은 무엇이든 할 수 있게 되었지요." 그리고 잠시 후 이렇게 덧붙였다. "아! 그러고 보니 그건 별로 달라진 게 아니네요. 저는 과거에도 늘 제가 하고자 하는 것은 무엇이든 해낼 수 있을 거라고 생각했으니까요." 이처럼 우리의 미래를 결정하는 것은 결국 우리의 마음가짐이다.

　　노벨문학상을 수상한 아일랜드 작가 조지 버나드 쇼는 이러한 말을 남겼다.
　　"합리적인 사람은 자신을 세상의 기준에 맞춥니다. 하지만 비합리적인 사람은 세상에게 자신의 기준에 맞추라고 요구하죠. 그래서 이 세상의 변화와 발전은 비합리적인 사람들에 의해 이뤄지는 것입니다."

제 ❸ 절 후반 인생의 비전 달성 전략을 학습하자

01 ǀ 성공한 사람을 벤치마킹하라.

인생에서 시행착오를 줄이고 성공하기 위해서는 이미 사회적으로 성공하여 누구나 인정하는 사람을 벤치마킹하는 것이 여러 방법 중의 하나이다.

세계적인 토크쇼 여왕 오프라 윈프리(Oprah G. Winfrey, 1954~)의 경우 사생아로 태어나 9세 때 사촌에게 성폭행을 당하고 마약에 빠지는 등 불우한 어린 시절을 보냈다. 14살에는 미혼모가 되었고, 갓 태어난 아들은 2주 후에 죽는 고통을 겪었다. 그녀는 방송계에 데뷔하기 직전까지는 주위로부터 제대로 인정을 받지 못했다. 그녀는 고등학생 때 라디오 프로에서 일했고, 19살 때는 지역 저녁 뉴스의 공동 뉴스캐스터를 시작했다. 특히 윈프리는 즉흥적 감정 전달에 능했고, 이에 그녀의 활동 무대는 낮 시간대의 토크쇼로 옮겨졌다. 그것이 바로 '오프라 윈프리 쇼'였다. 그녀는 1986년부터 2011년 5월까지 미국 CBS-TV에서 '오프라 윈프리 쇼'를 25년간 5,000회 진행하면서 미국 내 시청자만 2,200만 명에 달하고 세계 140개국에서 방영이 될 만큼 '토크쇼의 여왕'이 됐다. 그 이후에는 잡지·케이블 TV·인터넷까지 거느린 하포(Harpo, Oprah의 역순) 주식회사를 창립해 회장이 되었다. 이와 같은 그녀의 성공기는 인생의 성공 여부가 온전히 개인에게 달려 있다는 '오프라이즘(Oprahism)'을 낳기도 했다. 다음은 그녀의 말이다.

"벌벌 떨었어요. 어떤 말을 해야 할지, 어떻게 행동해야 할지 아무 생각도 떠오르지 않았죠. 그때 내 머릿속에 떠오른 생각이 있었습니다. 바로 바바라 월터스처럼 다리를 꼬고 앉았고, 새끼손가락이 턱 아래에 오도록 자세를 잡고, 상체는 책상 앞으로 숙였어요. 그리고 바바라 월터스가 말하는 것처럼 말하려고 했죠."

사람들은 자기도 모르게 평생에 걸쳐 누군가를 모델로 삼아 그들을 흉내 내며 살아간다고 한다. 사회학자 모리스 매시 박사는 "우리가 지니고 있는 삶에 대한 가치관이나 신념은 역할 모델에 의해 형성된 것이다."라고 했다. 이 역할 모델을 정하고 그를 통해 변화를 추구하는 방식은 외형적, 내면적 두 가지로 구분된다. 외형적 방식은 겉모습을 흉내 내는 것이고, 내면적 방식은 역할 모델의 인간적인 특성까지 그대로 자신의 것으로 받아들이는 것을 의미한다. 이 두 가지 방식을 모두 받아들이면 가장 이상적이 될 수 있다. 따라서 당신이 목표로 하는 분야에서 이미 성공한 사람을 역할 모델로 삼고 그의 내·외적인 모습과 특성을 받아들이면 성공 가능성은 매우 높아질 것이다.

02 | 성공한 사람들의 매뉴얼을 학습하라.

어떤 사람을 역할 모델로 정하고 그 사람을 닮고자 한다면, 최소한 그 사람에 관한 책 정도는 읽어 보는 것이 필요하다. 그래야 그 사람의 가치관이나 행동 전략 등을 알 수 있게 되기 때문이다. 성공한 사람들이 갖고 있는 주요 특성으로는 다음의 표에 정리된 내용을 들 수 있다.

● 성공한 사람들의 주요 특성

주요 특성	내용
가치관	인간이 자기를 포함한 세계나 그 속의 사상(事象)에 대하여 가지는 평가의 근본적 태도로, 삶을 이끌어 가는 가장 강력한 추진력을 지니고 있는 요소 가운데 하나다. **예** 오프라 윈프리의 가치관은 '항상 발전하는 것'
신념	사람의 신념은 그 사람이 하는 말에서 드러나는데, 역할 모델의 말을 통해 자신의 능력과 세상의 일에 대한 그들의 믿음이 무엇인지 알 수 있다. **예** 워렌 버핏의 신념은 '돈을 쓰기는 쉬워도 벌기는 어렵다.'
삶의 태도	성공을 이룬 사람들이 어떤 태도로 삶에 임했는가를 보자. 항상 더 나은 단계로 발전하기 위해 온 힘을 기울여 노력하고 결과를 중시했다는 것을 알 수 있다.
과거의 기억	도널드 트럼프 미국 대통령은 어렸을 때부터 부동산 사업가였던 아버지를 따라 다니며 현장에서 보았던 일들이 나중에 자신의 사업을 성공으로 이끄는 데 큰 힘이 되었다는 말을 한 바 있다.

평소의 판단력	성공한 사람들은 커다란 좌절을 겪더라도 올바른 판단으로 오히려 이를 인생의 전환점으로 만든다. 남아프리카공화국 최초의 흑인 대통령이자 인권 운동가 넬슨 만델라는 부족의 전통 성인식에서 한 어른의 "이 젊은이들이 꿈과 희망이지만 온전한 성인이 되지 못합니다. 우리의 땅이 아니기 때문입니다."라는 말을 듣고 아프리카의 정치 상황을 변화시키는 일에 적극적으로 참여해야겠다고 결심했다고 한다.
자주 사용하는 언어	성공하는 사람들은 특유의 언어를 사용하여 자신의 비전을 다른 사람들에게 전파하고 그들을 자신의 성공으로 끌어들인다. 과거 빌 클린턴 대통령은 '우리'라는 단어를 유독 많이 사용했는데, 마지막 대국민 연설에서는 '우리'라는 단어가 208번이나 나왔다고 한다.
동기 부여의 원천	사람은 동기 의식을 느낄 때 더 열심히 살아가게 되는데, 이러한 동기 의식을 더욱 구체적이고 강력하게 느끼기 위해서는 동기 의식이 무엇인지 스스로 규명해 볼 필요가 있다.
가능성 지향	가능성 지향적인 성향을 지니고 있는 사람들은 자신의 인생에 존재하는 모든 가능한 기회를 살펴보고 행동에 나서지만, 의무 지향적인 성향을 지니고 있는 사람들은 '주변으로부터 기대되는 일'이나 '반드시 해야만 하는 일'을 가장 중요하게 생각하고 행동에 나선다.
성공 지표의 선택	역할 모델 인물들은 자신의 성공 여부를 외부로부터의 인정을 통해 확인하는지 아니면 스스로 생각하기에 만족스러우면 성공이라고 평가하는지를 살펴라. 이것은 개인별로 다를 수 있다.
의사 결정 유형	역할 모델 인물들은 확실한 증거를 보고 듣고 읽은 뒤에야 행동에 나서는 편인가, 아니면 일단 행동에 나선 후 자신의 결정이 옳았음을 증명하려고 하는 편인가? 이것은 개인별로 다를 수 있다.
확신의 근원	역할 모델 인물들은 특정한 일에 확신을 갖기 위해 어떤 과정을 거치는가? 사람에 따라 곧바로 확신을 갖기도 하고, 대안을 검토한 뒤에 갖기도 하고, 장고(長考) 끝에 결정을 내리기도 하고, 내린 결정에 대하여 지속적 확인을 가지며 확인하는 경우 등 다양하다.
리더십 유형	역할 모델 인물들은 모든 일을 혼자서 하는 편인가, 다른 사람의 참여를 이끌어 내 함께 하는 편인가, 아니면 아래 사람에게 일방적 지시를 내리는 사람인가?
목표 설정 방법	역할 모델 인물들은 공격적으로 목표를 설정하는가, 방어적으로 목표를 설정하는가, 아니면 상황을 주시하면서 기다리는가?
만족감의 원천	역할 모델 인물들은 사람, 업무 시스템, 일의 내용 자체 가운데 무엇으로부터 더 큰 만족감을 얻는가?
상황 인식	역할 모델 인물들은 똑같은 것을 보더라도 각기 다르게 해석하고 받아들인다. 상황에 대하여 큰 그림을 잘 그려내는 사람이 있는가 하면 실질적 작업을 잘 수행하는 사람이 있다.

비교 관점	역할 모델 인물들은 특정한 대상을 보거나 겪을 때 자신과 비슷한 점을 찾는 반면 다른 점을 찾는 사람도 있다.
위기 상황 대응 유형	역할 모델 인물들은 위기에 처했을 때 머리, 가슴, 직관, 분석 중 무엇으로 해결하는 편인가?
시간 관리	역할 모델 인물들은 인생의 계획을 미리 정해 놓고 그 계획에 따라 살아가는 편인가, 하루하루 임기응변적으로 살아가는 편인가?
대인관계의 비중	역할 모델 인물들은 자신에게 집중하는 편인가, 다른 사람에게 집중하는 편인가?

03 ㅣ 역할 모델을 마인드 매핑하라.

마틴 루터 킹 목사의 말이다.

"내게 메시지를 주신 분은 예수님입니다. 그리고 메시지를 전달하는 법을 가르쳐 주신 분은 간디입니다."

이렇듯 자신이 역할 모델로 정한 인물의 방식을 따라 자신의 비전을 실현해야 한다. 즉, 역할 모델을 정하고 역할 모델의 태도와 행동, 사고 방식과 전략 등을 자신에게 이식하여 역할 모델의 성공이 자신의 인생에서도 이뤄질 수 있도록 노력하는 것이 중요하다. 이것이 인지적 재각인(cognitive reimprinting)이다.

제 ④ 절 성공적 후반 인생, 5년 안에 승부 걸자

01 ㅣ 단 5년 안에 무엇을 할 수 있을까

'5'라는 숫자는 우리에게 소우주에 해당하는 중요한 숫자로 받아들여진다. 사람에게 오감(五感)은 시각·청각·미각·촉각·통각으로 사람의 감각 전체를 나타낸다. 오장육부(五臟六腑)는 인체의 내부 장기를 통틀어 이르는 말로, 오장은 간장·심장·비장·폐장·신장을, 육부는 대장·소장·쓸개·위·삼초(三焦)·방광 등을 말한다. 오상(五常)은 인(仁)·의(義)·예(禮)·지(智)·신(信)으로서 인간이 갖춰야 할 5가지 덕목을 뜻한다. 음양오행(陰陽五行)은 일반적으로 우주를 나타내는 개념으로 음양은 해(日)와 달(月)을 뜻하며, 오행은 화(火)·수(水)·목(木)·금(金)·토(土) 등 우주를 나타내는 개념이다. 이뿐만 아니라 5는 학문적 평가 척도로 쓰이는 경우 보편성과 완결성을 뜻한다. 10점 만점에서는 중간 정도로서, 5점 척도에서는 최고의 등급을 나타낸다.

이렇듯 5는 세상을 아우르는 상징적 숫자로서 인간에게는 매우 중요한 의미를 지닌다. 그렇다면 당신은 5년이라는 시간에 대해서 생각해 보았는가? 5년이라는 시간은 시대를 초월하여 변함없는 시간이다. 1년은 52주다. 따라서 5년은 260주/1,820일/2,620,800분에 해당된다. 그러나 그 시간은 사용하는 사람에 따라 다른 가치를 만들어 낸다.

인류 역사상 위인들의 생애를 보면 공통점을 발견하게 된다. 중세 시대 조각가이자 화가였던 미켈란젤로는 바티칸 궁전의 시스티나 성당 천장 벽화를 완성하는 데 4년 6개월의 시간(1512년에 완성)과 노력을 투자했다. 세계 최고의 극작가 윌리엄 셰익스피어는 그의 걸작인 4대 비극 『햄릿』, 『리어왕』, 『오셀로』, 『맥베스』를 완성하는 데 5년(1605년 완성)이 걸렸다. 조선 후기 실학자 정약용은 그의 유배 생활 중에 집필한 대표작 『논어-40권』, 『맹자-9권』, 『대학-6권』, 『중용 9권』, 『악경』, 『경세유표 48권』, 『목민심서 48권』 등을 5년에 걸쳐 1818년에서야 마무리했다. 비행 물체를 최초로 개발한 라이트 형제(윌버 라이트 & 오빌 라이트)는 1900년 처음으로 무동력 글라이더를 제작하면서 최초 비행 기록 12초 36m에서 만 5년 만인 1905년에는 38분 40km의 비행 기록을 남기는 데 성공했다. 이들은 다른 시대, 다른 상황에서 살았지만 우리에게 한결같은 메시지를 던져주고 있다. 자기가 이루어야 할 꿈이 있다면, 그 일에 당장 착수하고 5년 동안 최선을 다하라는 것이다.

미국의 스탠포드 대학교에서는 3, 4학년 학생들에게 기말고사 대신 자신의 5년 후를 구체적으로 그려 보게 하는 과제를 내준다고 한다. 이 과제는 디자인적 사고법을 기초로 한 문제 해결 방식으로, 학생 각자가 새롭고 다양한 미래와 가치를 찾아갈 수 있도록 훈련시킨다.

한 사람의 삶의 방향을 바꾸는 것은 한 순간, 하나의 행동이면 되지만 운명을 바꿀 만한 성과를 보이는 데에는 5년이란 시간이 필요하다. 또한 성공하는 기업과 실패하는 기업을 가름 짓는 기간은 5년이라는 것이 여러 연구 결과에서 나타난다. 5년이란 시간은 비록 시행착오를 겪더라도 꾸준한 발전을 통해 소기의 성과를 달성할 수 있는 가장 적당한 시간이라는 것이다. 대부분의 나라에서 대통령 및 총리의 임기를 비롯해 행정 요직의 임기를 5년으로 두는 이유도 이와 같다.

그렇다면 과연 나는 내 미래를 상상하고 있는가? 아니면 나는 내 미래에 대하여 진지하게 생각해 본 적이 있는가? 만일 없다면 지금부터라도 5년 후의 일상을 상상해 보자. 우선 다음과 같이 스스로에게 질문을 해보자!

- 5년 후 나는 어디에 있을까?
- 5년 후 나는 어떤 사람들과 함께 있을까?
- 5년 후 나는 무엇을 하고 있을까?

위의 질문에 답을 할 수 있다면 분명히 성공의 길을 찾게 된 것이다. 절망에서 희망으로, 비운에서 행운으로, 나락에서 상승으로, 패망에서 번영으로, 우울에서 기쁨으로, 좌절에서 승리로, 실패에서 성공으로 돌아선 것이다. 나에게 주어진 5년, 지금부터 그 성공의 시간이 시작되었음을 잊지 말자.

02 | 후반 인생 입학은 나이 제한이 없다.

지금의 직장을 그만두고 전직을 하는 나이는 사람마다 다르다. 그 말은 전직하여 새롭게 시작하는 나이가 각기 다르다는 뜻이다. 정년퇴직을 해서 전직을 하는 경우도 예외는 아니다. 다만 개인차는 있겠지만 일반적으로 보다 젊은 나이에 전직을 하는 게 나이 들어 전직을 하는 것보다 불안감이 적긴 하다. 창업을 하는 경우 학교를 졸업하고 곧바로 하는 경우도 있고, 직장 생활을 통한 경험을 바탕으로 해 하는 경우도 있다. 그렇지만 어느 경우가 더 성공 가능성이 높다고 할 수는 없다. 성공 여부에 영향을 미치는 요소가 많이 있겠지만 그중에서도 경험과 나이는 사람들의 심리적 측면에서 큰 영향을 끼친다. 내가 지금 사업(전직)하기에는 너무 나이가 많은 것은 아닐까? 내가 지금 사업하기에는 경험도 부족하고 너무 나이가 어린 것은 아닐까?

삶의 정답이 없듯이 사업(전직)에도 정답은 없다. 그때, 그 상황에서의 해답만이 있을 뿐이다. 모든 것은 타이밍이다. 그것을 하기에는 지금이 '적기'라는 마음이 드는 순간 행동으로 옮기는 것이 중요하다. 아무리 머릿속에서 헤아려도 정답은 없다. 그것을 실증적으로 보여주는 인물 소개를 한다면 다음과 같다.

- 7세: 음악가 모차르트, 첫 교향곡 작곡
- 14세: 바둑기사 이창호, KBS바둑왕전 우승과 세계 최연소 바둑 타이틀 획득 신기록 수립
- 15세: 호주 수영선수 셰인 굴드, 뮌헨 올림픽에서 금메달 3개·은메달 1개·동메달 1개 획득
- 21세: 스티브 잡스, 스티브 워즈니악과 함께 창업
- 35세: 고등학교 화학 교사 짐 모리스, 메이저리그 투수로 데뷔
- 40세: 전업주부 박완서, 소설가 등단
- 44세: 샘 월튼, 월마트 1호점 오픈
- 45세: 복서 조지 포먼, 세계 헤비급 챔피언 재등극
- 52세: 레이 크록, 맥도널드 창업
- 62세: 커넬 샌더스, KFC 창업

KFC 창업자, 커넬 샌더스의 성공 신화

커넬 샌더스(Harland David Sanders, 1890~1980)는 65세의 나이에 105달러로 사업을 시작했다. 이후 2년 동안 무려 1008번의 실패를 했지만 포기하지 않고 결국 치킨과 샐러드를 파는 패스트푸드점을 오픈해 전 세계 80개국에 133,000개의 점포를 성장시킨 기업가가 됐다.

그의 성공 스토리는 드라마틱하다. 샌더스는 나이 40세였던 1930년, 미국 켄터키주 코빈 타운에서 자신이 운영하던 주유소에 '커넬 할랜드 샌더스 카페'라는 식당을 열고 닭요리 등을 제공했다. 샌더스만의 닭튀김 조리법으로 운영되던 '샌더스 카페'는 곧 여행자들의 명소가 됐다. 샌더스가 마을의 유명인사가 되자 1935년 켄터키 주지사는 그에게 '켄터키 커넬'이라는 켄터키주 최고의 명예 호칭을 수여했다. 시간이 흐르면서 그의 닭요리 솜씨는 주변 사람들의 인정을 받기 시작했고, 그 덕분에 대형 레스토랑에도 취업하게 되었다.
그러나 그는 20년 넘게 부침을 거듭했고 62세 직전에는 파산을 하기도 했다. 하지만 그는 식당이 파산한 후에도 미국 전역을 돌며 치킨을 홍보했으며 1008개의 식당에서 문전박대를 당하는 어려움을 겪었다. 간신히 1009번째 식당에서 성공의 깃발을 꽂은 그는 피트 하먼과 손잡고 솔트레이크시티에 첫 번째 프랜차이즈점을 열었다. '켄터기 프라이드 치킨'이라는 이름도 피트 하먼이 제안한 것으로, 하먼은 켄터키가 따뜻하고 푸짐한 미국 남부식 환대를 떠올리게 한다고 생각했다.

그리고 창업 12년 만인 1964년 KFC는 미국 전역에 600개의 매장을 가진 유명 프랜차이즈 레스토랑이 됐다. 그 후 샌더스는 캐나다의 운영권을 제외하고 회사의 경영권을 200만 달러에 매도했으며, 그 금액으로 장학회와 자선 단체를 설립했다. 그는 90세를 일기로 사망할 때까지 하얀 정장 차림으로 프랜차이즈점을 돌며 직원 훈련도 멈추지 않았다.

교육적 시사점
노후 준비를 철저히 하겠다는 결심으로 살아도 바로 성공할 수 있는 것은 아니다. 노후의 성공을 위해서는 올곧게 자신의 길을 가며 기필코 성공하겠다는 긍정적인 사고가 반드시 필요하다.

자신의 비전체계도를 작성해 보자.

미션(mission)	
비전(vision)	
핵심 가치 (core value)	· · · ·
목표(goal)	· 단기: · 중기: · 장기:
전략(strategy)	· · ·
과제(task)	· · · ·
실행계획 (action plan)	· 과제명: · 언제: · 어디서: · 어떻게: · 예산: · 기타:

5년 후 자신의 목적지는 어디인지 알고 있는가? 다음의 8가지 질문에 대답하면 명확한 목적지가 드러나게 될 것이다.

질문	나의 대답
1. 내가 정의하는 성공이란 무엇인가?	
2. 나는 실제로 어디에서 살고 싶은가?	
3. 나에게 '의미 있는 삶'이란 어떤 것인가?	
4. 나는 왜 하필이면 그런 삶을 선택하려 하는가?	
5. 내가 의미 있는 삶을 사는 데 장애물은 없는가?	
6. 나는 내가 원하는 삶에 대해 잘 알고 있는가?	
7. 내가 원하는 삶을 이미 살고 있는 사람이 있는가? 그들은 누구인가? 나는 그들과 얼마나 자주 교류하고 있는가?	
8. 내가 원하는 삶을 살고 있는 자신의 모습을 얼마나 구체적으로 묘사해 낼 수 있는가?	

은퇴와 노후에 대한 7가지 착각

1. 나이는 숫자에 불과하다.
2. 자신이 100세까지 팔팔하게 살 것으로 안다.
3. 고령화 시대 도래로 고령자가 되면 행복한 줄 안다.
4. 인생은 육십부터라는 말을 그대로 믿는다.
5. 노후에는 돈만 있으면 편한 줄 안다.
6. 자기 자식만은 부모에게 효도할 것으로 생각한다.
7. 배우자만은 죽는 날까지 같이 지켜 줄 것으로 안다.

인생에 대한 7가지 착각

1. 취학: 어른이 되면 하고 싶은 대로 하면서 산다.
2. 학창 시절: 좋은 직장에만 취직하면 행복하게 된다.
3. 청년 시절: 꿈은 이루어진다.
4. 사회 초년생: 최선을 다하면 성공한다.
5. 중·장년: 높은 지위에 올라가면 행복하다.
6. 퇴직 직후: 100세 시대이기에 30~40년을 건강하게 산다.
7. 은퇴 이후: 죽으면 자기 자식만큼은 자기의 유지를 받든다.

– 출처: 조관일, 『노후는 없다−은퇴 경쟁력을 키워라』, 클라우드나인, 2016, pp. 34~38

04^장 성공적 전직을 위한 변화 관리하기

제1절 인생의 변화와 전환을 위한 준비를 하라
제2절 변화의 방향을 읽어라
제3절 나만의 경쟁력을 키워라
제4절 매일을 생애 마지막 날로 생각하고 살아라

학|습|목|표

- 인생의 변화와 전환을 위한 준비 내용을 설명할 수 있다.
- 전직 후 변화의 방향을 제시할 수 있다.
- 전직 후 나만의 차별화된 경쟁력 요소를 파악하여 준비할 수 있다.
- 매일을 생애 마지막 날로 생각하고 생활할 수 있다.

학|습|열|기

퇴직 전 1년의 준비, 퇴직 후 10년을 좌우한다?

3년 전까지만 해도 중견 외국계 기업의 관리부장이던 M씨(55)는 임원 승진에 불만을 갖고 명예퇴직을 결심하였다. 그는 퇴직 직후 급한 마음에 여러 곳에 이력서를 내보았지만 결과는 불합격의 연속이었다. 결국 그는 지인과 상의 후 구직 활동을 중단하고 창업을 결심했다. 이에 퇴직금에 은행 대출을 보태 서울 도심지에 대규모 한식집을 개업했다. 대박에 대한 기대가 컸지만 개업 첫 달부터 적자를 면치 못했고 1년 4개월 만에 폐업하고 말았다. 지금 그는 백수 신세가 되어 가족들의 눈치를 보고 있다고 한다.

반면 대기업 연수원장으로 근무하던 L씨(57)는 재직 중에도 퇴직 후 인생을 꾸준히 준비해 온 덕에 지금은 산업계에서 명성을 날리는 경영 컨설턴트로 활약하고 있다. 그는 퇴직 2년 전 연수원장으로 발령을 받는 때부터 본격적인 퇴직 후 준비를 했다. 즉 사내외 강의 및 세미나에 적극적으로 참여하면서 관련 정보 및 자료 축적은 물론 강사로서의 필수 역량인 강의 스킬도 다졌다. 또한 시간 나는 대로 집필도 하여 퇴직하는 시점에서 자기계발서 2종을 출판하며 업계 전문가 및 교육 담당자들의 관심까지 끌었다. 그 결과로 L씨는 경영 컨설턴트로서 연착륙을 하게 되었으며 현재 억대 연봉의 수입을 받으며 행복한 나날을 보내고 있다.

제 ❶ 절 인생의 변화와 전환을 위한 준비를 하라

01 ┃ 변화와 전환 없는 인생은 없다.

　세상에 변하지 않는 유일한 것은 세상이 변한다는 사실이다. 세상의 모든 것이 변한다는 것은 누구의 인생이든 변한다는 것이다. 즉, 변하는 시간이나 정도의 차이가 있을 뿐이라는 것이다. 그런 변화가 일어나면 누구든지 기다림 또는 두려움을 갖게 된다.

　인생에서 첫 번째 변화는 이 세상에 태어나는 것이다. 태어나는 그 순간은 자신만이 기억을 못할 뿐 태아에서 신생아의 모습을 갖춘 큰 변화가 일어난 것은 분명한 사실이다. 그 이후 멋모르고 성장하다가 두 번째 변화가 일어난다. 청소년기에 겪게 되는 정체성 문제이다. '나는 누구인가'에 대한 답을 찾기 위해 온갖 노력을 하면서 스트레스도 받는다. 전환 과정에서 고통을 별로 느끼지 못하는 사람도 있지만 큰 홍역을 치르는 사람도 있다. 계속되는 변화와 전환을 경험하며 성인이 되어가고 어느새 죽음의 문턱을 넘어서는 마지막 변화와 전환을 겪는 것이 우리의 삶이다.

　변화(change)와 전환(transition)은 다른 개념이다. 한 마디로 변화는 '어떤 사건'을, 전환은 '어떤 과정'을 의미한다. 인생에서 변화는 외부 세상을 바꾸기도 하지만 내부의 반응을 일으키기도 한다. 전환은 변화된 삶에 적응하려는 마음 상태를 일컫는다. 그런데 대부분 사람들은 실직, 전직, 이직, 은퇴 같은 일들이 자신의 삶에 어떤 큰 변화를 일으키는지는 잘 알지만, 새로운 존재로 바뀐 자신을 받아들이는 데 필요한 심리적 변화에는 무지한 편이다. 인생에서 전환기를 맞게 되면 누구나 큰 스트레스를 받는다. 억지로라도 적응해야 하는 것은 물론 정체성을 맞춰야 하기 때문이다. 전환은 과거의 익숙함에서 미래의 불편함으로 가는 것을 의미한다. 인생의 전환기에는 크고 작은 공백 기간이 있게 마련이고, 그 공백 기간은 누구에게나 흥분과 두려움이 공존하는 기간이 된다. 따라서 자아 실현을 핵심으로 새로운 인생에서 성공하기를 원한다면, 이 인생의 공백기를 충분히 활용해야 한다.

사람은 각기 다른 삶을 향유한다. 어떤 사람은 변화를 즐기고 끊임없이 추구하는 반면, 어떤 사람은 변화를 싫어하고 끝까지 저항한다. 하지만 변화는 개인이 좋든 싫든 불가피하다. 다만 급작스럽게 변하는지 서서히 변하는지의 차이가 있을 뿐이다. 인생에서 변화는 두 가지를 다 포함한다. 퇴직 및 전직에 대한 사람들의 태도도 둘로 나누어진다. 긍정적으로 받아들이며 새로운 삶에 대한 기대에 부푼 사람들은 준비에 소홀함이 없지만, 부정적으로 받아들이며 죽음으로 가는 과정으로 인식하고 심란해하는 사람들은 준비에 주저할 수밖에 없다.

02 ㅣ 과거의 익숙함으로부터 벗어나라.

전직 후의 새로운 일터는 오직 실력 있는 자만이 살아남는 '정글의 법칙'이 존재한다. 평생 직업을 가지고 살아가야 하는 현대 직장인들을 지켜 줄 무기는 과연 무엇인가? 반평생 몸바쳐 일한 전 직장에서는 더 이상 나를 지켜 줄 수도 없다. 기대해서도 안 된다. 오로지 자신의 몸값만이 자신을 지켜 줄 수 있다. 다음은 전직을 하는 직장인들이 귀 기울일 만한 이야기이다.

한 목재가구 회사에서 벌목공 채용 광고를 신문에 냈다. 신청 자격은 '건강하고 도끼질에 능숙한 사람'이었다. 홍길동은 자신에게 적합한 일이라고 생각하고 이력서를 제출했다. 그 후 1차 서류전형, 2차 면접, 3차 신체검사를 무난히 통과하여 합격 통지서를 받게 되었다. 홍길동은 출근 첫날 근로 계약서 및 근무 조건에 대한 합의서 작성을 하였다. 임금 및 복지는 동종 업계와 비교해 큰 차이는 없지만 작업량에 따라 연봉을 달리하겠다는 내용이었다. 홍길동은 열심히 일만 하면 자연적으로 연봉이 올라가겠다는 긍정적 마음을 갖고 동료들보다 더욱 열심히 일을 했다. 휴식 시간은 물론 점심 시간도 아껴가며 일했다. 그 결과 근무 첫해는 연봉이 동료들 중 가장 높았다. 그러나 2년차 되던 해에는 그보다 연봉을 더 받는 사람이 생겼다. 그는 김갑돌이라는 동료였다. 이에 홍길동은 김갑돌을 유심히 지켜보게 되었는데 이해할 수 없는 광경이 목격되었다. 김갑돌은 틈틈이 음악을 들으며 휴식을 취하기도 하고, 점심 식사를 마치고는 약간의 수면도 취하였다. 언뜻 보기에는 대충 일하는 것 같았지만 그는 홍길동보다 더 많은 나무를 쌓아놓는 것이었다. 궁금해진 홍길동은 김갑돌에게 그 비결을 물어보았는데, 김갑돌은 틈틈히 도끼날을 간 덕분이라고 대답했다. 홍길동은 자기에게 문제가 있음을 인식하고 도끼날을 틈나는 대로 갈기 시작했다. 홍길동의 작업 성과도 당연히 좋아졌음은 물론이다. 그러던 어느 날 관리사무소에서 홍길동을 불렀다. 홍길동은 '그동안의 성과에 대한 보상을 주려나 보다'라고 생각하고 소장을 마주했다. 그러나 소장은 어두운 표정을 지으며 흰 서류 봉투를 건네는 것이었다. 봉투 속에 있는 내용물을 꺼내보니 해고 통지서였다. 도저히 믿을 수 없는 갑작스런 상황에 홍길동은 "이럴수 있습니까? 저는 지금까지 물 먹는 시간도 아껴가며 열심히 일했는데 해고 통지서라뇨?"라고 소리쳤다. 그도 그럴 것이 홍길동처럼 일한 사람이 그동안 없었으니 억울한 것은 당연했다. 이에 관리소장은 미안한 표정을 지으며 "홍길동 씨, 진정하고 잠깐 출입문을 열어 보겠습니까?"라고 말했다. 홍길동이 출입문을 열고 밖을 바라보니 전기톱과 중장비가 요란한 소리를 내며 움직이고 있었다.

짐 콜린스의 저서 『좋은 기업을 넘어 위대한 기업으로』를 보면 위대한 기업의 성공한 리더들에게는 한결같은 공통점이 있었다. 바로 누구도 흉내 내지 못할 정도의 '담대한 목표'가 있었다는 것이다. 따라서 앞으로 5년 후의 인생을 계획할 때는 지금보다 좀 더 나은 생활 목표가 아니라 떠올릴 때마다 가슴이 뛰고 피가 끓는 담대한 목표를 가져야 한다. 우리가 실패하는 가장 큰 이유는 능력이 보잘 것 없어서가 아니라 목표가 보잘 것 없기 때문이다. 직장 생활을 접고 나면 일반적으로 자영업에 관심을 갖는다. 마땅히 할 것이 없다고 생각하는 것이다. 하지만 벼랑 끝에 내몰린 선택일지라도 실패를 당연하게 받아들이면 결국 벼랑 끝으로 떨어진다. "하늘이 무너져도 솟아날 구멍이 있다."라는 격언처럼 그 구멍을 만드는 전략이 필요하다. 이 전략이 바로 5년 전략이다.

상황적·환경적 핑계를 일삼으며 실패를 합리화해서는 절대 안 된다. 자신이 가져야 할 전략은 단 하나다. 환골탈퇴(換骨奪胎)해야 한다. 뼛속까지 체질을 바꾸는 처절한 노력을 해야 한다. 그리고 주위에는 그렇게 실천하고 살아가는 사람을 두고 자극을 받아야 한다. 소리 없이 인생의 차원을 바꾸고 있는 작은 영웅들을 발견하고 같은 패턴으로 살아간다면 어느덧 자신도 그 대열에 합류되어 있음을 깨닫게 될 것이다.

제 **2** 절 변화의 방향을 읽어라

01 ㅣ 변화의 방향을 읽으면 대응하기가 쉽다.

경영학 및 미래학의 대가(大家) 피터 드러커는 1969년 그의 대표적 저서 중 하나인『단절의 시대』를 통해, 1960년대 중반부터 과거와는 완전히 다른 새로운 시대로 돌입했다고 언급했다. 이러한 주장은 당시 커다란 사회적 충격을 몰고 왔다. 피터 드러커는 현대에는 과거부터 면면히 계승되어 온 오래된 세계관이 더 이상 통용되지 않는다고 생각했다. 그는 기업가의 시대, 세계화의 시대, 다원화의 시대, 지식의 시대, 이 각각의 시점에서 과거와의 단절을 분석했다. 산업 사회에서 정보 사회로의 전환 과정을 한마디로 설명한 것이다.

여기서 '단절의 시대'란 변화의 방향이 단절된다는 뜻이다. 즉 과거에서 현재까지 변화는 일정한 패턴과 방향성을 갖게 되어, 그 축적된 데이터를 바탕으로 미래의 방향성을 예측할 수 있었다는 것이다. 그런데 미래는 지금까지 변해 오던 방향으로 지속되지 않을 뿐만 아니라 끊기는 경우도 있다는 것이다. 따라서 과거부터 지금까지의 생활 패턴을 미래에도 지속하려는 것은 무모하다. 다만 미래에 대한 통찰력을 갖고 사전 대응하면 위기를 최소화하고 성공 가능성을 높일 수 있다.

스포츠에서 경기의 흐름을 탈 줄 아는 선수를 우수 선수라고 할 수 있다. 예를 들어 축구 경기에서 골게터는 볼이 움직이는 흐름을 잘 읽고 길목을 지키고 있다가 볼을 받아 골을 결정짓는 능력이 탁월하다. 반면 부진한 선수는 열심히 그라운드는 누비지만 경기 중 볼 한 번 만져보지 못하고 경기를 끝내는 경우를 보게 된다. 낚시에서도 마찬가지다. 고수들은 낚시 장비도 잘 챙기지만 물고기가 어디에 많이 모이는지 위치 선정에도 탁월한 감각이 있다. 뿐만 아니라 낚싯줄을 물속에 던져놓은 뒤에는 미동도 없이 찌만 주시하다 물고기가 입질을 하면 순간적으로 낚아 올린다. 그러나 하수들은 그렇지 못하다. 격투기 선수들 중에서도 유사한 사례는 쉽게 찾아볼 수 있다. 고수들은 상대방 선수의 급소를 잘 찾아 그곳을 집중 공격하여 경기를 승리로 이끈다.

카오스 이론에 따르면 세상의 변화는 매우 복잡해 보이지만 유심히 관찰해 보면 일정한 패턴을 가지고 변한다. 우리의 삶은 깊은 강물과도 같다. 겉으로는 잔잔하게 미동도 하지 않는 것처럼 보이지만 깊은 물속은 일정한 방향으로 빠르게 흐르고 있다. 위와 같은 예를 통해서도 알 수 있듯이 미래 사회의 변화 방향을 미리 파악하여 그에 대비하는 것도 같은 맥락에서 이해할 수 있다. 세상은 강물 속의 물 흐름처럼 끊임없이 변한다. 그런 변화를 다 알아챌 수도 없고, 다 알아챌 이유도 없다. 관심 가는 부분만 집중해서 관찰하고 연구하면 문제는 해결된다.

02 ㅣ 파괴적으로 상상하고 우직하게 추진하라.

월트 디즈니는 청년 시절 그림을 즐겨 그렸다. 그는 출판사의 주문에 따라 삽화를 그려 주며 근근이 생계를 꾸려나갔는데, 작품의 수준은 주위로부터 높은 인정을 받을 만큼의 수준은 아니었다. 그러던 어느 날 디즈니는 우연히 영화를 본 후 만화영화에 대한 영감을 얻게 되어 만화영화 제작자로 변신한 자신의 미래를 상상하며 꿈을 키웠다. 그리고 마침내 '미키마우스' 캐릭터를 주인공으로 한 만화영화를 만들어 부와 명성을 동시에 얻게 되었다.

▲ 월트 디즈니(1901~1966)

클레이튼 크리스텐슨 하버드 경영대학원 교수는 혁신을 크게 두 가지로 구분한다. 하나는 '존속적 혁신'이고, 다른 하나는 '파괴적 혁신'이다. 존속적 혁신은 기존의 것에서 놀랄 만큼 발전시키는 것이고, 파괴적 혁신은 지금껏 상상도 못한 것으로 기존의 것을 뒤엎고 새로운 것을 만들어 내는 것을 뜻한다. 자신의 5년 전략을 세울 때는 파괴적 혁신에 근거를 두어야 한다. 인생에 꿈과 상상이 중요한 이유는 그것만이 파괴적 혁신을 가능하게 만들기 때문이다. 현실은 시련의 연속일지라도 마음껏 상상하고 끊임없이 꿈을 꾸는 사람이 되어야 한다. 그런 사람만이 파괴적 혁신가로 성공할 수 있다.

제 ❸ 절 나만의 경쟁력을 키워라

01 ㅣ 나의 장점을 남들과 다르게 차별화시키는 것이 중요하다.

　전쟁이나 기업 경쟁 또는 개인 경쟁에서 이기기 위해서는 상대방이 갖추지 못한 방법과 강점을 활용하여 접근하는 것이 중요하다. 그것이 전략이다. '전략이란 목적과 목표를 달성하기 위한 차별화된 방법이다.'라고 정의할 수 있다. 전쟁에서는 상대국을 제압하기 위한 전략과 전술이 필요하다. 손자병법에 따르면 '지피지기면 백전불태'라고 한다. 즉 상대를 알고 나를 알면 위태롭지 않다는 것이다. 상대의 전력(戰力), 전략(戰略), 전술(戰術)에 대한 정보를 사전에 입수하고 분석해서, 그를 무력화시킬 비책을 준비한다면 승전은 자명한 것이다.

　비즈니스에서도 마찬가지다. 상대 기업이 시장 변화 및 고객 요구에 맞춰 무엇을 준비하고 있는지를 사전에 파악하고 대응한다면 경쟁 우위를 선점하는 것은 문제가 되지 않는다. 개인의 경우에도 큰 차이가 없다. 성공하는 사람들의 공통점과 자신이 추구하는 업종에서의 경쟁력이 무엇인지를 사전에 분석하고, 그에 필요한 역량을 갖출 수 있다면 성공하는 것은 시간 문제일 뿐이다.

　과거의 경쟁 패러다임이 모방 전략(fast follower)이었다면, 현재와 미래는 선도 전략(first mover)이 주효하다. 과거 산업계의 경우 선진 기업들의 앞선 기술력을 앞다퉈 전수받아 새로운 제품과 서비스를 시장에 내놓게 되면 자사의 경쟁력을 유지, 발전시키는 데 전혀 문제가 없었다. 규모가 작거나 자금과 기술력 등이 떨어지는 기업에게 모방 전략은 더 없이 좋은 방안이 되었던 것이다. 그러나 지금은 모방 전략이 좋은 전략이 될 수 없는 환경과 상황이 되었다. 더 이상 모방 전략에 의존하거나 기대를 하는 기업은 미래가 없다. 규모, 자금, 기술력 등의 요소들과 상관없이 시장을 선도하는 기업만이 살아남게 되는 세상이 된 것이다.

개인의 경우도 마찬가지다. 현재 경기가 악화되어 시장은 침체되어 있고, 실업자는 급증하는 상황에서 대중적이고 누구나가 손쉽게 할 수 있는 업종이나 일은 경쟁이 치열할 수밖에 없다. 결론적으로 변화의 흐름을 잘 읽고, 남들보다 내가 잘할 수 있는 틈새시장을 공략하는 것이 하나의 대안이 될 수 있다. 지금 당장은 자신이 희망하는 업종의 일이 수요가 없어 보이더라도 준비하고 개척하면 기대 이상으로 성공 가능성이 높을 수 있다.

02 │ My Way로 │ Brand를 찾아라.

학교 생활에서 누구나가 한 번 정도 지능 검사(IQ)를 한 경험을 갖고 있을 것이다. 우리나라 사람들의 평균 지능 지수(IQ)는 106으로 알려져 있다. 일반적으로 IQ는 ▷보통 이하(80~90, 하위직 단순노동 가능) ▷보통(90~110, 일상적 능력) ▷보통 이상(110~120, 주어진 업무 정상 처리) ▷높음(120~130, 일반적인 일에 창의성과 실천, 운영 능력 구비) ▷매우 높음(130~140, 정책 처리 능력 우수) ▷매우 우수(140~148, 정책·방침 스스로 수립 및 처리) ▷수재(148~160, 멘사 수준)로 분류된다.

언제 지능 검사를 받았든 사람들은 자신의 지능 검사 점수에 따라 똑똑한지 아닌지를 판단하였고, 그에 따라 자존감에 영향을 받기도 했다. 그러다 보니 자신의 지능에 따라 자신의 역량에 한계가 있다는 고정관념이 은연중에 생겼다. 그러나 최근의 심리학 연구에 의하면 사람은 누구나 각기 다른 재능을 갖고 있기 때문에 그 재능을 활용하여 직업을 갖게 되면 성공 가능성도 높아진다고 한다. 이 같은 연구 결과에 따라 행동하는 사람들은 누구보다도 자기 삶에 주도적이며 삶의 질이 향상되었음이 수많은 사례를 통해 증명되고 있다.

사자성어에 '불광불급(不狂不及)'이라는 말이 있다. 이는 '한 가지 일에 미치지 않으면 목표에 미칠 수 없다'는 뜻이다. 어떤 일에 미친다는 것은 그 일에 재능만 있다고 되는 것도, 좋아만 한다고 되는 것도 아니다. 즉 열심히 하는 사람을 이기는 사람은 즐기는 사람이다. 즐기는 사람을 이기는 사람은 미친 사람이다. 미친 사람은 보통 사람들의 눈에는 정상으로 보이지 않는다. 이들은 자신이 추구하는 일과 목표에 대해서는 주위 사람의 시선은 아랑곳하지 않고 앞만 보고 달리는 경주마와 같다. 역사적으로 위인들의 행적을 보면 쉽게 알 수 있다. 정치, 경제, 언론, 문화, 종교, 산업, 의료, 과학, 스포츠 등 어느 분야에서든지 두각을 나타내고 성공한 사람들은 한결같이 그렇게 했다.

그러나 그것이 쉽지 않음을 필자 자신도 잘 알고 있다. 그 이유는 대부분의 사람들이 절박함이 덜하기 때문이다. 특히 전직에서 특권을 갖고 생활했던 사람들은 전직 이전의 특권 의식을 유지하고 싶은 심리가 강하게 작용하는 것이다. 전직이나 이직을 하기로 결심한 이상 특권 의식을 버리는 것이 가장 급선무이다. 만일 아직도 주저한다면 과감히 버리라고 권고하고 싶다. 전직 이후의 새 세상은 또 다른 세상임을 기억해야 한다.

제 **4** 절 매일을 생애 마지막 날로 생각하고 살아라

01 ㅣ 준비 여부에 따라 성공과 실패가 갈린다.

중용(中庸)에서의 가르침 중에 하나다. '사예즉립(事豫則立), 불예즉폐(不豫則廢)'라고 했다. '준비를 철저히 하면 성공하고, 준비를 안 하면 실패한다'는 뜻이다. 이에 대하여 미국 건국의 아버지 벤자민 프랭클린(Benjamin Franklin, 1706~1790)은 "준비에 실패하는 것은 실패를 준비하는 것과 같다."라고 역설적으로 말했다. 전직·이직 직후에 심각하게 고민할 문제로는 크게 6가지가 있다.

건강 문제

일자리를 찾아 사회 생활을 지속하는 것도 중요하지만, 그에 앞서 기본적으로 준비해야 하는 것이 있다. 바로 건강이다. 건강이 받쳐주지 않으면 전직해도 어려움이 뒤따른다. 연령대로 볼 때 일반적으로 전직 시기는 40~50대이다. 이때는 누구나 신체적인 노화 현상이 본격적으로 시작되기 때문에 신체적 건강을 유지하는 것이 중요하다.

세계보건기구(WHO)가 정의하는 건강은 신체적, 정신적, 사회적 건강을 뜻한다. 신체적 건강은 삶의 활력소가 되며 직업 활동에서는 에너지가 넘치고 열정을 갖게 한다. 신체적으로 건강하지 않으면 모든 것을 잃는 것이다. "돈을 잃는 것은 조금 잃는 것이고, 명예를 잃는 것은 많은 것을 잃는 것이고, 건강을 잃는 것은 모든 것을 잃는 것이다."라는 말이 있다. 그만큼 건강은 중요하다. 따라서 전직 과정에서 불안감에 깊이 빠지다 보면 술, 담배, 약물 오·남용, 스트레스 등으로 한순간에 건강이 나빠질 수 있다. 이를 슬기롭게 극복하기 위해서는 본인이 좋아하는 운동을 하나라도 선택하여 지속적으로 생활화하는 것이 중요하다.

심리적 건강은 건전한 사고, 긍정적 사고가 기본이다. 이를 위해서는 독서 등을 통해 마음을 풍요롭게 하는 것도 중요하다. 다만 신체적 건강을 잃게 되면 심리적 건강도 유지하기 어렵다. 사회적 건강이라는 것은 건강한 인적 네트워크를 말한다. 상대방을 신뢰하고 흉금을 터놓고 이야기를 나눌 수 있는 친구 관계를 의미한다. 그러나 이 또한 신체적 건강을 잃게 되면 의미가 없어진다.

한편, 뜻하지 않게 건강을 잃는 경우에 대비하는 지혜가 필요하다. 그것은 바로 건강 보험 및 실비 보험이다. 직장 생활을 하는 청년·중년까지는 건강에 큰 문제가 없겠지만, 만약 문제가 발생되더라도 직장에서 보장 보험을 통해 해결해 주기 때문에 사실 큰 문제는 없다. 그러나 직장을 떠난 노후 생활에서는 상황이 180도 달라진다. 직장에서 지원도 없을뿐더러 사회 활동을 통한 수입도 급격히 줄어든다. 국민건강보험에 가입되어 있더라도 자비 부담이 적지 않다.

노후 자금 문제

늙어서 돈 없으면 더 서럽다는 말이 있다. 나이 들어서 돈 없으면 건강을 지키는 것도 쉽지 않다. 앞으로 국민들의 평균 수명이 늘어나면서 많은 사람들이 퇴직 후 노후 생활에 필요한 경제적 문제에 봉착하게 될 것이다. 2000년 이전만 하더라도 퇴직 이후 재직 시에 모아둔 동산 또는 부동산으로 노후를 편하게 보낼 수 있었지만, 앞으로 퇴직하는 베이비부머 뿐만 아니라 그 이후 세대들에게는 큰 부담이 되고 있다. 따라서 노후 자금 계획표를 재작성할 필요가 있다. 대부분의 일반인들은 80세 전후 수명에 맞춰서 노후 자금 계획표를 작성했겠지만, 이제는 100세 전후 평균 수명에 맞도록 노후 자금 계획표를 새롭게 짜야 한다. 노후 자금을 만드는 데는 기본적으로 국민연금(30%), 퇴직연금(30%), 개인연금(20%), 주택연금 및 근로 소득(10%), 기타(10%) 등으로 포트폴리오를 만들 필요가 있다.

평생을 돈 걱정 없이 편하게 살 수 있는 사람은 많지 않다. 경제적 불안에서 벗어나기 위해서는 평생 일을 하겠다는 결심이 무엇보다 필요하다. 건강이 허락하는 한 10년 주기로 퇴직과 취업을 반복할 수 있다면 경제적 문제 해결은 물론 행복한 삶도 가능해진다.

가족 문제

가족은 삶의 원천이자 중심이므로 소홀히 해서는 안 된다. 개인차는 분명히 있지만, 최근 밀레니엄 세대와는 다르게 과거의 베이비부머들은 직장 생활 및 사회 생활을 우선시하며 가정을 등한시하는 경향이 있었다. 자녀 문제는 어머니의 몫이었고, 가정 경제 문제는 아버지가 책임을 지는 역할 분담이 있었다. 그러나 지금은 그렇게 생각하는 사람이 많이 줄었다. 공동 책임 의식이 강해진 것이다. 전직자에게는 우선 자녀 문제가 큰 부담이다. 부모가 전직 시기에 들어서면 자녀들은 대학생이거나 청년 실업자 또는 결혼을 앞둔 미혼자들이다. 이들에 대한 부모 마음은 각별하다. 자식들의 안정된 직장과 행복한 결혼 생활에 대한 무한한 책임감을 갖고 있다. 학생일 경우는 자식들이 좋은 직장을 구하기 위한 스펙을 쌓도록 물심양면으로 지원한다. 결혼을 할 경우는 부모 자신들의 행복은 뒤로 미루고 안정되게 결혼 생활을 시작할 수 있도록 모든 돈을 끌어모아 뒷바라지한다. 그 결과 부모들의 노후는 불행해질 가능성이 높아진 것이다. 따라서 이 같은 불행을 초래하기보다는 부모 입장에서 자녀와의 관계에 대하여 이성적, 현실적인 대응을 할 필요가 있다.

첫째, 자식들이 사회에 진출하기 전부터 경제 관념을 심어주고 스스로 살아갈 수 있도록 물고기 잡는 방법을 가르쳐라. 그렇지 않으면 평생 자식들은 부모에게 짐이 되고 결국은 모두가 불행해질 가능성이 크다.

둘째, 늦기 전에 자녀와 대화하는 생활 습관을 가져라. 재직 시에는 대부분의 부모들이 자녀들과 충분한 대화 시간을 갖지 못했다. 서로 각자의 삶을 산 것이다. 자녀와의 대화 단절은 부모 자식 간의 혈육의 정(情)도 끊게 만들 위험이 있다.

셋째, 자녀로부터 독립하도록 노력하라. 사람은 누구나가 자기가 상대방에게 준 만큼 받으려는 보상 심리가 있다. 부모 자식 간에도 부모 입장에서 자녀들에게 헌신적으로 정성을 다한 만큼 노후에는 되돌려 받고자 한다. 처음부터 그런 마음을 갖고 자식을 키운 것은 아니지만 나이가 들고 노후 생활로 접어들면 더 심해진다. 자녀가 나의 전부라고 생각했던 사람들일수록, 자녀에게 의존도가 높으면 높을수록 그 상처가 클 수 있다.

넷째, 자녀와 노후 사이에서 합리적 균형을 찾아라. 인간의 수명은 점점 길어지는 반면, 개인이 생활하는 데 필요한 경제력은 나이가 들수록 점점 줄어들기 때문에 경제 생활의 지혜가 필요하다. 1992년 노벨경제학상을 수상한 게리 베커(Gary S. Becker, 1930~)는 "자녀에 대한 투자는 이타적인 행위지만, 이러한 이타적 행위가 자신의 복지에 위배된다는 점을 깨닫게 되면 자녀에 대한 투자를 줄

이게 된다. 자녀의 장래를 위한 투자와 자신의 노후를 위한 준비 사이에서 합리적인 균형을 맞추려고 한다. 이는 가장 이타적인 부모에게 있어서도 당연한 행위이다."라고 말했다.

전직자에게는 자식 문제 이상으로 배우자와의 문제도 중요하다. 부부 중 어느한 사람이 전직을 하게 되거나 퇴직을 하게 되면 삶의 균형 또는 부부 관계의 균형도 흔들리는 경우가 많다. 경제적 문제, 가사 분담의 문제, 대화의 단절 문제, 여가 생활의 문제 등 재직 시에는 별로 문제가 되지 않은 것들이 크게 다가오는 경우가 흔하다. 의외로 이 같은 문제들은 개인적으로 스트레스가 되고 부부 갈등의 원인이 되어 최악의 경우 우울증, 이혼, 자살 등으로 치닫는 경우도 있다. 이 같은 불행을 초래하지 않기 위해서는 부부 관계에서도 이성적, 현실적인 대응이 필요하다.

첫째, 나 홀로 보내는 노후는 불행하다. 따라서 노년의 행복은 배우자와의 원만한 관계에서 찾는 것이 좋다. 최근에는 황혼이혼도 증가 추세에 있다. 재직 시에 잠재되었던 문제이거나 전직·퇴직 후 새롭게 등장한 문제가 원인이다. 남성과 여성은 근본적으로 차이가 있음을 인정하는 것도 중요하다. 남성은 나이가 들면서 의존적·수동적으로 변하지만, 여성은 독립적·능동적으로 바뀐다는 것이다. 노년기에는 자식들도 둥지에서 모두 떠나고 부부만 남게 된다. 다시 신혼기를 맞는 상황이다. 신혼 때는 누구나가 결혼 생활에 대한 기대감에 부풀어 웬만한 갈등은 사랑의 힘으로 극복하듯이, 노년기에 찾아온 갈등도 사랑의 힘으로 극복할 수 있도록 관계 개선에 노력해야 한다. 재직 시에 바쁘다는 이유로 소원해진 관계가 회복되지 않고 더욱 멀어지는 경우를 경계해야 한다.

둘째, 부부의 역할 영역이 불필요하다. 맞벌이 생활을 하던 부부나 홑벌이 생활을 하던 부부나 누군가 퇴직을 하면 공동의 역할 분담이 요구된다. 부부의 역할은 사회 생활 또는 경제 생활을 토대로 설정된다. 과거가 남편은 경제력, 부인은 생활력이 큰 덕목이던 시절이었다면, 맞벌이 시대에는 적절치 않은 면이 있다. 그렇지만 아직도 우리 사회, 우리들의 의식에는 여전히 그런 역할에 대해서 수용하는 분위기다. 지금은 남존여비 사상이 지배하는 조선 시대가 아니다. 양성평등 사상이 일반화되고 첨단 과학과 기술 발달로 직업의 영역이 파괴되고 경제력과 생산성에 남녀차이가 없는 시대다. 기존의 남녀에게 주어졌던 구시대의 영역과 역할에 대해서는 과감한 파괴가 필요하다. 서로 존중하고 존중받는 인격체로 마주할 때 부부 관계는 행복해질 수 있다.

취미 생활 문제

대부분 직장인들은 60세에 정년을 맞이한다. 그 이후 100세까지는 무려 40년이라는 시간이 기다리고 있다. 아무 일 없이 보내기에는 너무 긴 시간이다. 매일같이 8시간의 근무 시간이 여가 시간으로 바뀌게 된 것이다. 1년이면 8시간×5일×52주=2,080시간, 10년이면 2만 시간, 40년이면 8만 시간이 된다. 말콤 글래드웰(Malcolm Gladwell)의 베스트셀러 『아웃라이어』에서 핵심 개념으로 제시된 '1만 시간의 법칙'은 성공의 금과옥조처럼 여겨지고 있다. 이 책은 미국에서 2008년 출간되자마자 베스트셀러에 올랐고 국내에선 2009년에 번역돼 40만 권 이상 판매되며 직장인들의 필독서가 됐다. 1만 시간의 법칙은 잘 알려진 대로 하루 3시간, 주 20시간씩 10년, 1만 시간을 투자해야 한 분야에서 성공할 수 있다는 말이다.

이 밖에 잭 햄브릭과 앤디 해니언(Zach Hambrick & Andy Henion)은 연구논문 「Practice makes perfect? Not so much」(2013)를 통해 한 분야에서 탁월한 성과를 나타내는 데에는 분야별로 노력과 재능의 비율이 다르게 영향을 미치는 것으로 밝혔다. 예를 들면 음악 분야 21:79, 게임 분야 26:74, 스포츠 분야 18:82, 학술 분야는 4:96 비율로 영향을 미치는 것이다. 이 연구에 따르면 성공하기 위해서는 선천적 재능과 함께 꾸준한 노력, 환경적 지원이 필요하다.

인적 네트워크 문제

사람은 나이가 들면서 더 많은 인적 네트워크가 생길 것 같지만 실제로는 그렇지 않고 점점 줄어든다. 현직에서는 직업상 다양한 분야의 여러 계층 사람들을 만나지만 나이가 들어 전직 또는 사회 활동을 하더라도 제한된 사람만 만나게 되는 것이다. 은퇴를 하는 순간부터는 사람 사귀는 것은 더욱 어려워진다. 문제는 나이가 들게 되면 더욱 외로움을 타게 되어 고독과의 싸움이 시작된다. 고독을 극복하고 노후를 즐겁게 맞이하기 위해서는 과거 친구들을 유지하는 것도 중요하지만 이는 현실적으로 쉽지 않다.

따라서 이보다는 현재 생활 근거지를 중심으로 새로운 친구들을 사귀는 것이 훨씬 용이하다. 다만 그럴 때 반드시 주의할 것이 있다. 과거 자신의 모든 기득권을 내려놓고 상대방에게 다가서야 한다. 그렇지 않으면 어느 누구에게도 환영받지 못한다. 그럴 자신이 없으면 아예 네트워크 형성 시도를 하지 않는 것이 좋다. 서로에게 상처만 될 뿐이다. 종교적 만남, 동호회 만남, 동창 만남 등을 통해 늘 새로운 사람을 만나면서 생활의 활력을 잃지 않는 것이 중요하다.

죽음 문제

현직에 있으면서 죽음을 생각하는 사람은 많지 않다. 그러나 은퇴 후에는 갑작스럽게 많아진다. 은퇴 후 노인들의 모임에서 주된 화제는 죽음이라는 것을 주위에서 쉽게 볼 수 있다. 그래서 젊게 살기 위해서는 자신보다 젊은 사람들하고 어울리라는 말을 하게 된다. 인생 100세에서 50세까지는 인생 전반기이며 그 이후는 후반기가 되는 것이다. 즉 50세 정점을 향해 힘들게 걸어 올라갔지만, 내리막길은 달려 내려오듯 빠르게 진행된다. 어느 누구도 영원히 살지는 못한다. 그렇다면 사는 동안 행복하게 살기 위해서 많은 준비와 노력을 해왔듯이 죽음에 대해서도 준비와 노력이 필요하다. 죽음 문제는 노후 생활에서 정상적인 생활을 하기 어려워진 시점부터 죽음 직후 가족들의 생활에 이르기까지 문제를 맞는 자세를 말한다. 사람이 죽음에 대해서 두려움을 갖는 것은 당연하다. 그래서 많은 사람들은 죽음에 대한 두려움을 줄이기 위해서 종교를 갖기도 한다. 부활 사상이나 윤회 사상 등 사후 세계를 갖고 싶어 한다. 따라서 죽음을 앞둔 사람에게는 절대자와의 만남을 통해 마음의 평안함을 가진 상태로 사후 세계를 접하는 것이 필요하다.

한편, 죽음을 받아들일 마음의 준비가 되었다면 유언장 작성은 물론 재산 정리 등을 통해 이승에서의 모든 행적을 내려놓아야 한다. 인생이 유한하다고 인식하는 순간 사람은 자기 삶에 대하여 더 진지해질 수가 있다. 이는 자기 삶에서 활용할 수 있는 주어진 시간이 점점 줄어든다는 생각에 마지막 순간까지 진지해질 수 있기 때문이다.

02 ㅣ 행동하는 사람이 성공한다.

미국의 경영 컨설턴트 데일 카네기(Dale Breckenridge Carnegie, 1888~1955)는 "행동의 변화가 감정을 변화시킨다."라고 했다. 그러나 보통 사람들은 감정의 변화가 행동을 변화시킨다는 생각을 갖고 있다. 따라서 발상의 전환이 필요하다. 감정을 따르다 보면 행동으로 옮기는 기회가 줄 수밖에 없다. 수동적으로 움직일 수밖에 없다. 살다보면 항상 좋은 일만 있는 것이 아니기 때문이다. 그러나 능동적으로 행동을 우선시하면 매사에 적극적이고 활력이 넘쳐 자신감도 생기고 주위 사람으로부터 호감을 살 수 있다.

같은 원리다. 행동하지 않으면 내가 원하는 목표 달성이 어려워지고 되고자 하는 사람이 될 수 없다. 아무리 준비를 많이 하고 계획을 잘 세웠다 해도 실천이 따르지 않으면 의미가 없다. 따라서 실천 계획이 중요하다. 실천 계획은 계획적으로 살아가며 체계적이고 안정된 길을 따라가는 가장 좋은 수단이다. 사람들은 머릿속으로는 아주 멋진 계획을 세우기도 한다. 그러나 그것을 문자화시켜 실천 계획을 세우는 것에 대해서는 소극적이다.

비즈몬(www.bizmon.com)이 지난 2005년 직장인 872명을 대상으로 실시한 설문조사에 따르면 직장인들의 72%가 문서 작성에 어려움을 느낀다. 실제로 최근 필자가 강의하는 교육 과정 중에 하나가 「스마트 기획과 보고서 작성」인데, 수강하는 학습자 대부분이 문서 작성에 어려움을 호소하고 있다. 이 같은 어려움은 지나치게 형식을 갖추려는 데 기인한다고 볼 수 있다. 어렵게 접근하지 말고 다음과 같은 항목으로 작성되면 충분하다. ① 궁극적인 목표, ② 나의 장점, ③ 나의 가장 커다란 약점, ④ 세부적인 실천 사항, ⑤ 실천 여부에 대한 책임이 그것이다. 특히 실천 계획을 세우는 데 명심할 것은 서둘러 작성하지 말고 시간적 여유를 가지고 작성해야 한다는 것이다. 그 이유는 근본적인 문제를 찾아서 해결해야 하기 때문이다.

첫째, 나의 행동 변화에 대한 궁극적인 목표를 작성해야 한다. 작성 예는 다음과 같다.

> • 가족, 건강, 행복, 직업 등 내 인생에서 가장 가치 있다고 생각하는 일에 나의 모든 역량을 집중시킨다.
> • 내 인생을 균형 있게 살기 위해 나와 다른 사람에게 최선이 되는 것에 변화를 추구한다.
> • 측정 가능하고 의미 있는 변화를 통해 가족, 친구, 직장 동료들에게 도움이 되는 사람이라는 것을 보여 준다.
> • 나는 시작한 일을 마무리 짓는 것에 책임을 진다.
> • 자책하는 행동을 중단하고, 실수를 하면 교훈은 얻되 머릿속에서 지워버린다.
> • 나는 다른 사람을 소중히 하고 공동의 이익을 위해 노력하는 사람으로 인식되기를 바란다.

둘째, 나의 장점을 파악한다. 본인이 자신의 장점 목록을 직접 작성해도 좋고, 친한 동료에게 작성을 요청해 받아도 된다. 작성 예는 다음과 같다.

- 능동적이다.
- 융통성이 있다.
- 양보심이 강하다.
- 겸손하다.

- 리더십이 있다.
- 배려심이 깊다.
- 개방적이다.
- 성실하다.

셋째, 나의 약점을 파악한다. 약점이 되는 열 가지를 적어본다. 그 중에서 두 가지 정도에 대해서는 자신의 인생에서 치명적으로 부정적인 영향을 미친 사례를 적어 본다.

- 과잉행동을 한다.
- 우유부단하다.
- 타인에 대한 배려심이 없다.
- 타인에 대하여 지배적이다.
- 공격적, 저돌적이다.

- 극도로 소심하다.
- 요구 사항이 많고 까다롭다.
- 열의나 의욕이 떨어진다.
- 변화에 대하여 보수적이다.
- 통제력이 부족하다.

넷째, 세부적인 실천 사항을 계획한다. 세부적인 실천 사항들은 본인의 약점을 고치는 행동 계획이 중심이 되도록 하면 좋다. 계획을 수립하는 데 있어 고려 사항은 다음과 같다.

- 구체적인 행동을 포함한 계획을 세운다.
- 구체적인 행동 시기를 명시한다.
- 언제 무엇을 중지하고, 언제 무슨 일을 시작할지를 명확하게 한다.

다섯째, 실천 여부에 대한 피드백을 책임감 있게 할 사람을 선정한다. 선정된 파트너와 본인의 계획을 공유하고 피드백을 요청한다. 성공의 포인트는 다음과 같다.

- 믿을 수 있는 파트너를 선정하고 책임감을 갖도록 부탁한다.
- 자신의 장단점을 다른 사람이 확인해 주도록 다른 사람에게 부탁한다.
- 다른 사람과 변화 과정을 점검한다.
- 규칙적으로 변화 과정을 점검한다.

Tip

주요 용어 정리

- **노후**(老朽): 오래되고 낡아 제구실을 하지 못함.
- **노후 파산**(老朽破産): 평균 수명이 길어지면서 중산층이 노후의 불안정한 소득과 질병으로 빈곤 계층으로 전락하는 현상
- **반퇴 시대**(半退時代): 은퇴해도 쉬지 못하는 시대
- **비전 체계**(Vision 體系): 비전 달성을 위한 여러 활동을 일정한 원리에 따라서 낱낱의 부분이 짜임 새 있게 조직되어 통일된 전체
- **은퇴**(隱退): 직위에서 물러나거나 사회 활동에서 손을 떼고 한가히 지냄.
- **역할 모델**(role model): 어떤 한 사람을 정해, 그 사람을 표본으로 정하여 성숙할 때까지 모델로 삼는 것
- **이직**(移職): 직업(職業)을 다른 데로 옮김.
- **전직**(轉職): 직업이나 직무를 바꾸어 옮김.
- **퇴직**(退職): 현직(現職)에서 물러남.
- **하프타임**(half-time): 운동 경기에서 전반전 경기가 끝난 뒤 중간에 쉬는 시간

변화, 도전, 그리고 전환

경기도 분당에 거주하는 이출중(가명) 씨는 인문계 고등학교를 졸업하고 아버지의 권유로 공군사관학교에 지원했다. 이 씨는 4년간 생도 생활을 마치고 장교로서 우수한 성적으로 임관을 했다. 또 이 기간 동안 간호 장교를 만나 결혼도 했다. 하지만 서로의 군 생활은 바빴고 여기에 결혼 10년이 되도록 아이도 생기지 않으면서 서서히 서로에 대한 관심과 애정은 식어 갔다. 이후 더 이상 정상적인 결혼 생활이 어려워짐을 느낀 두 사람은 합의 이혼을 하였으며 이후 이 씨는 민간 항공사 조종사로 좋은 조건에 이직을 하였다.

그는 이직 후 열심히 일했으며 재혼도 해 행복한 가정 생활을 꾸려나갔다. 그러던 중 이 씨는 외국 출장이 빈번해지는 운항 일정에 불만을 갖게 되었다. 경제적으로는 당연히 조종사가 좋겠지만 가족들과의 행복을 위해서는 내근직으로 옮기는 것이 바람직하다고 생각한 것이다.

이후 전직을 한 이 씨는 사내에서 임원이 되겠다는 목표를 세운 뒤 재직 6년 만에 경영학 석·박사 학위를 받았다. 그리고 학위 취득을 한 이듬해 인사에서는 임원으로 승진했고 이후로도 승승장구하며 CEO 자리까지 올라갔다. 그의 재임 기간 동안 그에 대한 재단의 신임은 두터웠으며 동료 임직원들로부터도 칭송이 자자했다. 그는 탁월한 경영 수완을 보이며 재임 기간 동안 무사고 기록과 세계 최고의 서비스 항공사로 자리매김을 하는 데 기여했다. 그러나 미국발 자사 비행기의 대형 참사로 인재가 발생, 어쩔 수 없이 경영 책임자로서 사고 수습을 마친 후 스스로 자리에서 물러났다. 그때 이 씨의 나이는 58세였다.

처음에는 당황도 됐지만 그동안 앞만 보고 달려오느라 놓쳤던 신체적, 정신적으로 휴식 기간이 필요했다. 그는 3개월 정도의 하프타임을 가지면서 후반 인생을 좀 더 의미 있게 보내자고 결심했다. 이에 그는 전직 항공사 재단 이사장과의 만남을 추진했으며, 그 자리에서 본인의 의사를 당당히 밝혔다. 그랬더니 뜻밖에도 이사장은 재단의 ○○대학교 총장 자리를 제안했다. 처음에는 과분한 제안에 어리둥절하기도 했지만 수락 의사를 밝혔고, 이후 4년 임기에 연임까지 8년 동안 대학 발전을 위해 헌신하였다.

이제 67세가 된 이 씨는 대학에서 떠나야 할 시간이라고 생각한다. 은퇴냐 전직이냐? 그의 머릿속에는 또 하나의 의사 결정을 하지 않으면 안 되는 중요한 문제가 있다. 그러나 이 씨는 이제는 높은 자리보다도 계속해서 일을 할 수 있는 것이 중요하다고 마음의 정리를 하고 있다.

교육적 시사점

- 사람은 누구나 인생에서 크고 작은 변화를 맞고 전환을 통해 성장한다.
- 사람은 누구나 인생의 여정에서 여러 번의 전환기를 맞게 되지만, 변화를 거부하고 저항하며 과거에 목매기보다 계획과 비전을 세우고 준비를 하면 비교적 쉽게 인생의 전환이 가능하다.
- 변화의 방향성을 알게 되면 과거와의 작별도 어렵지 않다.
- 인생의 전환기에 다른 삶으로 성급하게 뛰어들면 인생의 전환기에서 찾을 수 있는 마음속의 황금알을 발견할 기회를 놓칠 수 있다.
- 삶에서 중요한 부분을 차지하던 일에 큰 변화가 생기면 감정 소모가 심할 수 있지만 오히려 자아를 실현하고 인생을 재창출하는 계기가 될 수 있다.
- 변화가 일어나면 과거 자신에 대한 집착을 내려놓고, 불확실성에 방황도 해보고, 만족스런 삶을 위해 무엇이 필요한지 고민하면서 새로운 직업을 계속해서 찾는 기간이 필요하다.

나의 행동 실천 계획을 작성해 보자.

● 목표

_____

_____

_____

● 장점

① _____ ② _____

③ _____ ④ _____

⑤ _____ ⑥ _____

⑦ _____ ⑧ _____

⑨ _____ ⑩ _____

● 중요한 두 가지 약점

① _____

② _____

● 실천 내용

① _____

② _____

③ _____

④ _____

⑤ _____

⑥ _____

● 책임 및 확인

_____

_____

_____

인생의 변화와 전환을 위한 준비

다음은 당신이 변화를 기피하는 유형인지, 선호하는 유형인지를 평가하기 위한 진단지이다. 다음의 각 질문에 당신에게 가장 적합한 정도의 번호를 매기세요(1~10점). 변화를 기피 또는 부정 정도가 아주 심하면 1점, 변화를 선호 또는 긍정 정도가 매우 높으면 10점을 매기는 등 정도에 따라 번호를 부여한 뒤 총점을 확인해 보세요.

1. 지금까지 나는 몇 년 동안 안정된 직장에 머물렀는가?

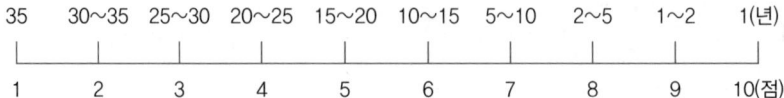

35	30~35	25~30	20~25	15~20	10~15	5~10	2~5	1~2	1(년)
1	2	3	4	5	6	7	8	9	10(점)

2. 나와 중요한 관계를 맺는 사람들은 변화를 지지한다.

3. 나는 인생의 큰 변화를 우호적으로 받아들인다.

4. 나는 미래에 대하여 낙관적이다.

5. 나는 과거 삶에서 변화를 즐겁게 생각한다.

6. 나는 인생에서 변화를 맞이할 때 나의 선택권이 많은 편이다.

7. 나는 직업 정체성이나 조직 내 지위와 관련된 자부심과 자존감은 없다.

8. 나는 다가올 변화가 나의 삶에 최소한의 영향을 미칠 것으로 생각한다.

9. 나는 새로운 삶의 모든 면(삶의 방식, 재정 등)을 준비하기 위해 최선을 다할 것이다.

10. 나는 나의 미래에 대하여 많은 것을 통제할 수 있다고 생각한다.

10개 항목의 총점: _____

|진|단|결|과|

- **76~100점** 삶의 전환에 따른 스트레스를 효과적으로 다루고 있다. 어떤 상황 변화에도 받아들이고 활용할 준비가 되어 있다. 심리적으로 안정되고 주위 사람들에게 지원받을 수 있다.
- **51~75점** 삶에서 어떤 상황 변화도 심리적으로 적절히 대처할 준비가 되어 있다.
  주위 사람들에게 지지를 받을 수 있을 것으로 보인다. 그러나 삶의 전환에서 좀 더 잘하기 위해 좀 더 노력할 부분이 몇 가지 있다.
- **50점 이하** 삶의 전환과 관련된 스트레스 때문에 감정적으로 어려운 시기를 보내고 있다.

삶의 전환 과정에서의 스트레스 대처 요령

- 인생에 장(章)이라는 개념을 활용하라. 인생을 책의 연속되는 장으로 생각하라. 지나간 장은 나의 개인사를 보여 주며, 앞으로 나올 장은 공백으로 그 위에 쓰여지는 것이 나의 이야기가 될 것이다. 당연히 자신은 창조적 저자가 되길 바랄 것이다. 그렇다면 하루하루 삶에 더욱 열정을 쏟고, 책에 새로운 이야기를 기록하라. 자신이 앞으로 기록할 인생의 다음 장이 5년이라고 생각해 보라.

- 인생의 다음 장(章)을 위한 비전을 세워라. 비전은 활력과 열정을 만들어 내는 힘이 있다. 강력한 비전이 없다면 좋은 결과를 기대하기 어렵다.

- 적극적으로 운동하라. 삶에 활력을 갖기 위해서는 건강이 바탕이 되어야 한다. 인생의 전환기에 스트레스를 날려 버리기 위해서도 운동이 필요하다.

- 자신을 위한 지원군을 만들어라. 어려움에 처해 있을 때 혼자서 생각하고 고민하는 것은 위험하다. 이성적이지 못하고 감정에 치우쳐 충동적 결정으로 일을 점점 어렵게 만들 가능성이 높다. 가까이에서 자신의 어려운 사정을 이해하고 조언과 피드백을 해줄 지원군은 많을수록 좋다.

- 스스로 회복할 시간을 가져라. 사람들은 위기에 처하면 마음이 불안해지고 급한 마음에 서두르는 경향이 있다. 그래서 눈앞에 닥친 일을 빨리 하지 않으면 안 된다는 중압감에 곧장 일에 뛰어들어 일을 더 악화시키기도 한다. 한발 물러서서 자신만의 성공 기준 및 가치 기준을 정해 놓는다면 도움이 된다.

- 자기의 선택 능력을 활용하라. 적절한 선택을 하면 자율적이고 자신감도 생긴다. 인생의 전환기에서 불확실성의 시기는 반드시 있게 마련이고 그것을 반드시 통과해야만 한다.

- 배우자나 파트너와 함께 계획하면 더욱 좋다. 사람은 중요한 선택을 할 때 사랑하는 사람을 함께 고려하기보다 자신만의 삶을 계획하는 것이 쉬울 수 있다. 그러나 자신이 어떤 선택을 하든 그 선택은 분명 자신은 물론 배우자나 파트너에게도 영향을 미친다는 것을 잊어서는 안 된다.

- 삶의 전환 과정을 이해하라. 인생의 큰 변화에 따른 상태에 적응할 때 심리적으로 어떨지 알면 도움이 된다. 전환기에 의심이 들고 불안한 것은 정상적이다. 자아 실현을 핵심으로 하는 새로운 인생을 원한다면 인생의 공백기를 충분히 활용해야 한다. 새로운 현실에 성급하게 뛰어들기보다 불확실한 미래에 대한 불안감을 견뎌 내며, 자아 성찰의 시간을 보낼 줄 알아야 한다.

참|고|문|헌

강헌구, 『골든 그레이』, 경기: ㈜쌤앤파커스, 2016.

교보생명·시니어파트너즈, 『대한민국 시니어 리포트 2014』, 서울: 주식회사 교보문고, 2014.

김동선, 『마흔 살, 내가 준비하는 노후대책 7』, 서울: ㈜도서출판 나무생각, 2015.

김동선, 「노후파산시대: 장수의 공포가 온다」, 『한스무크 vol. 02』, 서울: 한스미디어, 2016.

김정욱 외 3인, 『인공지능발 4차 산업혁명 2016 다보스 리포트』, 매일경제신문사, 2016.

댄 자드라(주민아 역), 『파이브』, 서울: ㈜앵글북스, 2015.

데이비드 보차드·패트리샤 도노호(배충효·이윤혜 역), 『은퇴의 기술』, 서울: 도서출판 황소걸음, 2012.

손병기, 『두 번째 인생』, 서울: 도서출판 씽크스마트, 2012.

신상진, 『직업의 이동』, 서울: 한스미디어, 2015.

윌리엄 브리지스(김선희 역), 『내 삶에 변화가 찾아올 때』, 경기: 도서출판 물푸레, 2006.

이민주, 『지금까지 없던 세상』, 경기: ㈜쌤앤파커스, 2015.

이호철, 『맥킨지식 문서력』, 서울: 비즈센, 2009.

이성민, 『100세 시대 다시 청춘』, 서울: 씽크뱅크, 2015.

조관일, 『노후는 없다: 은퇴경쟁력을 키워라』, 서울: 클라우드나인, 2016.

짐 브라이트(권혁희·권양진 역, 2004), 『자신의 경력을 디자인하라』, 서울: 피어슨 BUSINESS, 2004.

차두원·김서현, 『잡 킬러』, 서울: 한스미디어, 2016.

크리스토퍼 하워드(김원호 역), 『대한민국에서 봉급쟁이로 산다는 것』, 서울: ㈜생각의나무, 2006.

케니스 S. 슐츠·메건 케이·마이크 엔슬리(장진영 역), 『행복한 노후를 사는 88가지 방법』, 서울: 시그마북스, 2016.

플립 플리펜(신준역 역), 『위대한 반전』, 서울: 랜덤하우스코리아㈜, 2008.

하우석, 『내 인생 5년 후』, 서울: 다온북스, 2012.

한순·이희섭(2009), 『막막함을 날려버리는 은퇴 후 희망설계 3·3·3』, 서울: 나무생각, 2009.

후지타 다카노리, 『2020 하류노인이 온다』, 경기: 청림출판, 2016.

김기향, 「고령 친화 산업의 현황 및 전망」, 한국보건산업진흥원, 2012.

김기향 외 5인, 「고령 친화 서비스산업 개발 및 활성화 방안」, 한국보건산업진흥원, 2014.

Carl Benedikt Frey and Michael A. Osborne, 「The future of employment: How susceptible are jobs to computerization?」, 2013.

점점 빨라지는 은퇴, 준비하고 계신가요?

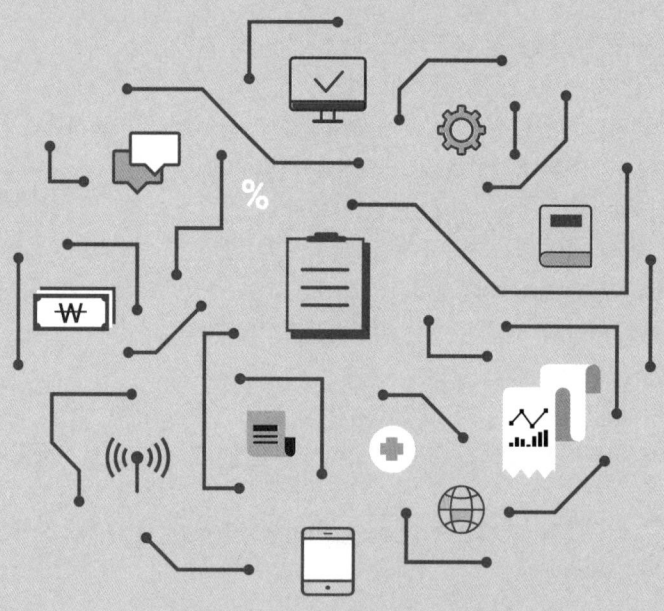

PART 3
네트워크 관리

01장

관계와 휴먼네트워크

학|습|목|표

• 인간관계. 휴먼네트워크의 중요성을 학습할 수 있다.
• 후흑학(厚黑學)을 통해 인간관계의 지혜를 학습할 수 있다.
• 첫인상과 평판 관리의 방법을 학습할 수 있다.
• 소셜네트워크(social network)에 의한 인간관계를 학습할 수 있다.

학|습|열|기

'삶'은 '사람'이라는 뜻을 가지고 있다. 이는 곧 우리의 삶은 사람과의 만남에 의해서 유지된다는 의미를 담고 있다. 직장인은 직장 동료, 거래처 지인 등 많은 사람과 관계를 맺으면서 살아간다. 그런데 직장에 다닐 때, 즉 현직에 있을 때는 살갑게 지내던 많은 사람들이 퇴직과 동시에 대부분 정리된다.

그러므로 현직에 있을 때 퇴직 후의 관계를 위해서 진솔한 관계와 휴먼네트워크를 구축할 필요가 있다. 지금은 휴먼네트워크 시대. 즉 인맥으로 모든 것이 연결돼 있는 시대라고 할 수 있다. 따라서 사회적으로 고립되지 않고 함께 어울려 친교를 나누고 협력하며 삶의 지식과 지혜를 나누어 가져야 한다. 씨앗을 뿌려서 나무를 잘 가꾸듯이 인간관계, 대인 관계, 휴먼네트워크를 잘 구축해야 함께 더불어 행복하게 살아갈 수 있다.

"인간관계의 결여는 흡연보다도 더 강력한 수명 단축 요인이다."   – House, Landis & Umberson(1988)

제 ❶ 절 삶, 사람 그리고 인간관계와 휴먼네트워크(human network)

01 ㅣ 삶, 사람 그리고 인간관계

많은 사람들이 살아가면서 또는 직장 생활에서 가장 힘들고 어려운 것이 인간 관계라고 한다.

삶이란 글자는 '살다'라는 의미를 지니고 있지만 사람의 줄임말이라고도 한다. 이는 곧 우리의 삶은 사람과의 만남에 의해 유지된다는 의미일 것이다. 실제로 사람들이 일생을 살아가면서 경영하고 도모하는 일의 70~80%가 사람과의 관계에 의해서 이루어진다고 한다. 사실 세상살이 모든 것이 인간관계에 의해 이뤄진다고 해도 과언이 아닌 듯 싶다. 그렇게 힘들고 어려운 것이 사람들과의 관계라고 한다면 살면서 배우는 것 중에 가장 많은 시간을 투자해서 공부해야 하는 것은 인간관계에 대한 지혜여야 한다. 그런데 필자가 만난 사람들을 보면 인간관계의 지혜를 습득하는 데 투자를 하는 사람이 없다.

이런 가정을 한번 해보자. 당신이 갑자기 직장에서 구조조정을 당했다. 재취업을 위해 새로운 직장을 찾는다면, 당신은 어떤 경로를 통해 직장을 구할 수 있을까? 보통 헤드헌터나 헤드헌팅 회사, 평소 친하게 지냈던 친구나 지인, 공개 취직 시험, 신문이나 인터넷 광고 등을 통해서 새로운 일자리를 구할 수 있을 것이다.

어떤 조사에 따르면 헤드헌터, 헤드헌팅 회사, 취직 시험 등을 통해서 새로운 일자리를 찾는 것은 약 20% 정도의 재취업 확률이 있다고 한다. 그러나 평소 알고 지내던 친구나 지인을 통해서 재취업을 할 수 있는 확률은 56%나 된다고 한다.

실제로 기업에서 경력 사원 모집 광고를 보고 취업에 도전하면 거의 불합격인 경우가 많다. 이는 실제로는 사원 모집 공고는 형식에 지나지 않고 자기 회사에 맞는 인재를 구하기 위해서 사전에 회사 네트워크를 통해 비공식적으로 채용할 사람을 내정하기 때문이다. 즉 자신이 알고 지내던 사람, 네트워크에 의해서 재취업을 할 수 있는 가능성이 훨씬 높은 것이다. 결국 재취업을 할 수 있는 가장 확실한 방법은 본인의 인간관계 역량에 달려있다고 하겠다.

02 ㅣ 사람에게는 평생 세 번의 기회가 온다.

필자가 강의 중에 교육생들에게 자주 던지는 질문이 있다. 사람에게는 평생 세 번의 기회가 온다고 하는데, 이 말이 무슨 의미라고 생각하냐는 질문을 던지면 여러 가지 답이 나온다. 그중 몇 가지의 대답을 보면 준비된 자가 기회를 잡는다는 답이 가장 많다. 그러려면 기회가 왔을 때 그 기회를 잡을 수 있도록 평소에 능력 개발을 하는 것이 중요하다.

필자가 생각하는 세 번의 기회라는 의미는 나의 삶을 긍정적으로 바꿔 줄 수 있는 세 사람을 만난다는 뜻인 것 같다. 예를 들어 필자가 강의를 하려면 누군가가 나에게 강의 의뢰를 해야 한다. 강의 일정이 빽빽하게 차려면 많은 곳에서 강의 요청을 해야 한다. 다시 말해서 내가 알고 있는 많은 사람, 나의 네트워크에서 나에게 기회를 주는 것이다.

사람이 살면서 세 번의 기회도 잡기 힘들다고 하지만 휴먼네트워크 관리를 잘하면 굉장히 많은 기회를 잡을 수 있다. 특히 퇴직과 은퇴 후의 삶에서 대인 관계의 관리, 즉 휴먼네트워크 관리는 성공적인 퇴직, 은퇴 후의 삶을 결정하는 중요한 요소가 된다. 퇴직이나 은퇴 후에 보면 주변의 인간관계가 대부분 어떤 형태로든 변하기 마련이다. 직장을 퇴사함으로써 직장 동료와의 관계가 다른 형태로 변화되고, 이들과의 관계를 유지하기 위해서는 다른 측면의 향상된 휴먼네트워크 관리 전략이 필요하다. 그리고 퇴직이나 은퇴 후의 삶을 설계하면서 지금까지 만나보지 못했던 다른 유형의 사람들도 만나게 된다. 이들과의 관계 형성 및 유지 또한 퇴직이나 은퇴 후 휴먼네트워크 관리의 중요한 이슈가 된다.

제 ❷ 절 인간은 무엇으로 움직이는가

01 ㅣ 땅꾼에게 뱀이 반가운 이유는 돈이 되기 때문이다.

전국 시대 말기 한나라의 공자로 태어난 한비자(韓非子, BC 280~233)의 관계에 대한 지혜는 독특하다. 한비자는 우리에게 '사람의 마음을 움직이게 할 수 있는 것은 무엇일까?'라는 질문을 던진다.

한비자는 이에 대해 "뱀장어는 뱀과 닮았고, 누에는 애벌레와 닮았다. 뱀을 보면 누구나 깜짝 놀라고, 애벌레를 보면 누구나 소름 끼쳐 한다. 그러나 어부는 손으로 뱀장어를 잡고, 여자는 손으로 누에를 만진다."라고 말한다. 즉 이익이 될 것 같으면 누구나 용감한 사람이 된다는 것이다.

사람은 이익에 의해 움직이는 동물이라고 한다. 이는 어찌 보면 인간관계를 현실적이고도 냉철하게 보는 사고인지도 모른다. 필자 역시 상인이 물건을 거래하는 것처럼 사람들과의 관계도 거래라는 생각을 하곤 한다. 자동차를 판매하는 세일즈맨은 모든 세상 사람이 부자가 되길 원한다. 그리고 장의사는 많은 사람들이 빨리 죽었으면 한다. 그렇다고 해서 자동차 영업 사원이 좋은 사람이라고 할 수 없고 장의사가 나쁜 사람이라고 할 수 없다. 자동차 영업 사원은 모든 사람이 부자가 돼 차를 많이 사야 많은 돈을 벌 수가 있고, 장의사는 많은 사람이 죽어야 돈을 벌 수 있기 때문이다. 선과 악이 아닌 세상살이에 있어서 많은 관계에서 필요한 것은 사람이라고 할 수 있다.

부모가 자식을 키울 때 노후에 대한 기대감이 전혀 없다면 거짓말일 것이다. 예를 들어 평소 부모 속을 엄청 썩이거나 전화 한 통 없는 자식이 힘들 때만 나타나서 부모에게 도움을 요청한다면 자식이라도 마냥 이뻐할 수만은 없을 것이다. 인간관계는 주고받는 것이다. 일방적으로 주기만 한다거나, 일방적으로 받기만 해서는 관계가 지속되기 힘들다. 물론 주고받음의 대상은 여러 형태가 될 수 있다. 어찌 보면 인간은 철저한 이해관계에 의해서 그 관계가 이뤄진다는 것을 명심해야 한다.

02 ㅣ 인간은 입에 밥이 들어가야 산다.

마키아밸리에 의하면 사람의 이기심은 생존하고자 하는 몸부림인지도 모른다. "인간은 아버지의 죽음은 쉽게 잊어도, 재산상의 손실은 좀처럼 잊지 못한다. 그 어떤 일이 있더라도 타인의 재산에는 절대 손대지 말아야 한다. 인간이란 자기 재산의 손실은 좀체로 잊지 못하는 존재이기 때문이다."(군주론 17장)

"사람이 어떻게 살아야 하는가 하는 문제 때문에, 현재 사람이 살아가고 있는 실태를 허술히 보아 넘기는 사람은 자기를 보존하기는커녕 눈 깜짝할 사이에 파멸을 초래하게 될 것이다. 무슨 일에서나 선을 내세우는 사람은 악인들 속에서 파멸을 면치 못한다. 그래서 권력을 유지하려는 군주는 선하기만 해도 안되고 악인이 되는 법도 알아야 한다. 또한 이 태도를 필요에 따라 변화시킬 수 있어야 한다."(군주론 15장)

경제학의 대전제가 인간은 인센티브에 반응한다고 한다. 다시 말해 인간은 이기적이며 합리적으로 행동해야 생존과 번영을 누릴 수 있다는 것이다. 사람은 먹고 살기 위해, 밥벌이를 하기 위해 치열하게 경쟁하며 살아갈 수밖에 없다. 요즘 젊은 사람들의 이혼만큼이나 황혼이혼이 많다고 한다. 이혼의 가장 큰 이유는 경제적 문제 때문이라고 한다. 실제 남자들의 퇴직 이후 부부 갈등을 겪고 이혼하는 많은 이유는 집에 갖다 줄 수입이 없기 때문인 경우가 많다.

사람들과의 관계는 서로 주고받는 관계라고 할 수 있다. 나이를 먹을수록 알고 지내는 사람이 대폭 줄어드는 이유는 주고받을 것이 없어지기 때문일지도 모른다. 직장을 다닐 때는 어떤 형태로든 갑과 을의 관계가 성립이 된다. 다시 말해 본인들은 의식하지 못하지만 주고받을 수 있는 무엇인가가 있기 때문에 많은 인간관계가 이뤄진다고 할 수 있다.

특히 퇴직과 동시에 많은 인간관계가 정리되면서 사람에 대한 배신감을 느끼고 혼란스러울 수 있다. 퇴직 이후의 인간관계는 내가 알고 지내는 사람에게 경제적이든, 재취업이든, 어떤 정보를 기대하든 간에 갑이 아닌 을로서 부탁을 하게 된다. 그로 인해 현직에 있는 사람들은 퇴직한 사람들을 만나기 꺼려하고 피하게 된다. 인간관계에서 명심하고 또 명심해야 할 것이 있다. 있을 때 잘하라는 말이 있듯이 다른 사람에게 베풀 수 있는 자리, 현직에 있을 때 베풀라는 것이다. 그것은 그 어떤 저축보다도 값진 것일 수 있다. 다시 한번 기억하자. 사람은 아버지의 죽음은 쉽게 잊지만 재산상의 손실은 절대 잊지 못한다는 사실을 말이다.

03 ㅣ 인간관계를 이해하려면 후흑학(厚黑學)을 공부하라.

후흑(厚黑)은 '면후심흑(面厚心黑)'의 준말이다. 즉 두꺼운 얼굴을 뜻하는 면후(面厚)와 시커먼 속마음을 뜻하는 심흑(心黑)을 줄인 말로 뻔뻔함과 음흉함으로 해석된다. 후흑은 청나라 말기의 이종오가 저술한 후흑학에서 나온 말로, 면후심흑(面厚心黑)은 면박심백(面薄心白, 얼굴은 엷고 마음은 투명한 것)의 반대말이다. 후흑은 '인간은 근복적으로 이기적'이라는 한비자의 성악설에 근거하고 있다.

후안흑심(厚顔黑心)은 두꺼운 얼굴과 검은 마음으로 얼굴은 두꺼울수록 마음은 안 보일수록 좋다는 뜻을 담고 있다. 고금을 통해 성공한 사람들은 모두 두꺼운 얼굴과 검은 마음의 비결을 이용했다. 여기서 두꺼운 얼굴(面厚)은 일종의 방패라고 할 수 있다. 남들의 좋지 않은 견해나 비난과 질책으로부터 자신의 체면을 지키거나 자존심을 방어하는 것이 두꺼운 얼굴이다. 두꺼운 얼굴에 숙달된 사람은 남들의 비난이나 비판에 개의치 않고 자신만의 이미지를 적극적으로 창조해 낸다.

이러한 두꺼운 얼굴을 가진 사람들은 스스로에 대해 절대적인 자신감을 갖게 된다. 그리고 남들에게도 자신감을 불어넣는데 이것이 검은 마음이다. 검은 마음(黑心)으로 자신감을 주입 받은 타인들은 자신감을 준 사람이 이미 성공했다고 생각하고 그에게 성공의 입지를 허용한다. 격변의 시대가 요구하는 어떤 상황에서든지 스스로의 방식을 채택할 수 있는 능력이 바로 후안흑심이라고 생각할 수 있다.

제 ❸ 절 첫인상과 평판을 관리하라

01 ㅣ 첫인상을 관리하라.

사람과의 관계는 어쨌거나 만나야 이뤄진다. 그런데 처음 보는 첫 이미지, 첫인상이 그 사람과의 관계를 좌우하는 데 많은 영향을 미친다고 한다. 존 티브스(John Thibus)의 조사에 따르면 사람과의 최초 대면 시 가지는 첫인상은 ▷상대에게 호감을 가질 확률이 46% ▷반감, 적대감을 가질 확률이 32% ▷무관심할 확률이 22%다. 즉 어떤 사람을 만나면 54%의 사람과는 관계가 발전될 여지가 없다는 것이다. 설령 호감이 가더라도 연관되는 일이 없거나 말이 통하지 않거나, 생각이 통하지 않으면 관계가 이어지지 못하고 발전될 수도 없다. 사람은 세 번의 기회가 온다고 했는데 상대에게 첫인상을 잘못 주게 되면 세 번은 고사하고 한 번의 기회도 잡을 수 없게 되는 것이다.

얼마 전 후배와 성형에 관한 이야기를 하며 우리나라에서 외모가 얼마나 전략적인 도구인지에 대한 이야기를 듣게 됐다. 후배는 강남의 모 미술학원에서 단기 미술 교사를 구한다기에 원서를 냈고, 며칠 후 미술학원에서 연락이 왔다고 한다. 그런데 그 미술학원 원장이 내가 왜 당신을 뽑았는지 아냐고 묻더라는 것이다. 후배는 어떻게 대답해야 할지 몰라 "글쎄요."라고 했더니 원장은 "이번 이력서에 명문대 출신들이 많았지만 난 당신의 인상이 너무 좋아서 뽑았어요. 앞으로 열심히 해줘요."라고 했다고 한다.

어찌 보면 극단적인 얘기일수도 있겠지만 결론은 후배의 외모가 경쟁력이 됐지 않았나 싶다. 물론 단순히 후배의 외모만이 전부는 아닐 것이다. 상대방이 호감을 가질 수 있는 후배의 외모에 더해 성실한 자세와 태도가 있었기에 선택됐을 것이다.

이처럼 우리는 원하든 원치 않든 사람을 만나게 되면 표면적으로 그 사람의 첫인상에 의해서 사람을 평가하게 된다. 그만큼 현대 사회에서는 첫인상이 강력한 전략적인 무기가 된다. "먹는 것은 나를 위해서 먹고 입는 것은 남을 위해서 입어라."라는 말을 가슴 깊이 새길 필요가 있는 이유다.

02 ｜ 첫인상의 특징

평소에 좋은 이미지를 가지고 있는 사람이 실수를 하게 되면 혹시 집안에 무슨 일이라도 있는 건 아닌가 하며 그 사람 자체가 아닌 주변 환경에 의한 원인을 먼저 찾게 된다. 반면 나쁜 이미지를 가지고 있는 사람이 작은 실수라도 하게 되면 언젠간 저럴 줄 알았다며 주변 환경이 아닌 그 사람 자체에 문제가 있다는 생각을 하게 된다. 이렇듯 한번 인식된 첫인상의 영향력은 매우 강력하여 어떤 대상에 대한 인식과 판단에 강한 영향을 미치게 된다.

이 첫인상은 보여지는 사람이 불리한 구조라고 할 수 있다. 특히 사람을 만날 때 미리 철저히 준비하지 않으면 상대방이 느끼는 나의 첫인상이 바람직하지 않은 방향으로 각인될 확률이 높다. 이 첫인상에는 아래와 같은 네 가지 특징이 있는데, 첫인상을 좋게 하기 위해서는 이 네 가지 특징에 유념할 필요가 있다.

첫째, 첫인상은 한 번 뿐이다. 첫인상은 사진처럼 한 번 찍히면 바꾸기가 어렵다. 기회는 한 번 뿐이다. 초두 효과에 의해 두 번째나 세 번째보다 첫 번째 만날 때의 인상이 오래도록 기억에 남게 된다.

둘째, 첫인상은 신속하다. 첫인상이 전달되는 시간은 불과 2~3초 정도로 순간적으로 인식된다. 특히 중요한 만남일수록 상대방에게 인식되는 첫인상에 신속하게 승부를 걸어야 한다.

셋째, 첫인상은 일방적이다. 나를 처음 본 사람들은 내 동의 없이 일방적으로, 그것도 함부로 나를 판단한다. 나의 첫인상이 좋지 않았다면 나에게 이야기하지 않아도 그 사람의 기억 속에는 틀림없이 남게 된다.

넷째, 상상과 연상을 한다. 사람은 누군가를 만날 때 자신이 좋아하는 모습을 떠올리기도 하고, 누군가에게서 익숙한 무언가를 발견하면 자신이 익숙하게 기억하고 있던 사람이나 사물을 연상하여 첫인상을 남기게 된다.

이처럼 처음 만날 때의 첫인상이 인생의 성공을 좌우한다고 해도 과언이 아니다. 따라서 상대에게 좋은 첫인상을 주기 위해 각고의 노력을 해야 한다.

03 ㅣ 평판, 남이 써주는 나의 이력서

평생 직장이 없어진 시대. 경기 침체나 경영 환경이 악화되면 제일 먼저 감원 열풍이 분다. 이런 시대에 감원을 피할 수 있는 가장 중요한 변수는 무엇일까? 2008년 한 직무 교육 전문 사이트에서 직장인 416명을 대상으로 실시한 설문 조사에 의하면 조사에 응답한 직장인들의 32.7%가 감원을 피할 수 있는 가장 중요한 변수로 평판을 꼽았다고 한다. 이에 반해 개인의 능력을 꼽은 직장인들은 29.8%로 평판보다 낮게 나타났다.

평판 조회(referrence check)는 입사 지원자의 학력, 경력, 자격 등의 기본 사항부터 시작해 역량, 과거에 달성한 업무 성과, 인성, 기타 조직 생활에서의 문제점 여부 등을 전 직장의 상사, 동료, 인사 부서, 또는 주변 인물들로부터 확인하는 채용 절차상의 한 방법이다. 실제로 다수의 대기업들이 개인의 업무 능력 뿐 아니라 상사나 동료 직원, 부하 직원의 평판을 인사고과 평가에 있어 객관적인 평가 기준의 하나로 활용하고 있다.

채용 과정에서의 평판 조회가 중요한 것은 이력서상의 내용만 믿고 사람을 채용했는데 실제 능력과 달라 낭패를 보는 경우가 늘고 있기 때문이다. 평판 조회는 채용 확정 전에 과거 직장에서의 성과와 능력이 이력서에 기재한 내용과 일치하는지에 대한 검증과, 새로운 조직에서 새 조직원들과 원만한 인간관계를 맺고 리더십을 발휘할 수 있을 만한 사람인지를 사전에 철저하게 점검해 보겠다는 취지다. 실제로 기업에서 경력 사원을 뽑을 때 서류 및 면접에 통과했다고 해서 바로 채용하는 것은 아니다. 마지막 관문인 평판 조회를 통과해야 최종 합격이 된다. 경력 사원으로서 재취업이나 전직·이직을 고려할 때 최종 관문이 평판 조회라는 것을 명심해야 한다.

그렇다면 긍정적인 평판을 관리하고 유지할 수 있는 비결은 무엇일까? 가장 먼저 충분한 자기 이해가 이뤄져야 한다. 자신의 어떤 점이 다른 사람으로부터 호감을 사거나 좋은 평가를 받는 강점인지를 파악해야 한다. 그리고 어떤 점이 다른 사람을 불쾌하게 하거나 원성을 살 수 있는 약점인지도 파악해야 한다. 지금까지 너무 익숙했기에 생각 없이 했던 사소한 행동부터 시작해서 부정적인 이미지를 줄 수 있는 나의 약점을 찾고 개선해야만 한다. 경우에 따라 자신의 능력으로 조직에 크게 기여하는 성과를 쌓았다 해도, 그 과정에서 함께 일한 사람들이 자신에 대해 부정적인 인상을 많이 가졌다면 모든 것이 허사가 될 수 있다. 결과적으로 큰 성과를 낸 사람이 아니라 독선적이고, 자기 성과만 챙기고, 같이 일하기 어려운 사람이라는 낙인이 찍히게 되는 것이다. 낙인이 찍히는 순간부터는 아무리 큰 성과를 내더라도 무용지물이 된다는 점을 명심하자.

이처럼 철저한 자기 분석과 함께 괜찮은 사람, 함께 일할 만한 사람으로 인정받는 가장 일반적인 방법으로는 말을 조심하는 것이 있다. 이는 같은 상황, 같은 일에 대해서도 어떻게 표현하느냐를 잘 결정하는 것이 중요하다는 것이다. 능력이 뛰어남에도 평판이 나쁜 사람의 대표적인 케이스는 남들도 자신의 생각이나 느낌이 같아야 한다는 비합리적 신념을 갖고 있는 사람이다. "내가 이렇게 말해도 내 마음을 알아주겠지?", "원래 내가 말투는 이렇지만 속은 그렇지 않다는 걸 알 텐데…"라는 생각은 착각이다. 많은 사람들에게 호감과 좋은 이미지를 주기 위해서는 나와 남이 다를 수 있다는 점을 먼저 인정하고, 평범하거나 사소한 부분에서부터 누구에게나 호감을 줄 수 있는 긍정적인 표현과 태도를 갖추어야 한다. 주어진 일, 상황에 대해 보다 긍정적인 자세와 태도로 임하는 사람은 누구에게나 호감을 준다. 어차피 할 일, 해줄 일이라면 토를 달거나 질질 끌지 말고 기분 좋게 '네'라고 답해 줄 수 있어야 한다.

자신에 대한 평판을 지속적으로 관리하고 긍정적인 이미지를 만들어 나가기 위해서는 스스로에 대한 꾸준한 모니터링이 필요하다. 개인적인 능력을 갖추는 것 외에도 기회가 생길 때마다 상사나 동료 직원, 부하 직원 등 여러 사람들에게 자신이 조직 내의 다양한 평가 기준에 부합하는지에 대한 솔직한 의견을 듣고 평판을 보완하는 노력을 지속하는 것이 평판 관리의 핵심임을 명심해야 한다.

제 ❹ 절 지금은 소셜네트워크(social network) 시대

01 ㅣ 휴먼네트워크(human network)의 이해

인간은 태어나서 죽을 때까지 타인과의 관계 속에서 생활한다. 인간관계란 타인과의 상호 작용을 통해서 이뤄지는 사회화 과정으로, 효과적인 인간관계는 그 관계에 참여하는 개인들에게 매우 중요한 역할을 한다. 따라서 한 인간으로 생존하기 위해서는 인간관계를 잘 확립해야 한다. 그리고 건강한 성격 개발을 위하여 타인들과 상호 작용하는 데 많은 노력을 기울여야 한다.

인간관계에서는 인간 개개인의 특성만큼 다양하고 특이한 현상이 발생한다. 다양한 개성을 지닌 사람들이 만나 상호 작용하면서 인간관계가 이뤄지기 때문이다. 이 인간관계는 여러 가지 법칙이 작용하는 복잡한 과정으로 구성되어 있다. 그래서 인간관계의 속성과 과정에 대한 이해는 매우 중요하다.

너와 나 그리고 우리 사이에 대한 깊은 이해와 배려가 성숙한 인간관계의 필수 조건이자 밑거름이라고 할 수 있다. 인간관계에 대한 이해가 깊어지고 인간관계 개선을 위한 실천적 노력이 이루어질 때, 우리의 인간관계는 바람직한 방향으로 변화할 것이다. 그러나 친밀하고 깊이 있는 인간관계는 저절로 이루어지는 것이 아니다. 인간관계에 대한 깊은 관심은 물론 실제적인 노력과 훈련을 통해서 이뤄지는 소중한 열매인 것이다. 하우스 등(House, Landis & Umberson)이 1988년 발표한 연구 논문에 따르면 '인간관계의 결여는 흡연보다도 더 강력한 수명 단축 요인'이다.

02 ｜ 휴먼네트워크의 중요성

휴먼네트워크란 사람들 간의 관계 형성망을 말한다. 즉, 자신을 중심으로 다수의 인간관계가 형성되어 있는 것을 말한다. 예를 들어 자신의 친척, 학교 동창이나 선후배, 직장의 상사나 동료, 거래처의 비지니스 관련 인물, 거주하는 동네의 알고 지내는 사람, 와이프의 친척, 와이프와 인간관계를 맺은 사람 등이 이에 해당된다.

의학과 심리학 분야에서 재미있는 연구 보고가 있다. 미국의 연구팀이 캘리포니아의 한 카운티에서 7,000여 명의 생활 스타일과 사회 네트워크 그리고 건강과의 관계를 9년 동안 관찰하였다. 그 결과 좋은 사회적 네트워크를 유지하는 사람은 감기도 잘 걸리지 않고 심각한 질병에 걸리는 비율도 낮았다고 한다. 무엇보다 사회적 관계를 가진 사람들이 고립된 사람들보다 오래 살 확률이 3배 이상이나 된다는 놀라운 결과도 나왔다.

사람이 곧 재산이라는 말이 있다. 지금은 휴먼네트워크 시대, 모든 것이 연결되어 있는 시대라고 할 수 있다. 사회적으로 고립되지 않고 함께 어울려 친교를 나누고 협력하며 삶의 지식과 지혜를 나눠 가져야 한다. 씨앗을 뿌려서 나무를 잘 가꾸듯이 인간관계, 대인 관계, 휴먼네트워크를 구축해야 함께 잘 살 수 있다.

03 ｜ 개인의 성공은 사회적인 것이다.

개인의 성공은 사회적인 것이다. 그것은 다른 사람과의 관계에 의존하고 있다는 의미라고 할 수 있다. 이 말은 무엇을 아느냐가 중요한 것이 아니라 누구를 아느냐가 중요하다는 이야기이다. 즉 know how가 아닌 know who가 중요하다는 의미일 것이다.

예컨대 프로축구 선수들은 어느 한 팀에서 굉장한 활약상으로 팀의 성과에 기여하면 다른 팀으로 엄청난 이적료와 연봉을 받고 이적하는 기회가 생긴다. 그런데 이적을 하고 새로운 팀에서 성공을 거두는 선수가 있는 반면 실패를 하는 선수도 있다.

한때 세계적인 공격수였던 우크라이나 출신의 세브첸코라는 선수는 우크라이나 리그에서 엄청난 성공을 거두고 이탈리아 AC밀란으로 이적을 했다. 그는 322경기에 출장해서 175골을 집어 넣는 무시무시한 골 결정력을 자랑하면서 득점 기계라는 닉네임도 얻었다. 세리에리그 득점왕은 물론 축구선수 최고의 상이라 일컬어지는 발롱도르 상도 수상하는 등 명예와 부를 모두 거머쥐었다. 이후 세브첸코는 프리미어리그의 첼시로 이적했는데, 첼시 이적 후 3년의 기간 동안 부진과 부상으로 고액 연봉을 받는 애물단지로 전락하고 말았다. 그 뒤로 임대 이적 생활로 떠돌다 다시 자국 리그로 돌아가 선수 생활을 했지만 과거의 기량을 찾지 못하고 쓸쓸하게 선수 생활을 마감해야 했다. 한때 한국 축구의 에이스였던 박주영도 프랑스의 AS모나코에 진출해서 성공을 거두었다. 그리고 그 성공으로 꿈에 그리던 프리미어리그의 아스널로 이적을 하게 된다. 그러나 영국에서는 프랑스에서의 활약만큼을 이어가지 못해 많은 팬들을 안타깝게 했다. 박주영은 이적 후 게임에 뛰지 못하고 벤치에 앉아 있는 시간이 더 많았고, 이후 많은 이적설에 시달리다 스페인으로 임대 이적을 떠났다. 그러나 그곳에서도 적응에 실패하면서 먹튀라는 별명만 얻었고, 이후 국내 리그로 돌아와 선수 생활을 이어가고 있다. 이들 외에도 많은 축구 스타들이 이적 이후 부진한 경기력을 보이면서 사라져 갔다.

이처럼 화려한 각광을 받던 스타들이 한순간에 기량을 잃게 되는 이유는 무엇일까? 그것은 축구가 혼자 하는 운동이 아니기 때문이다.

개인의 성공은 사회적인 것이다. 즉 축구선수가 성공을 하려면 개인의 역량도 중요하지만, 동료들과의 사회적 관계가 훨씬 중요하다고 할 수 있다. 축구는 혼자 하는 것이 아닌 주고 받는 패스에 의해 이뤄지는 운동이다. 따라서 많은 패스를 받아야 기회를 잡을 수 있고 성공할 수 있다. 박지성 선수의 경우 부상 때문에 일찍 은퇴를 하긴 했지만 프리미어리그 맨체스터 유나이티드에서 오랜 시간 뛰어난 활약을 보였다. 박지성의 성공 비결로는 희생과 배려를 꼽을 수 있다. 그는 축구는 혼자 하는 것이 아닌 함께하는, 즉 사회적 네트워크 게임이라는 원리를 잘 알고 있었다.

사람들은 사람 사이의 일에 '대단한 지식이 필요할까?'라는 생각을 한다. 그래서 컴맹은 부끄러워하지만 넷맹(Net盲), 인맹(人盲)은 부끄러워하지 않는다. 자기 영역 지키기에만 급급한 올새처럼 행동하지 말고 집단을 중시하는 박새처럼 네트워크를 구축하면서 살아야 인생에서 성공할 수 있다.

박새와 울새 이야기

우리나라의 전역에 고루 서식하는 흔한 텃새 중에
'박새'라는 작은 새가 있다. 박새는 배와 뺨이 흰색
이며 배 가운데에는 마치 넥타이처럼 보이는 검은
줄무늬를 지니고 있다. 박새는 주로 식물의 씨를 먹
거나 벌레를 잡아먹는데, 박새 한 마리가 1년 동안
약 85,000~100,000마리의 곤충 유충을 먹기 때
문에 나뭇잎이 곤충의 피해를 입지 않고 잘 자랄
수 있다고 한다.

▲ 박새

한편, 박새와 비슷한 크기의 울새라는 새가 있는데 박새가 흔한 토종 텃새라면
울새는 지빠귀과, 딱새과에 속하는 나그네새다. 우리 주위에서 박새는 흔히 볼
수 있는 반면 울새는 드문데, 이러한 차이는 그들의 기질에서 연유한다고 할 수
있다.

오래 전 영국에서는 덮개 없는 우유병을 배달하던 시절이 있었다. 박새와 울새에
게 덮개 없는 병 속의 우유는 좋은 먹잇감이 되었고 그 피해를 줄이기 위해 사람
들은 우유병에 덮개를 씌워 배달하기 시작했다. 그러나 영국 박새들은 알루미늄
덮개를 뚫는 방법을 터득했다. 덮개를 뚫는 방법을 터득한 박새는 그 방법을 계속
동료들에게 전달했고, 이에 박새 모두가 덮개를 깨고 계속 우유를 먹을 수 있었
다. 그러나 울새는 달랐다. 일부 똑똑한 울새는 뚜껑을 뚫는 데 성공했지만 자기
영역을 지키기에만 급급해 집단 전체로 알려지지 않았다.

또한 박새들은 8~10마리씩 무리를 지어 여기저기 날아다니는 반면 울새는 자기
영역을 고수한다. 특히 수컷 울새는 다른 수컷이 자기 영역으로 들어오는 것을 한
치도 허용하지 않으며 서로 적대적인 것은 물론 다른 새들과 교류도 하지 않는다.

교육적 시사점

박새와 울새의 차이는 무엇일까? 박새는 울새보다 구성원 간에 더 긴밀한 사회
적 관계를 맺고 있고, 이로 인해 더 넓은 영역에서 활동한다. 이를 인간관계에
적용하면 다양한 인맥을 만드는 것은 퇴직 후 고립되지 않고 많은 곳에서 활발
히 활동하는 데 도움이 될 수 있다는 것을 알 수 있다.

1. 본인이 생각하는 인간관계의 의미를 기술해 보세요.

   _____
   _____
   _____
   _____

2. 인간관계를 잘할 수 있는 방법에 대한 자신의 생각을 기술해 보세요.

   _____
   _____
   _____
   _____

3. 휴먼네트워크(human network)의 의미와 자신이 구축하고 있는 휴먼네트워크에 대해
   기술해 보세요.

   _____
   _____
   _____
   _____

4. 개인의 성공은 사회적인 것이라고 하는데 그 의미는 무엇이라고 생각하며, 주변의 사례
   를 기술해 보세요.

   _____
   _____
   _____
   _____

5. 사람에게는 평생 세 번의 기회가 온다는 말이 무슨 의미인지 기술해 보세요.

   _____
   _____
   _____
   _____

☑ 자가진단 / 체크리스트

휴먼네트워크 관리

다음의 질문에 대해 '매우 그렇다(4점), 그렇다(3점), 보통이다(2점), 그렇지 않다(1점)'에 표시한 뒤 자신의 휴먼네트워크 관리 상황을 점검해 보세요.

문항	점수			
	4	3	2	1
1. 나에게 가장 중요한 자원은 사람이다.				
2. 새로운 사람을 알게 되는 것이 즐겁다.				
3. 휴먼네트워크를 이어가면 만나지 못할 사람은 없다고 생각한다.				
4. 사람을 통해 새로운 기회를 찾은 경험이 있다.				
5. 사람을 사귀는 일이라면 자신 있다.				
6. 동료들에 비해 업무상 알고 지내는 사람이 많은 편이다.				
7. 곤경에 처했을 때 전화 한 통이면 도움을 받을 수 있는 친구가 있다.				
8. 어떤 일을 성공적으로 수행하는 데 도움을 받을 사람이 있다.				
9. 어떤 집단이든 영향력을 행사할 수 있는 사람들과 먼저 관계를 맺는다.				
10. 업무 관련 교육이나 커뮤니티에 정기적으로 참가하고 있다.				
11. 경쟁사에서 같은 업무를 하고 있는 사람과 정보 교환을 한다.				
12. 내가 근무하는 업계의 정보는 신문, 잡지보다 빨리 수집한다.				
13. 업무상 알게 되는 사람과 개인적인 친분을 맺는다.				
14. 사내 소식을 공식적으로 발표하기 전에 알게 되는 경우가 많다.				
15. 점심 식사를 외부 사람과 할 때가 많다.				

16. 회사 동료의 경조사에 빠지지 않고 참석한다.				
17. 타 부서 직원들과 퇴근 후 가끔 술자리를 갖는다.				
18. 동창회 명부를 최신 자료로 구비하고 있다.				
19. 업무 외 분야의 커뮤니티에 적극적으로 참여하고 있다.				
20. 나의 업무 분야에 다른 사람들이 가끔 조언을 듣고자 한다.				
21. 능력 향상을 위해 개인적으로 교육이나 세미나에 참석한다.				
22. 중요한 사람과 정기적으로 메일이나 전화로 연락한다.				
23. 인사를 나눈 사람의 이름은 반드시 기억한다.				
24. 다른 사람의 도움 요청이나 문의에 바로 피드백을 해준다.				
25. 처음 만나는 사람에게 좋은 첫인상을 주기 위해 노력한다.				
26. 의견이 다를 때 상대방의 의견을 경청한 후에 나의 의견을 제시한다.				
27. 받은 명함을 잘 관리한다.				
28. 나만의 인맥 관리 노하우가 있다.				
합계 점수				

|진|단|결|과|

- **101점 이상** 인맥의 달인
- **81~100점** 인맥의 고수
- **61~80점** 인맥 1단
- **41~60점** 인맥 초보
- **40점 이하** 인맹

Tip

첫인상의 법칙

- **5초의 법칙**: 첫인상은 단 5초 만에 결정된다. 이는 순간성이 첫인상의 가장 핵심적인 특징이라는 말이다. 이런 순간성은 첫인상의 초두 효과를 보여준다. 초두 효과는 처음에 제시된 정보가 전체적인 인상에 크게 영향을 미치고, 그 이후의 정보일수록 효과가 약화되는 경향을 말한다.

- **콘크리트 법칙**: 콘크리트처럼 쉽게 굳어 버리므로 인간관계에서 형성된 첫인상을 쇠망치로 부수 듯 손쉽게 바꾸는 것이 사실상 어렵다는 뜻이다.

- **부정성의 법칙**: 한번 구겨진 인상은 회복하기 힘들다는 뜻이다. 또한 처음에 긍정적인 특성을 접했다 할지라도 부정적인 특성을 다시 접하면 과거의 긍정적인 인상을 변화시키는 것은 그 반대에 비해 훨씬 오래 걸린다.

- **이미지의 법칙**: 첫인상은 시각 55%, 청각 35%, 언어 7%이다. 이처럼 사람은 의상이나 표정, 자세, 몸짓, 헤어스타일 등으로 상대에게 시각적인 이미지를 제공한다. 이런 소리 없는 신호를 통해 상대방은 나의 첫인상을 결정하게 된다.

좋은 첫인상을 주기 위해서는 능력 있고 똑똑한 사람, 활동적인 사람이라는 인상보다는 좋은 사람, 괜찮은 사람이란 이미지를 남기는 것이 훨씬 중요하다. 또한 사람은 타인을 처음 만날 때 어느 정도 경계심을 갖기 마련이다. 따라서 지나치게 깔끔한 인상을 주는 것보다는 적당히 인간적인 면을 드러내는 것이 좋다.

02^장 지피지기와 소통

학|습|목|표

• 소통의 3단계를 학습할 수 있다.
• 공격형 인간과 수비형 인간을 설명할 수 있다.
• 사람의 4가지 유형을 학습할 수 있다.
• 다루기 힘든 사람에 대처하는 방법을 학습할 수 있다.

학|습|열|기

인간관계를 유지한다는 것은 매우 힘들고 어려운 일이다. 인간관계가 어려운 가장 큰 이유는 사람은 모두 다르기 때문이다. 천 길 물속은 알아도 한 길 사람 속은 모른다는 말처럼 사람을 제대로 알기는 쉽지 않다. 간단한 예로 냉면 하나를 먹는 모습에서도 어떤 사람은 면을 먼저 먹지만, 어떤 사람은 계란을 먼저 먹는 것처럼 다 다르다.

따라서 사소한 것부터 다른 사람들과 좋은 인간관계를 만들기 위해서는 소통의 기술을 익혀야 한다. 희대의 바람둥이로 일컬어졌던 카사노바가 다양한 여성을 사로잡을 수 있었던 비결은 소통의 달인이었기 때문이라고 한다. 그는 여자의 심리를 먼저 읽어 내고, 여자가 원하는 것이 무엇인지를 알아내 바로 행동했다고 한다. 즉, 다양한 사람들의 3D(Different, Diversity, Difficult)를 읽었기 때문에 여성들의 사랑을 쟁취할 수 있었던 것이다.

제 ❶ 절 인간, 다름 그리고 소통

01 | 인간관계의 어려움은 사람이 모두 다르기 때문이다.

인간관계는 둘 이상의 사람이 어우러져 빚어내는 개인적이고 정서적인 관계를 말한다. 사람이 살아가면서 인간관계가 중요하다는 말은 수없이 들었을 것이다. 그런데 그런 인간관계를 유지한다는 것은 정말 힘들고 어렵다. 가장 큰 이유는 사람은 모두 다르기 때문이다.

천 길 물속은 알아도 한 길 사람 속은 모른다는 말이 있다. 그만큼 사람을 제대로 알기가 쉽지 않다는 뜻이다. 평생을 해로한 부부도, 자신이 낳은 자식조차도 온전히 안다고 말하기 어렵다. 하물며 한 다리 건너 남이야 더 말할 나위도 없다.

중국 속담에 삼국지를 열 번 읽은 사람에게 시비를 걸지 말라는 말이 있다. 삼국지는 인물 백과사전이라고 할 정도로 무수히 많은 사람이 등장한다. 너그럽지만 우유부단한 유비 같은 사람도 있고, 너무 결벽해 사람이 잘 따르지 않는 관우 같은 사람도 있다. 불같이 화를 내 금세 자신을 드러내는 장비 같은 사람도 있고, 똑똑해서 평범한 머리를 이해하지 못하는 제갈량 같은 사람도 있다. 자신의 약점을 처세술로 가리려는 조조 같은 사람도 있고 생존하기 위해서 배신을 밥 먹듯이 하는 여포도 있다. 삼국지를 열 번 읽은 사람에게 시비를 걸지 말라는 뜻은 삼국지에 등장하는 다양한 인물을 통해서 세상 사람들을 경험하고, 합리적으로 대처할 수 있는 지혜를 터득할 수 있다는 의미일 것이다.

그리고 무엇보다 세상에 완벽한 사람은 없다. 그렇기에 서로 모자란 점을 채워가야 할 필요가 있는 것이다. 나의 장점과 단점을 파악한 뒤 장점은 살리고, 단점은 줄여 나가면서 다른 이들과 어울리려 노력하는 것이 삶이라 할 수 있다.

02 ㅣ 소통은 어떻게 해야 하는가?

소통의 사전적 정의는 '막히지 않고 잘 통한다', '서로 뜻이 통하여 오해가 없다'고 돼 있다. 소통을 단순한 의사 전달 기술(communication skill)의 문제로 생각하고 인식하는 것은 소통을 제대로 보는 시각이 아니다. 소통은 상호 존중과 이해(mutual understanding)를 기반으로 하는 상호 작용의 시각에서 인식해야 한다.

장자(莊子)는 '사람은 기본적으로 타인을 향해 열려 있는 존재이고 타인과 소통하면서 만들어지는 존재'라고 했다. 다시 말해 다른 사람과 소통을 한다는 것은 그 사람의 삶, 그 사람의 내면의 소리를 듣는 것이라고 할 수 있다. 다른 사람과 소통한다는 것은 신과 소통하는 것만큼 어려운 일이다. 그래서 소통은 단순한 커뮤니케이션이 아니고 존중과 이해를 기반으로 하는 상호 작용인 것이다.

소통은 다음의 3가지 단계에 의해서 이루어진다고 할 수 있다.

첫째, 상대방과의 차이를 인정해야 한다.

여름철에 즐겨먹는 냉면(冷麵)을 먹을 때도 각 개인마다의 법칙(?)이 있다. 그릇에 담겨 있는 냉면을 보면 면(麵) 위에 편육(고기)이 있고 그 위에 삶은 계란 반쪽이 올려져 있다. 그런데 어떤 사람은 면(麵)을 먼저 먹고. 어떤 사람은 계란을 먼저 먹는다. 우리는 다른 사람이 냉면을 먹을 때 무엇을 먼저 먹든 별로 신경 쓰지 않는다. 각자 식성에 맞게 먹는 것이기 때문이다. 그런데 다른 사람들과 생각이나 의견이 다를 때는 첨예하게 대립하고 갈등을 빚게 된다. 소통이 아닌 불통이 된다. 소통의 출발은 상대방이 나와 다름을 인정하는 것에서 시작한다. 상대방이 틀린(wrong) 생각을 가진 존재가 아니라 나와 다른(different) 생각을 가진 존재라는 인식이 이뤄져야 한다. 상대에 대한 편견을 버리고 다양성을 인정하는 것이 소통의 시작인 것이다.

둘째, 상대방의 니즈(needs, 요구)에 맞게 소통해야 한다.

상대방과 전화 통화를 하려면 상대의 전화번호를 정확히 눌려야 통화를 할 수 있다. 전화번호를 한 개라도 잘못 누르면 자신이 원하는 사람과 통화를 할 수가 없다. 다른 사람들과 소통을 하려면 상대의 특성과 상대가 원하는 니즈를 정확하게 파악해야 한다. 그리고 그에 적합한 전략과 방식을 세울 필요가 있다.

셋째, 소통을 통해 자신을 변화시켜야 한다.

심리학에 편향확증(confirmation bias)이라는 용어가 있다. 편향확증이란 선택적 사고의 일종이다. 사람은 자기의 신념을 확증해 주는 것들을 쉽게 발견하거나 찾는 경향이 있다. 반대로 자기의 신념에 반하는 것은 무시하거나, 덜 찾아보던가, 혹은 낮은 가치를 부여하는 경향이 있다. 다시 말해 자신의 신념이나 가치관에 부합되는 정보나 사람에게는 굉장히 우호적인 반면 자신의 신념이나 가치관에 반대되는 정보나 사람에게는 굉장히 적대적이 된다.

예를 들어 강사가 강의를 해도 교육생들이 기억하는 강의 내용이나 강사에 대한 평가가 다를 수 있다. 이는 사람들은 대화 시에 자기가 듣고 싶은 것만을 듣기 때문이다. 자기의 신념에 지지적인 정보는 굉장히 긍정적으로 평가하고, 자기의 신념에 반대되는 정보에 대해서는 굉장히 부정적이고 적대적인 평가를 내린다. 사람들과의 관계에서 발생되는 갈등·불통의 원인은 대개의 경우 그 사람이 편협적인 사람인 경우가 많다. 자신의 고정관념, 독선, 편견, 아집 등으로 소통이 잘 이뤄지지 않는 것이다.

다시 말해 소통이 잘되려면 소통을 통해 자신 스스로 변화해야 한다. 아집, 편견, 자기중심적 사고, 일방적 단견, 오만 등에서 벗어나 다른 사람과 조화와 협력을 추구해야 한다. 다시 한번 강조하지만 소통은 단순한 의사 전달, 커뮤니케이션이 아니다. 소통은 상호 존중과 이해(mutual understanding)를 기반으로 하는 상호 작용이라는 것을 알아야 한다. 인간관계는 3D(Different, Diversity, Difficult) 업종이라고 한다. 즉, 다른 사람과의 소통은 신(神)과 소통하는 것만큼 어렵다는 것이다.

제 ❷ 절 가장 효과적인 사람은 지피지기(知彼知己)하는 사람

01 ㅣ 지피지기, 백전백승(知彼知己, 百戰百勝)

사람은 그야말로 10인 10색이고 천차만별이다. 이 세상에 있는 사람들의 외모와 지문은 그 어느 것도 같은 것이 없다. 사람의 성격 역시 다 다르다. 같은 어머니의 배에서 나온 쌍둥이도 다르다. 유전적인 요소와 환경적인 요소 그리고 인간 영혼의 자발적인 반응에 따라서 한 사람의 성격은 천 가지의 색깔로 달라지는 것이다.

사람의 인격이 모가 나서 관계가 틀어지는 경우도 있지만 많은 경우는 서로 다르기 때문에 틀어진다. 불과 한 세대 전만 하더라도 인간의 성격 유형을 구분하는 도구가 없었기 때문에 성격 차이에서 오는 갈등을 극복하기가 어려웠을 것으로 생각된다. 그냥 참고 살거나 운명이거니 하며 함구했다고 생각하니 과거 세대들이 겪었을 인간관계의 갈등이 얼마나 고통스러웠을까 싶다.

'지피지기, 백전백승(知彼知己, 百戰百勝)'이라는 말이 있다. 이는 상대를 알고 나를 알고 싸우면 모두 이길 수 있다는 뜻이다. 먼저 지기(知己, 자기를 안다는 것), 즉 자기 성찰은 매우 어려운 일이다. 소크라테스가 너 자신을 알라고 외친 지 수천 년이 지났지만 아직도 자기 자신을 아는 사람은 별로 없는 것 같다. 지금도 많은 사람들이 자기의 주제를 모르고 분수에 맞지 않는 일을 하다가 망신을 당하곤 한다. 우스개 소리로 초등학교에서 제대로 공부하면 세상 사는 지혜를 터득할 수 있다는 이야기가 있다. 초등학교 국어 시간에는 주제 파악을 배우고, 산수 시간에는 분수를 배운다. 즉, 자기 주제를 파악할 수 있는 방법과 자기의 분수에 대해 배운다는 것이다.

사실 이 두 가지만 제대로 배우면 세상을 살아가는 데 크게 부족함이 없다. 사람들은 주제를 모르고 분수에 맞지 않는 일을 하다가 좋지 않은 결과를 초래하곤 한다. 이는 그만큼 자기 자신을 안다는 것이 어렵기 때문이다.

하물며 지피(知彼), 상대를 안다는 것은 더더욱 어려운 일이다. 자기 자신도 모르면서 어떻게 상대를 알겠는가? 어찌 보면 이론이지 현실이 아닌 듯 싶다. 그래서 손자병법에는 '지피지기, 백전백승'이라는 말은 없고, 모공편 마지막 구절에 '지피지기 백전불태(知彼知己, 百戰不殆)'라는 구절이 있다. 이는 '상대방을 알고 나를 알면 백 번 싸워도 위태롭지 않다'는 의미이다. 즉, 적의 상황을 정확하게 파악하고 나의 약점과 강점을 파악하고 있으면 적과 백 번을 싸워도 위험에 빠지지 않는다는 것이다.

손자는 백 번 싸워서 백 번 모두 이기는 것(百戰百勝)을 최상의 전략이라 보지 않았다. 그보다는 싸우지 않고 적의 군대를 굴복시키는 것(不戰而屈人之兵)이 최상의 전략이라 주장했다. 손자병법에서 최고의 병법은 두 가지로 압축이 되는데 ▷첫째는 싸우지 않고 이긴다. ▷둘째는 승산이 없으면 싸우지 않는다는 것이다. 삼국지의 후반부를 보면 제갈공명과 대치해 온 사마의(사마중달)는 항상 싸움에 패한 것 같지만, 제갈공명의 싸움에 응하지 않고 최후의 승자가 된 사람이다. 사마의는 제갈공명 원정군의 피로가 극심했고, 보급로가 약하여 싸움을 계속할 수 없다는 것을 간파했다. 그래서 제갈공명의 싸움에 일일이 대응하지 않았다. 제갈공명은 물자 보급이 이뤄지지 않자 싸움을 중단하고 후퇴하게 되었고 결국 사마의는 싸우지 않고도 승리를 거둘 수 있었다.

사람들과의 관계, 즉 인간관계를 보면 큰 갈등 없이 좋은 관계를 이룰 수도 있다. 그런데 사람들은 상대에 대한 비난, 질책, 험담 등을 하면서 상대와 갈등을 일으킨다. 다시 말해 승산이 없는 싸움을 걸고 있는 것이다. 칭찬, 격려, 지원, 배려 등을 상대에게 주면 싸우지 않고 좋은 관계를 형성할 수 있다.

그런데 지피(知彼), 상대를 안다는 것은 쉬운 일이 아니다. 왜냐하면 사람은 너무 다르고 다양하기 때문이다. 때문에 상대를 정확히 알고 상대가 원하는 것, 상대의 니즈에 맞게 대응을 하는 것, 상대를 읽어내는 지혜가 필요하다.

02 ┃ 지하철 자리 잡기에도 지피(知彼)가 필요하다.

출근 시간의 지하철은 많은 사람이 붐비는 지옥철이다. 특히 장시간을 타고 출근하는 사람은 사람들에게 시달리는 것은 물론 자리가 없어 서서 가게 될 경우 체력적 부담도 겪는다. 출근하다가 체력이 전부 고갈돼 하루 일과가 엉망이 될 수도 있다. 그래서 출근길 지하철에서의 자리 잡기는 어찌 보면 일상의 중요 부분이라 해도 과언이 아니다.

필자도 지옥철을 타고 출퇴근하던 기억이 난다. 당시 필자는 지하철 3호선을 이용해 연신내역에서 교대역까지 3호선을 타고 가다 2호선으로 환승해 삼성역까지 출퇴근을 했다. 출근 시간에 연신내역에서 교대역까지는 약 50분 정도가 소요되었는데 그 시간은 말 그대로 지옥의 시간이었다. 그래서 출근 시간 지하철을 탈 때의 필자의 지상 과제는 자리를 잡는 것이었다. 자리를 잡기 위해서는 지하철을 타는 순간 가장 먼저 빈자리가 있나 없나를 확인해야 한다. 그러나 빈자리가 없다면 빨리 내릴 것 같은 사람을 찾아 그 앞에 서야 한다. 문제는 누가 금방 내릴지를 순식간에 판단하는 과정이다. 누가 금방 내릴지의 여부는 머리로 알기 전에 가슴으로 먼저 느낌이 온다. 예를 들면 금방 내릴 것 같은 사람은 일반적으로 지하철 노선도를 확인하거나, 보던 책을 덮고 가방을 챙기는 등 하고 있던 행동들을 종료시키려는 움직임이 나타난다.

이처럼 아무런 의미 없이 발생하는 산만한 현상을 데이터라고 하는데, 이러한 데이터를 종합해 보면 느낌이 온다. 데이터의 논리적 조합이 순식간에 일어나면서 미래 현상에 대한 어렴풋하지만 나름의 확고부동한 신념이 결부된 느낌이 오게 되는 것이다. 그리고 자신의 감각대로 그 사람이 일찍 내리면 그 기쁨은 말할 것도 없거니와 그날의 일진도 좋을 것 같은 기대감을 갖게 된다. 그러나 잘못된 감으로 자신보다 늦게 내리는 사람 앞에 서서 고생만 한 날은 왠지 하루를 망친 기분이다. 여기에 운 좋게 빈자리에 앉으려는 순간 발생하는 돌발 상황도 있다. 방금 생긴 빈자리의 옆에 있던 사람이 순식간에 자리를 옮겨 그 자리를 차지한 뒤 자기 앞에 서 있었던 친구를 자기 자리에 앉히는 상황 같은 것 말이다. 이런 경우를 보면 삶은 언제나 예기치 못한 불확실성으로 가득 차 있다는 생각이 든다.

축적된 지식과 경험을 가지고 빨리 내릴 것 같은 사람 앞에 서 있었지만 결과적으로 자리에 앉지 못하게 되었다. 자리에 못 앉게 된 이유는 옆에 앉아 있던 사람이 자신이 앉으려고 했던 자리로 옮겼기 때문이다. 그러나 사람은 실패를 통해 실력을 키워나가야 하는 존재다. 진정한 실력은 색다른 실패 경험을 통해 생긴다. 실패를 통해 반성하고 성찰할 수 있기 때문이다.

다음에 이와 같은 상황에 대비하기 위해서는 이전의 행동과는 다른 행동을 취해야 한다. 즉 빨리 내릴 것 같은 사람 앞에 서 있되 이전과는 다른 자세로 약간 사선으로 서 있어야 한다. 그렇게 하지 않으면 또 자리를 차지하지 못할 수 있기 때문이다. 이렇게 기존 정보를 실제 상황에 적용하면서 몸에 각인되는 과정에서 새로운 지식이 습득된다.

이처럼 기존의 정보에 나의 체험적 깨달음과 느낌이 추가되면 비로소 정보는 지식으로 전환이 되고 지혜가 된다. 지혜는 육감이자 영감이며 통찰력이자 직관력이다. 굳이 조목조목 따지고 분석하지 않아도 느낌으로 알 수 있는 고도의 안목이자 혜안이다. 지혜를 쌓은 사람은 지하철이 잠시 후에 도착한다는 안내 방송을 들으면서 지하철이 역에 들어오는 소리를 유심히 듣고도 대강 몇 번째 칸에 빈자리가 많을 것이라는 뛰어난 육감을 발휘하게 된다. 어쨌거나 출근길 지옥철에서 자리를 잡기 위해선 앉아 있는 사람들 중에서 가장 먼저 내릴 듯한 사람을 찾아내야 한다. 이는 상대를 읽을 수 있는 지식과 지혜 그리고 경험이 있어야 가능한 일이다.

제 ❸ 절 개인 행동의 이해와 진단

01 ㅣ 개인 행동의 이해

개인의 행동에는 가치, 태도, 성격, 능력, 지각, 학습, 가치관, 욕구 같은 것들이 영향을 미친다. 사람은 외부의 어떤 자극에 의해서 반응, 즉 행동을 하게 되는데 그 행동은 사람의 기질에 따라 다르게 나타난다. 또한 사람들은 환경에 따라서 반응을 하게 되는데, 환경이라는 자극은 상황에 따라 다르게 나타난다.

예를 들어 어떤 젊은 사람이 양복을 입고 출근한다고 가정해 보자. 그때의 모습은 누가 봐도 멋있고 교양이 있는 신사라고 할 수 있다. 그런데 그 사람이 예비군복을 입게 되면 그 모습은 180도 달라진다.

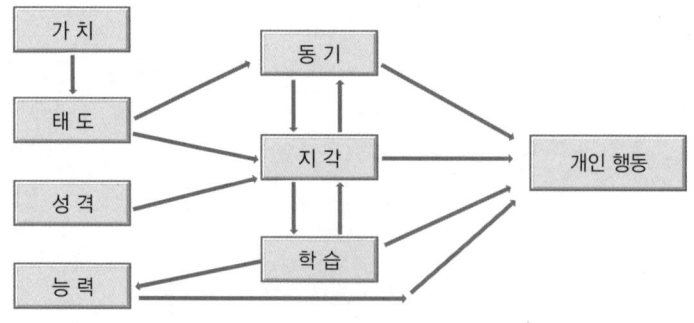

[개인 행동에 영향을 미치는 변인][1]

어떤 사람을 '수동적이다, 야단스럽고 공격적이다, 사교적이다' 하는 식으로 말하고 있다면 성격 특성에 의해 분류하고 있는 것이다. 성격은 대체로 고정적이고 항구적인 행동의 원천이 되고 있으며, 따라서 구체적인 상황에서의 개인 행동은 어느 정도 예측이 가능하다.

02 | 공격형 인간과 수비형 인간

농구에는 버저비터란 것이 있다. 버저비터란 팀이 3점 이하의 점수로 지고 있거나 비기고 있는 순간에 이기기 위해서, 혹은 연장으로 들어가기 위해 던지는 마지막 슛을 말한다. 마찬가지로 축구에는 패널티킥이란 것이 있다. 시합 중에 골에어리어 안에서 상대의 파울에 의해 얻는 골 기회를 말한다. 그리고 전후반, 연장전을 치러도 승부가 나지 않았을 경우에는 패널티킥, 즉 승부차기에 의해서 승패를 겨루게 된다.

그렇다면 농구에서는 누구에게 슛을 맡길 것인가? 단순히 슛 성공률만 높은 선수인가? 축구에서는 최고의 공격수가 패널티킥을 찰 것인가? 모두 아니다. 실패했을 때의 비난과 자책보다, 성공했을 때의 희열과 영광을 더 갈망하는 선수에게 그 기회를 맡겨야 한다. 마지막 슛의 기회가 자신에게 올까 봐 감독의 눈을 피하는 선수에게 버저비터나 패널티킥을 맡길 수는 없다. 버저비터형 인간, 패널티킥형 인간은 따로 있다. 공격은 골을 넣는 것이 목적이므로 실수를 두려워하지 않고 적극적으로 골문을 향해 진격해야 한다. 슈팅 기회가 왔을 때 책임 회피용 패스를 하는 선수는 공격수로서는 자격 미달이다. 반면 수비는 실점을 최소화해야 한다. 과감한 공격 가담으로 득점을 올리는 멀티플레이어 수비수가 있기는 하지만, 수비수는 상대 골문을 향해 진격하기보다는 자신의 수비 영역을 견고하게 지켜야 한다.

공격과 수비. 공격에 더 잘 어울리는 사람이 있고 수비에 더 잘 어울리는 사람이 있다. 공격에 어울리는 사람을 성취형 인간이라고 하고, 수비에 잘 어울리는 사람을 예방형 인간이라고 한다. 성취형 인간은 최상의 결과를 위해 노력하지만, 예방형 인간은 실수를 피하기 위해 노력한다.

성취형 인간은 성취·창조·보상이라는 연료로 달리고, 예방형 인간은 절제·규범·안전이라는 연료로 달린다. 성취형 인간은 성공했을 때 희열을 경험하지만, 예방형 인간은 실수하지 않을 때 안도감을 느낀다. 인생이라는 게임에서는 성취형 인간들이 예방형 인간들보다 성공과 행복에서 우위를 점한다. 물론 예방형 인간에게도 장점이 있다. 예방형 인간은 자기 절제에 능하다. 또 새로운 일을 만들어 내는 것에는 서툴지만 일단 일이 시작되면 끝까지 완수해 낸다. 규칙적인 생활도 그들의 몫이다.

---

1) 출처: Sheldon S. Zalkind and Timothy W. Costello, 『Perception for Administration』, in Kolb and Others eds.,op., pp.224~236

03 ∣ 사람의 4가지 유형

2400년 전에 히포크라테스는 사람을 네 가지(담즙질, 다혈질, 점액질, 우울질)로 구분했다. 즉, (역동적) 담즙질, (대중적) 다혈질, (평온한) 점액질, (완벽주의) 우울질 네 가지 성향의 사람은 각각 다르면서 서로에게 꼭 필요한 존재이다. 역동적 담즙질은 주도형(D, Dominance)이라고 하고 대중적 다혈질은 사교형(I, Interest), 평온한 점액질은 안정형(S, Safety), 완벽주의 우울질은 신중형(C, Careful)이라고 해서 DISC라고 하기도 한다. 이들 기질이 긍정적으로 나타나면 좋은 인간관계를 형성하게 되고, 부정적으로 나타나면 갈등이 초래된다고 할 수 있다. 다음에서 네 가지 유형의 특성을 구체적으로 알아보도록 하자.

역동적 담즙질[주도형(D, Dominance)]

역동적 담즙질 즉, 주도형은 불가능한 꿈을 꾸는 사람이며, 도달할 수 없는 별을 따기 위한 목표를 세우는 사람이다. 목표 지향적인 담즙질은 천성적으로 지도자의 자질을 지니고 있어 자신이 택한 분야에서 정상에 오르는 사람이 많다. 담즙질은 상황을 파악하는 데 능하며, 자신이 옳다고 확신할 때에는 그것을 공개적으로 주장한다.

그들은 위기를 즐기고, 예기치 않은 상황에서 사람들의 이목을 집중시키고 새로운 방향을 제시한다. 다른 사람들이 쉽게 결단하지 못할 때 그들은 즉시 결단한다. 담즙질의 가장 큰 장점은 조직력을 동원하여 다른 어떤 유형의 사람보다도 많은 것을 성취하는 능력이 있다는 것이다. 담즙질은 사교형인 다혈질과는 달리 남을 기쁘게 하기보다는 목표를 달성하는 것에 관심이 더 많다.

하지만 다른 사람들을 독려하고 이끌어 가는 점이 남을 부담스럽고 초조하게 만들 수도 있다. 또한 지도자로서의 능력을 발휘하다 보면 다른 사람들 위로 군림하는 것처럼 보이기도 한다. 결국 그들은 정상에 오르지만 혼자 외롭게 오른다. 그래서 주도형인 담즙질은 조심스럽게 행동해야 한다. 그래야 사람들에게 상처를 주지 않고 그들의 능력을 인정받게 된다.

● 담즙질[주도형] 특징: 외향적, 결단력, 성취욕, 끈기력

장점	자신감과 의지, 자립심과 결단력이 강함, 즉각적인 분석력이 있음, 추진력과 집착력이 강함, 단체 활동에 적극적임, 실질적인 해결 능력 지님, 지도자적 기질이 많음, 적극적이고 끈질김.

단점	차갑고 무뚝뚝하고 성급함. 자기 만족과 도취가 심함, 동정심이 없음, 화를 잘 내고 분을 오래 품음, 자기중심적이고 거만함, 포용력이 적음, 이기적이고 잔 혹함, 계산적이고 세속적임, 남을 믿지 못함.
결과적 현상	이기적 판단과 결정을 함, 뻔뻔스럽게 행동함, 남을 무시하는 경향이 많음, 원 한을 쉽게 품고 보복함, 목적을 위해 수단과 방법을 가리지 않음, 임기응변에 능함, 실무적이고 육체적인 일에 곧잘 싫증을 느낌, 아이에게 지나치게 엄함, 자기 공로와 업적을 내세움, 주위의 편견과 불합리에 과격하게 맞섬.

대중적 다혈질[사교형(I, Interest)]

대중적 다혈질, 즉 사교형은 천성적으로 재미있는 놀이를 좋아하고, 호기심이 많으며 명랑한 성격을 지니고 있다. 그들에게는 천부적으로 사람을 끄는 매력이 있으며, 단조로운 생활 속에서도 흥미로운 일을 만들어 낸다. 다혈질은 사람들의 관심을 받고자 하는 욕구가 있어 사람들의 관심이 없는 곳에는 가지 않는다. 주위에 사람들이 많을수록 더 빛을 발하고, 사람이 많지 않으면 최선을 다하지 않는 경향이 있다. 친화력이 강해 낯선 사람과도 쉽게 친구가 되며, 호기심이 많아 매사에 관심을 가진다.

그들은 한 가지 주제로 대화하다가도 화제를 바꿔 모든 일에 다 참견할 정도로 모든 것을 다 알고자 한다. 또 누군가 가지고 있는 비밀을 알지 못하면 견디지 못한다. 이들은 감정 기복이 심하며, 그때그때 형편에 따라 살아가고, 기억력이 별로 좋지 않기 때문에 무엇을 어디에 두었는지 잘 기억하지 못하는 경우가 많다. 하지만 살아가면서 겪는 구체적인 어떤 사건이나 사람들의 특별한 면들에 대해서는 생생하게 기억하는 특징이 있다.

● 다혈질[사교형] 특징: 외향적, 열정적, 낙천적, 무대 체질

장점	명랑하고 활기참, 불쾌와 권태로움을 비교적 쉽게 극복함, 즐거움과 기쁨을 잘 느낌, 사교적이고 친밀함, 동정과 연민이 많음, 솔직하고 순수함.
단점	불안정함, 비효율적이고 무질서함, 경솔하게 판단하고 행동함, 의지가 약함, 뒷 처리가 미숙함, 집중력이 약함, 감정과 생활의 기복이 심함, 약속과 책임을 쉽게 망각함, 자기 위주의 사고와 행동, 육체의 여러 욕구에 약함.
결과적 현상	돈과 시간을 잘 낭비함, 한 가지에 몰두하지 못함, 쉽게 화내고 쉽게 풀림, 주위의 관심을 집중시킴, 잡담과 어울림을 즐김, 정이 많아 늘 일이 있음, 일을 뒤로 미룸, 기분이 쉽게 변화됨, 잡음에 예민함, 즉각적으로 반응함, 우울질의 사람을 싫어함, 침착치 못해 실수가 잦음, 쉽게 대답하고 쉽게 잊음.

다혈질(사교형)보다 더 인생을 즐기는 사람은 없다. 자기 주위 사물에 대해 어린아이 같은 호기심을 항상 품고 있으며, 감정 기복이 심해 불쾌했던 일도 환경이 바뀌면 곧 잊어버리는 경우가 많다. 그렇지만 다혈질의 사람은 쉽게 흥분하고 일의 전체를 신중히 분석해 보기도 전에 이미 그릇된 방향으로 일을 전개시키는 경우가 많다는 단점이 있다.

평온한 점액질[안정형(S, Safety)]

평온한 점액질, 즉 안정형은 다른 어떤 기질의 사람보다도 남과 잘 어울린다. 점액질은 혼자서도 잘 지내지만 누구와도 조화를 이룬다. 극단적으로 행동하지 않고 중도를 걸으며, 극단적인 주장을 하는 양쪽 모두와 다투지도 않는다. 점액질은 다른 사람에게 상처를 주는 법이 없고 같이 지내면 유쾌해 친구가 많다. 원만한 인간관계를 갖는 것이 그들에게 있어 가장 큰 자신감이다. 적당한 동기가 생기면 이들은 정상에 오를 수도 있는데, 이것은 다른 사람과 어울릴 수 있는 능력이 탁월하기 때문이다.

점액질은 일을 그때그때 상황에 따라 쉽게 처리하는 것을 좋아한다. 점액질은 인생에 대해서 크게 기대하지 않기 때문에 여러 가지 변화를 쉽게 받아들인다. 그들은 사람들을 파악하는 능력이 있을 뿐 아니라, 직장에서 다른 기질의 사람들보다 안정적으로 일한다.

● **점액질[안정형] 특징**: 내향적, 온유함, 겸손, 안정 추구

장점	유머와 위트가 있음, 낙천적임, 편안함과 위로를 줌, 객관적이고 이성적임, 신용을 잘 지킴, 여유있는 상황 대처, 인내심이 강함, 부드럽고 깔끔함.
단점	게으르고 나태함, 목적의식이 결여됨, 소극적이고 수동적임, 실천력이 약함, 무관심, 이론만 내세움, 발전과 변화를 두려워함, 결단력이 없고 우유부단함.
결과적 현상	주위에 무정하며 무관심함, 일에 대해 평가만 하고 참여치 않음, 역경 속에서도 오래 참음, 정리 정돈을 잘함, 끈질긴 노력이 부족함, 시간과 약속을 잘 지킴, 반대 입장을 가진 자 앞에서 냉담하게 대처함.

점액질(안정형)은 다혈질과 반대로 다른 사람의 말을 듣기를 좋아하고 계획을 잘 짜지만, 가장 큰 단점은 게으름이다. 점액질은 자기 의사와는 반대로 자극을 받아 행동하는 것을 싫어하며 가능한 느리게 움직인다.

완벽주의 우울질[신중형(C, Careful)]

완벽주의 우울질, 즉 신중형은 어릴 때부터 깊이 생각하는 성향을 보인다. 조용하고, 보채지도 않고, 혼자 있는 것을 좋아한다. 이들은 진지하게 인생의 목적을 추구하고, 모든 일을 질서 있고 조직적으로 하려 한다. 아름다움과 지성에 가치를 두며, 다혈질과는 달리 즉흥적으로 흥미를 따라 살지 않고, 인생을 어떻게 살아야 가장 좋을지를 계획하며 살아간다.

우울질은 천재적이고 지적인데, 예술의 거장들이 여기에 속한다고 보면 된다. 이들은 어떤 기질보다 재능이 많고 창조적이다. 무슨 일이든지 겉으로 나타나는 것만으로 평가하지 않고 그 근본적인 문제를 다루고자 한다. 이들은 다른 사람들과 함께하는 것보다는 혼자 일하는 것을 좋아한다. 이는 이들이 완벽주의자여서 친구들도 완벽한 사람을 찾기 때문이다.

● **우울질[신중형] 특징**: 내향적, 분석적, 완벽 추구

장점	정서가 풍부함, 감수성이 예민함, 진지하고 신중함, 창작성과 예술성이 뛰어남, 깊은 사고력, 성실하고 진실함, 자기 희생, 실수가 적음.
단점	침울하고 답답함, 실천력이 결여됨, 극히 비판적임, 공상과 편견이 심함, 정신병리 현상에 잘 빠짐, 늘 피해 의식에 빠짐, 감정과 정서가 불안정함, 의심이 많고 변덕이 심함, 비판적이 되기 쉬움, 결단력이 약함.
결과적 현상	예술을 즐겨 감상함, 뒤에서 일하기를 좋아함, 희생적인 직업을 택함, 의견을 발표하긴 꺼리나 발표할 때에는 완벽하게 함, 일처리는 체계적임, 우울증과 컴플렉스·편집증 질환을 보이기도 함, 자녀들에 대한 지나친 기대와 간섭을 함, 이해심이 없고 비난만 함, 방해자와 다른 의견을 가진 자를 피하고 뒤에서 비난하고 원망함.

우울질은 다른 어떤 기질보다도 가장 풍부하고 예민한 성품을 지니고 있는데, 특히 예술적 역량이 높다. 그렇지만 자기중심적인 성향이 강해 병적인 정신 상태에 빠져 들어갈 때가 많다. 다만 정서적으로 예민하긴 하나 다혈질과는 달리 자기의 감정을 통해서 심사숙고하는 특징을 보인다.

04 ㅣ 각 성격 유형의 차이와 조화

　다혈질은 아는 사람을 많이 만들려고 하지만, 우울질은 소수라도 정말 믿고 의지할 만한 친구를 찾는다. 우울질은 사려 깊고 분석적이라는 긍정적 특징을 지니고 있지만, 이런 기질이 극단으로 가게 될 경우에는 문제만 생각하고 다른 사람들이 이뤄 놓은 일에 대해서 평가만 하게 된다. 또 남을 감시하는 듯한 눈빛 때문에 다른 사람들을 예민하게 만들 수도 있다. 다혈질(사교형)이 말할 때 우울질(신중형)은 생각하고, 담즙질(주도형)은 행동하며, 점액질(안정형)은 듣고 있다. 주도형과 사교형은 외향적이며, 안정형과 신중형은 내성적이다. 주도형과 사교형은 즉흥적이고, 안정형과 신중형은 성취 지향적이다. 주도형과 사교형은 감정적이지만, 안정형과 신중형은 이성적이다.

　변덕스러운 사교형은 사려 깊은 안정형에게 매력을 느끼고, 앞으로 나서기를 좋아하지 않는 신중형은 외향적인 사교형에게 매력을 느낀다. 주도형은 평화롭게 다른 사람을 따르는 안정형을 좋아하며, 결단을 잘 내리지 못하는 안정형은 결단력이 있는 주도형을 찾게 된다. 또한 사교형은 자기처럼 외향적인 주도형과 잘 어울리며, 신중형은 안정형에게 친숙함을 느낀다.

　각 유형의 특성과 기질은 긍정적인 요소와 더불어 부정적인 요소를 지니고 있다. 주도형은 신속하고 리더십이 있지만, 이것이 지나치면 교만하고 다른 사람 위에 군림하려는 사람으로 보이게 된다. 사교형은 재미있게 대화를 이끄는 능력이 있지만, 지나치면 대화를 독점하고 남의 말을 가로막고 때로는 허풍을 떨기도 한다. 안정형은 태평스러운 기질 때문에 어느 그룹에 속해도 조화를 잘 이루지만, 세상사에 무관심하며 우유부단하다는 소리를 들을 수도 있다. 신중형은 사려 깊고 분석적인 사고를 하지만, 이것도 극단으로 흐르게 되면 시무룩해지고 의기소침한 사람이 된다.

　이 네 가지 유형은 사람마다 명확하게 구분되지는 않는다. 일반적으로 한 가지의 주된 유형에 2차적인 특성을 갖고 있기 마련이다. 성공적인 삶과 인간관계를 위해서는 각 유형의 특성과 기질에서 나타나는 장점을 개발하고 단점을 최소화해야 한다. 긍정적인 요소를 부각하고 부정적인 요소를 제어할 수만 있다면 자신이 어떤 특성과 기질을 지녔든 간에 풍요로운 삶과 좋은 인간관계를 맺을 수 있을 것이다. 중요한 것은 자신이 어떤 유형의 성격을 지녔고, 어떤 기질을 가지고 있는지를 알아야 한다. 자신을 제대로 이해했을 때 비로소 타인을 이해할 수 있는 것이다.

제 ❹ 절 상대 유형에 따른 타인 관리 전략

01 ｜ 다양한 성격 유형의 사람들을 상대하기

사람들의 성격이 다양하다는 것을 이해해야만 다른 사람들과 원만하고 효과적인 관계를 유지하고 발전시킬 수 있다. 특정의 성격 유형에 적합한 상호작용을 위한 다양한 정보들이 있다. 이런 정보에 의해서 먼저 개인의 성격 유형을 파악하고 진단하면 상대의 성격에 맞는 적절한 대응을 할 수 있다. 또 때에 따라서는 상대의 특이한 성격에 적합한 상호 작용을 할 수도 있다.

● 성격의 4가지 유형[2]

외향적	긴장되어 있고 흥분하기 쉬우며, 불안정하고 따뜻하며, 사교적이고 의존적이다.	침착하며 믿음직하고 신뢰성이 있으며 적응성이 높고, 따뜻하며 사교적이고 의존적이다.
내향적	긴장돼 있고 흥분하기 쉬우며, 불안정하고 차가우며, 부끄러움을 잘 탄다.	침착하며 믿음직하고 신뢰성이 있으며 적응성이 높고, 냉정하고 차가우며 부끄러움을 잘 탄다.
	걱정이 많음	걱정이 적음

사람의 겉모습만 봐서는 그 사람의 본모습을 알 수 없으나 주의 깊게 관찰하고 살펴보면 내면의 모습이 밖으로 드러나게 된다. 그 사람이 사용하는 말투, 단어, 행동, 친구 등을 살펴보면 각기 자기만의 고유한 성격과 인격이 보여지는 것이다. 그리고 그 특징에는 장점과 단점이 함께 존재한다. 이것을 잘 보고 판단하는 것이 중요하다. 예를 들어 유순한 사람은 마음이 느슨하고 결단력이 부족한 편이다. 일이 뜻대로 되지 않아도 상대를 재촉하거나 자극하지 않는다. 자기 주장을 내세우

---

2) 출처: S. P. Robbins, 「Organizational Behavior」, Englewood, N. J.: Prentice-Hall, 1983, p.77

는 것을 남에게 상처 주는 행위로 여기고 안일하게만 있는 경향이 있다. 반면 용맹스러운 사람은 사납고 무모해 함께 위기를 극복하기는 쉬운 반면 더불어 살기는 힘든 단점이 있다.

● **다양한 성격 유형의 사람을 상대하는 방법**

성격 유형	상대하는 방법
걱정과 긴장의 증후들을 가진 신경질적인 사람 상대하기	당신 자신의 불안과 두려움을 드러내지 않고, 차분히 느긋하게 대해 안심시키도록 한다. 상대방의 이익에 대한 관심과 걱정을 표현한다. 되도록 마감 시간 미준수나 과제 실패로 인한 부정적인 결과에 대한 언급을 최소화한다.
외향적인 사람 상대하기	친근감과 따뜻함을 지니고 있으며 수다스러운 편이므로 일, 결과, 성취에 대한 관심보다는 사람들에 관한 이야기를 많이 하는 것이 좋다. 지속되는 좋은 관계에 대한 관심을 표시한다.
내성적인 사람 상대하기	편안한 관계로 발전하는 데 많은 시간이 걸린다. 말이 적은 것이 무관심을 의미하는 것이 아니므로 이들이 침묵을 하는 경우 인내를 가지고 기다려야 한다. 사람들과의 관계보다는 일에 대한 관심이 더 많다는 것을 알아야 한다.
경험에 개방적인 사람 상대하기	문제의 해결에 대한 정보를 공유하고, 아이디어와 창의적 접근들을 강조하고 좋아한다. 일상적 잡담과 뒷공론보다는 실질적 주제들을 이야기함으로써 지적 호기심을 자극시킨다.
경험에 폐쇄적인 사람 상대하기	자신이 경험했던 상황들만 사실로 받아들인다. 자기보다는 상대방이 적게 생각하는 것을 좋아하고 당면한 문제 해결에 초점을 맞추는 것을 선호한다.
유순한 사람 상대하기	마음이 느슨하고 결단력이 부족하며, 일이 뜻대로 되지 않아도 크게 신경 쓰지 않는다. 자기 주장을 내세우는 것을 남에게 상처 주는 행위로 생각한다. 상대와 원만한 관계를 유지시키기 위해 친절로 대한다.
비(非)유순한 사람 상대하기	화를 내거나 잘 흥분하기 때문에 이런 사람은 참을성을 가지고 너그럽게 대응해야 한다. 이 성격 유형을 지닌 사람들은 마음속으로는 타인들이 자신의 과격한 행동에 대해 제동을 걸어주기를 바란다.
성실한 사람 상대하기	이들은 주변 사람들이 필요로 하는 것들을 먼저 나서 챙겨 주려고 노력하는 사람들로, 인간관계를 잘하는 사람의 특징이라고 볼 수 있다. 본인 중심이 아닌 성실하게 상대방을 배려하는 마음으로 사람을 대한다면 상대방의 신뢰를 얻게 된다.

비성실한 사람 상대하기	당신의 일에 대해 이러한 유형의 사람과 함께 일할 경우 독촉이 필요하다. 당신의 요구들이 이행되는지를 점검하고, 당신이 권위를 지키려면 마감 시간을 부여해야 한다. 이 사람이 약속을 지킬 때에는 깊은 감사를 표시하면 좋다.
자기 성찰이 강한 사람 상대하기	이런 사람이 당신의 입장을 진심으로 지지한다고 생각하면 안된다. 이 사람들은 단지 타인을 기분 좋게 만드는 것처럼 보이려는 자신의 자연적 성향에 따를 뿐이다. 그러나 실제로는 자신이 표현한 말처럼 느끼지는 않고 있다.
모험과 스릴 추구의 성향이 높은 사람 상대하기	당신이 잘 알고 있는 활동들의 모험성과 대담성을 강조한다. 예컨대 매우 경쟁적인 시장에서의 새로운 제품, 주식 매입 선택권(스톡옵션), 하이테크의 상장 회사들에 투자하기, 번지점프 및 경주차 운전에 대한 소재들이 좋다.
모험과 스릴 추구의 성향이 낮은 사람 상대하기	당신이 잘 알고 있는 활동들의 안전성을 강조한다. 예컨대 안정된 시장에 있는 기성 제품에 관해 이야기하고, 국채 투자, 생명 보험 가입, 캠핑 및 정원 가꾸기에 관한 소재들이 좋다.
감각형의 사람 상대하기	감각형의 사람을 설득하기 위해서는 정서적 호소보다는 논리를 강조해야 한다. 또 전체적인 프레임보다 세부 사항들에 초점을 맞춘다.
직관형의 사람 상대하기	느낌, 판단, 아이디어, 상상 및 창의성을 강조한다. 세부 사항들보다는 전체적인 프레임에 더 많이 초점을 두는 것이 좋다.

02 | 다루기 힘든 사람 유형과 대처 방법

　세상은 다양한 성격 유형의 사람들이 모인 집단이다. 이해관계가 있는 인간관계를 제외하고 다루기 힘든 유형의 사람들과의 관계는 사전에 차단할 수 있다. 그러나 직장 생활이나 경쟁 사회에서는 자신이 좋아하고 편안한 성격 유형의 사람들만 선택하기가 쉽지 않다. 좋든 싫든 여러 유형의 사람에게 적절하게 대응해야 조화로운 인간관계를 맺을 수 있다. 같은 환경에서 자란 형제, 자매들도 의견이 맞지 않아 갈등을 겪게 되는 경우가 많은데 하물며 다른 사람들과 갈등 없이 지낸다는 것은 더더욱 어려운 일이다.

　새로운 사람들을 만날 때 자신과 코드가 딱 맞아떨어지는 사람들보다 다루기 힘든 사람들을 만날 가능성이 더 많다. 세상에는 다양한 유형의 사람들이 존재한다는 사실을 인지하고 그들과 조화롭게 어우러진다면 오히려 더 큰 이득이 될 수 있다. 주변에서 상대하기 어려운 사람들의 특징이 무엇인지 살펴보고 상황에 따라 지혜롭게 대처할 수 있는 방법을 알아보도록 하자.

● 다루기 힘든 사람 유형과 대처 방법

사람 유형	특징	대처 방법
스나이퍼형 or 비굴형	상대방의 약점이나 흠을 발견하게 되면 다른 사람들에게 소문을 퍼트리며, 많은 사람들 앞에서 상대방의 약점을 정곡으로 찌르거나 민망한 것을 거리낌 없이 말하는 비열한 유형이다.	말 중간에 흐름을 끊고 당신을 주목하게 한 뒤 "네가 말하는 진짜 문제가 무엇인지 정확하게 설명해 주겠니?"라고 물어 본다. 만일 오해할 만한 근거가 있으면 미안하다고 사과하고 근거가 전혀 없으면 정확한 설명으로 상황을 이해시킨다. 또한 관심을 가져 준 것에 대해 고맙다고 한다.
만물박사형	세상에서 자기가 가장 유식한 사람이라고 믿는 유형이다. 모든 일과 주제에 대한 답이 자신의 것이 최고여서, 다른 사람들이 다른 답이나 의견을 제시하면 무시해 버리고 자신의 주장만 내세운다.	상대방의 대답이나 주장을 인정해 준다. 즉, 상대방에게 공격적으로 대하기보다는 정확한 근거를 확보한 뒤 "이러한 근거가 있는 주장도 있는데 어떻게 생각하세요?"라고 하면서 새로운 것이 있으면 배운다는 자세로 나간다.
불평형	세상의 모든 짐을 자신이 다 지고 다니는 것처럼 항상 불만 투성이다. 무슨 일을 시도하려고 해도 불만부터 제기하는 식으로, 가능성보다는 불가능을 먼저 떠올리는 부정적인 경향이 높다.	일단 들어 주고 불평하는 점들의 요점을 적어 간다. 불평이 계속되면 멈추게 한 뒤 정확한 불만의 요점을 말하게 하고 가능한 해결점을 찾는다. 그래도 계속 불평을 늘어놓으면서 불가능한 쪽으로 몰고 가면 그냥 자리를 뜨면서 해결책을 찾을 준비가 되면 그때 얘기하자고 말한다. 불평형들은 과거에 해결되지 않은 문제를 경험하면서 생긴 판단 습관으로 인해 해결해 보려는 노력도 하기 전에 미리 안된다고 판단해 버리는 습관이 형성된 것이다.
제어 불가형	한번 터지면 멈추는 것이 불가능하다. 시간이 지난 후 조금 안정이 되는 듯하다가 다시 뒤집어지는 사이클이 반복된다. 성격이 급하고 다른 사람의 말에 귀 기울일 수 있는 여유가 전혀 없다. 자기 감정에 복받쳐 상대방의 기분을 잘 배려하지 못한다.	상대방의 이름을 크게 반복적으로 불러 상대방의 주의를 압도한다. 그리고 상대방이 터트린 첫 번째 말을 반복해서 물어 본다. 그리고 감정을 진정시키게 한 후 천천히 감정 변화의 원인이 무엇인지 차곡차곡 짚어간다. 이후 상대의 감정이 진정되고 가라앉으면 그 다음에 토를 달지 않으면서 이야기를 들어 준다.
예스형	예스형은 매사에 쉽게 동의하지만 약속을 쉽게 깨고 그 책임을 회피한다. 즉, 대답과 약속은 잘하나 거의 지키지 않는 유형이다.	전한 말에 대답만 듣지 말고 자신이 한 말을 풀어서 다시 한번 상기시킨다. 중요한 약속이나 업무의 내용은 받아쓰게 하고 만기일이나 약속 시간을 분명히 알려 준다. 그리고 지키지 않을 경우에는 어떠한 결과가 주어질 거라고 확실하게 알려 준다.

소통의 달인, 카사노바 이야기

우리가 흔히 서양 최고의 플레이보이라 알고 있는 카사노
바(Giovanni de Seingat Casanova, 1725~1798)는 법
학 박사이면서 외교관, 종교 철학자, 문학가, 바이올리니스
트로도 활동했으며, 프리메이슨(비밀 결사 단체) 단원, 사
기꾼, 도박가, 호색가 등 다양한 이력으로도 주목받는 인물
이다. 무엇보다 카사노바는 1734년 9세의 나이로 파두아의
고지 박사 밑에서 공부를 할 때 베티나라는 여성과 첫사랑
을 나눈 이래 수녀, 귀족 부인, 하녀에 이르기까지 다양한
여성 편력으로 잘 알려져 있다.

▲ 카사노바

카사노바의 엽색 행각은 당시 사회에 큰 물의를 일으켰고, 이에 그는 한번 건너가
면 다시는 되돌아 올 수 없다는 탄식의 다리 너머에 있는 감옥에 투옥됐다. 그러나
이전에 카사노바가 사귀었던 여인들이 카사노바의 탈옥을 도우면서, 카사노바는
이 감옥에서 탈옥한 최초의 인물로 기록되었다고 한다. 그는 탈옥 이후에도 유럽
전역을 끊임없이 여행하고 도주와 망명을 일삼으면서 18세기 유럽 사회의 정치, 문
화를 그대로 체험했고 가는 곳곳마다 화려한 여성 편력을 남겼다. 그는 1798년 보
헤미아의 둑스성에서 삶을 마감할 때까지 40여 편의 작품을 남겼다. 특히 카사노
바가 남긴 작품 중 자서전 『내 인생 이야기(Histoire de ma vie)』는 카사노바가 겪
은 수많은 여인들과의 연애담을 담고 있는데, 18세기의 유럽 문화를 생생하게 재
현하고 있는 귀중한 사료로도 평가받고 있다.

한편, 카사노바가 많은 여성들의 사랑을 차지할 수 있었던 비결은 준수한 외모와
뛰어난 언변, 해박한 지식도 있었지만 무엇보다 여성의 심리를 잘 파악했기 때문이
라고 한다. 그는 여자가 원하는 것이 무엇인지를 간파해 그에 맞게 행동했으며, 헤
어질 때는 어떠한 여지도 남기지 않았다고 한다.

교육적 시사점

카사노바가 뛰어난 외모를 갖추지 못했음에도 수많은 여성의 마음을 사로잡을
수 있었던 비결은 바로 '소통의 달인'이었기 때문이었다. 그는 여자의 심리를 알
았고, 여자가 원하는 것이 무엇인지를 알고 그에 맞게 행동했다. 다양한 여성
편력에 대한 비난 여부를 떠나서 본다면 그는 다양한 사람들의 3D(Different,
Diversity, Difficult)를 파악했던 것이다.

1. 틀림(wrong)과 다름(different)의 차이를 설명하고, 인간관계에서 자신이 경험한 사례를 기술해 보세요.

_____

_____

_____

_____

_____

2. 소통의 정의와 소통의 3단계에 대해 기술해 보세요.

_____

_____

_____

_____

_____

3. 손자병법의 '지피지기, 백전백승(知彼知己, 百戰百勝)'의 의미에 대해 기술해 보세요.

_____

_____

_____

_____

_____

4. 사람의 4가지 유형에 대해 기술해 보세요.

_____

_____

_____

_____

_____

소통지수 자가 진단

다음의 질문에 대해 '항상 그렇다(4점), 대체로 그렇다(3점), 보통이다(2점), 대체로 그렇지 않다(1점), 전혀 그렇지 않다(0점)'에 표시한 뒤 나의 소통지수를 진단해 보세요.

내 용	점수				
	4	3	2	1	0
1. 다른 사람을 만날 때 상대방과의 차이를 인정한다.					
2. 상대방에 대해 알고자 노력한다.					
3. 상대방의 심정과 생각을 이해하고자 노력한다.					
4. 자기에 대해서 상대방에게 격의 없이 질문하는 편이다.					
5. 말하기보다는 상대방의 이야기를 듣는 편이다.					
6. 상대방의 이야기를 진지하게 듣는 편이다.					
7. 사람을 만날 때 의상과 외모에 신경을 쓴다.					
8. 말할 때 상대방을 설득하기 위해 제스처를 쓴다.					
9. 이야기를 할 때 가급적 상대방과 눈을 마주친다.					
10. 상대방에게 부드러운 표현을 쓴다.					
11. 상대방에게 막힘없이 많은 이야기를 할 수 있다.					
12. 다른 사람의 이야기를 사례로 많이 인용한다.					
13. 말할 때 조리있고 짜임새 있게 이야기한다.					
14. 말할 때 이야기 주제가 명료하다.					
15. 말할 때 주제가 논리적이고 근거 있는 이야기를 한다.					
16. 자기 주장을 반복해서 상대를 설득한다.					
17. 상대방에게 자기만의 매력을 보이려고 노력한다.					
18. 사람을 만날 때 타인을 배려하는 매너가 있다.					
19. 누군가를 만났을 때 상대방에게 집중한다.					
20. 상대방에게 하고 있는 자신의 말과 행동이 일치한다.					

|진|단|결|과|

점수	평가	평가 내용
90점 이상	소통의 달인	어떤 상황에서도 상대방과의 차이를 인정하고 소통한다. 상대방의 의견을 경청하고 상대방을 최우선으로 하여 소통한다.
80~89점	원활한 소통	친화력이 있고, 타인에게 좋은 사람으로 인정받으며, 매사에 소통을 하고자 노력한다.
70~79점	평범한 소통	소통의 중요성을 인식하고 있다. 그러나 자신의 이익과 결부되면 일방적으로 상대를 설득한다.
50~69점	일방적 소통	소통을 자신의 주장이 관철되는 것으로 이해한다. 그것이 소통이라고 생각하고 상대에게 잘 집중하지 않는다.
50점 미만	불통	타인과의 차이를 인정하지 못하며, 자신의 의견도 전달하지 못하고, 인간관계도 잘 맺지 못한다.

무재칠시(無財七施)

무재칠시(無財七施)는 불교 경전 『잡보장경』에 나오는 것으로 사람과의 관계에서 아무 재물(財物)이 없더라도 베풀[施] 수 있는 일곱 가지를 이른다. 누구나 일상에서 이미 실천하고 있거나 할 수 있는 것들이므로 바로 실천하도록 하자.

1. **화안시(和顔施)**: 얼굴에 밝은 미소를 띠고 부드럽게 대하는 것이다.
2. **언사시(言辭施)**: 공손하고 아름다운 말로 대하는 것으로 사랑의 말, 칭찬의 말, 격려의 말, 양보의 말, 부드러운 말 등을 말한다.
3. **심시(心施)**: 착하고 어진 마음을 가지고 대하는 것이다.
4. **안시(眼施)**: 호의를 담아 부드럽고 편안한 눈빛으로 대하는 것이다.
5. **신시(身施)**: 몸으로 베푸는 것으로 예의 바르고 친절하게 남의 일을 돕는 것이다.
6. **상좌시(床座施)**: 다른 사람에게 자리를 양보하는 것이다.
7. **방사시(房舍施)**: 사람으로 하여금 편안하게 쉴 수 있는 공간을 제공해 주는 것이다.

인간관계를 좋게 하는 열 가지

1. **열심(熱心)**: 형식적으로 대하지 말고 열심히 대하라.
2. **진심(眞心)**: 거짓으로 대하지 말고 진심으로 대하라.
3. **관심(觀心)**: 무관심이 아닌 관심을 가져라.
4. **선심(善心)**: 악한 마음을 버리고 선한 마음으로 대하라.
5. **애심(愛心)**: 미워하지 말고 사랑하는 마음으로 대하라.
6. **조심(操心)**: 잘못이나 실수가 없도록 조심히 대하라.
7. **인심(忍心)**: 실수나 잘못은 모른 척 눈감아 주면서 대하라.
8. **배심(背心)**: 좋은 것은 먼저 양보하고 배려하며 대하라.
9. **양심(養心)**: 받을 것을 계산하지 말고 양심적으로 대하라.
10. **물심(物心)**: 빈손이 아닌 가끔 선물을 주면서 대하라.

03장
유형별 휴먼네트워크 관리

제1절 퇴직 후 행복한 가족 관계
제2절 퇴직 후 행복한 부부 관계
제3절 퇴직 후 행복한 자식과의 관계
제4절 퇴직 후 새로운 휴먼네트워크 관리

학|습|목|표

• 퇴직 후 행복한 가족 관계를 만들 수 있다.
• 퇴직 후 행복한 부부 관계를 만들 수 있다.
• 자식 리스크를 줄이고 자식과의 관계를 좋게 만들 수 있다.
• 퇴직 후 새로운 친구를 사귀는 방법을 알수 있다.

학|습|열|기

충실한 가장으로서의 역할을 수행하고 퇴직을 하고 평생 일궈 온 자신의 가정으로 돌아올 때, 많은 가장들은 가족들이 왕의 귀환을 맞는 것처럼 환영을 해줄 것이라는 기대를 갖고 있었을 것이다. 그러나 막상 닥친 현실은 왕의 귀환이 아니라 귀찮은 존재의 귀환이라 해도 과언이 아닐 정도의 반응을 맞게 된다.

왜 이런 일들이 일어나는 걸까? 직장 생활을 하던 시기에는 가족들과 함께할 시간이 부족했기 때문이다. 가족과의 관계도 인간 관계다. 가족과의 관계를 회복하기 위해서는 많은 시간을 투자해야 한다. 즉, 인내와 지혜를 가져야 한다는 것이다. 특히 부부 관계는 무엇보다 중요하다. 부부는 서로에게 가장 귀한 보배요, 끝까지 함께 하는 사람이다. 세월이 가면 어린 시절 친구도, 이웃들도, 친척들도 다 곁을 떠나게 된다. 마지막까지 내 곁을 지켜줄 사람은 아내요, 남편이다. 서로가 가장 소중하게 여기고, 아끼며 사랑해야 하는 사람들이다. '사랑은 표현을 먹고 산다'는 말처럼 서로에게 사랑한다는 표현을 자주 하는 것이 좋다.

한편, 퇴직이나 은퇴 후의 노후 설계에 있어 가장 큰 부담 요인은 자녀 리스크다. 자식을 위해 모든 것을 희생하겠다는 자세보다 자신의 노후와 자녀에 대한 투자 사이에서 균형을 찾아야 한다. 그렇게 해야 노후에 행복한 자식과의 관계가 유지될 수 있다.

제 ❶ 절 퇴직 후 행복한 가족 관계

01 ㅣ 가정, 가족 그리고 가장의 귀환

가정이란 부부를 중심으로 그 부모나 자녀를 포함한 집단과, 그들이 살아가는 물리적 공간(집) 등 생활 공동체를 통틀어 이르는 말이다. 그리고 가족이란 부부를 중심으로 하여 그로부터 생겨난 아들, 딸, 손자, 손녀 등 가까운 혈육들로 구성되는 집단을 말한다.

필자는 예전에 울산 H중공업 현장 기원을 대상으로 20시간 강의를 15차례 한 적이 있었다. 강의를 듣는 교육생들은 남들이 부러워할 정도의 고액 연봉을 받는 것은 물론 무난히 정년까지 직장 생활을 할 수 있는 사람들이었다. 어느 날 교육생들에게 먼저 퇴직한 직장 선배들의 삶이 어떤지 물어본 적이 있다. 그들의 대답에 따르면 처음 몇 달은 아침 식사 후 집 근처 산에 오르면 오전이 가고, 점심 식사를 하고 뒷산의 정자에 갔다 오면 하루가 끝난다는 것이다. 그리고 처음에는 부인이 밥도 차려주고 극진히 대접을 해주면서 신경을 좀 쓰는 것 같더니, 한두 달이 지나고 나니까 점점 귀찮아하는 것이 보이더란다. 그리고는 밖에 나갈 일이 없느냐, 친구들과 식사 약속이라도 잡으라는 등 눈치를 주면서 밖으로만 내몰려고만 한다고 한다. 그러나 그렇게 하고 싶어도 갈 곳은 없고, 만날 사람도 없고, 회사 후배들을 만나는 것도 한두 번이지 정말 괴롭다고 한다는 말이었다. 이러한 상황은 수십 년간 가정을 위해 경제 활동을 해 왔고, 가장으로서 한눈팔지 않고 앞만 보고 달려오느라 옆을 보거나 뒤를 돌아볼 겨를이 없었던 것이 가장 큰 이유다.

충실한 가장으로서의 역할을 수행하고 퇴직한 뒤 평생 일궈 온 자신의 가정으로 돌아올 때, 많은 가장들은 가족들이 왕의 귀환을 맞는 것처럼 환영해 줄 것이라는 기대를 갖고 있었을 것이다. 그러나 현실은 왕의 귀환이 아니라 오히려 귀찮은 존재의 귀환이라고까지 하는 모습들이 보인다. 오랜 세월 가정을 위해 일해 온 가장의 퇴직 후 삶은 가족들의 냉대와 무관심 그리고 급격히 변한 생활 패턴 때문에 하루하루가 지옥일지도 모른다. 하지만 가족들의 삶 역시 힘들고 괴롭기는 마찬가지일 것이다. 남편 없는 삶에 익숙해 있던 아내, 그리고 주로 밖에서 생활하는 아버지의 삶에 익숙해 있던 자녀들에게도 말이다.

왜 이런 일들이 일어나는 걸까? 이는 직장 생활을 하던 시기에는 가족들과 함께할 시간이 부족했기 때문이다. 평소 소통할 기회가 적어 서먹서먹한 가족 관계가 이어져 왔고, 집안일에도 무관심했기 때문이다. 특히 자신 역시 은퇴 후에는 어느 정도 독립적인 삶을 살아가야 하는데 그러한 삶을 살기 위해 필요한 것들에 익숙하지 못한 것도 원인이라고 하겠다.

02 ㅣ 퇴직 가장의 자리가 없다.

퇴직 후 출근하지 않고 혼자 집에 있게 되면 모든 게 낯설고 생소하다. 자기 집, 자기 가족이지만 직장의 사무실보다 낯설고 가족들과의 친밀도도 직장 동료들보다 못하다. 말 그대로 가족이 아닌 하숙생처럼 살아왔기 때문이다. 여기에 더욱 충격적인 것은 아내와 아들, 딸이 자신과 함께 TV 보는 것을 기피한다는 사실이다. 물론 가장인 자신을 제외한 집사람과 자식은 오랫동안 함께 TV 프로들을 함께 즐겼을 것이다. 그런데 어느 날 하숙생 같은 가장이 끼어 앉았으니 얼마나 불편하고, 생소하고 부담스러울까 하는 생각도 든다. 결국 자기 집과 자기 가족이지만 거기엔 퇴직한 가장의 자리는 없다.

왜 이런 일이 생기는 것일까? 자기 집에서 자기 자리가 없다는 것은 앞으로 남은 많은 시간과 인생을 생각할 때 매우 심각한 문제다. 자기 집과 가족은 세상에서 가장 중요한 보금자리다. 당연히 거기에는 자기 자리도 있어야 정상이다. 그러나 퇴직한 가장이 자리를 잡지 못하고 겉도는 가장 큰 이유는 준비가 없었기 때문이다. 준비가 없었기 때문에 본인은 물론 가족까지도 상대적 소외를 겪게 되며 나아가 더 큰 가정 문제로 확대될 수도 있다.

가족과의 관계도 인간관계이다. 가족과의 관계를 회복하기 위해서는 많은 시간을 투자해야 하는 것은 물론 인내와 지혜도 있어야 한다.

03 ｜ 행복한 가족관계 만들기

퇴직 후의 행복한 삶을 위해서는 가족들과의 관계를 회복하는 일부터 이뤄져야 한다. 매일 출퇴근하던 남편, 아버지가 갑자기 하루 종일 집에 있다는 것은 가족 모두에게 큰 스트레스가 된다. 모든 가장은 직장에 있을 때 즉 현역이었을 때 가족과의 관계를 잘 관리해야 한다는 것을 알고 있다. 하지만 이게 생각만큼 쉬운 일이 아니다. 회사 일, 잔업, 연장 근무에 잦은 회식까지 하다보면 시간이 없기 때문이다. 그렇게 몇십 년을 살았으니 가족 관계가 소원해진 것은 어쩌면 당연한 일이다. 소원한 가족 관계를 회복하고 행복하게 만들기 위해서는 해야 할 일이 있다.

첫째, 식사 시간에 가족과 대화를 많이 하는 것이 좋다. 식구는 같은 집에서 살며 끼니를 함께 하는 사람이라고 한다. 가족들과의 대화를 위해 식사 전에 대화의 주제를 준비하는 센스는 필수이다. 한 달에 한두 번 함께 외식하는 것도 좋다. 식탁보다 더 좋은 외교는 없다는 말이 있듯이 사람은 맛있는 것을 먹고 포만감을 느끼게 되면 여유가 생기고 너그러워진다.

둘째, 가끔 가족과 영화를 보는 것도 좋다. 영화에 대한 이야기를 나누다 보면 소원하고 어색했던 가족 관계가 조금씩 회복될 수 있다. 필자의 경우 아들과 팝콘과 콜라를 사들고 가끔 영화를 보러 간다. 통에 있는 팝콘을 집다 보면 아들과 자연스럽게 스킨십도 되고 영화도 함께 즐길 수 있으니 일석이조 아닌가.

셋째, 가족과 여행을 가는 것도 좋다. 여행을 함께하게 되면 서로를 의지하게 되고 배려하게 된다. 또 여행을 하면서 식사도 함께하게 되고, 자연스럽게 대화를 하게 된다. 무엇보다도 자연스럽게 공통의 대화 주제가 생겨 대화의 주제를 따로 준비하지 않아도 된다. 만약 여행이 어려우면 가볍게 등산이나 동네 주변을 산책하는 것도 좋다. 필자는 연년생인 딸과 아들을 두고 있는데, 20대 후반인 지금 둘 사이는 썩 좋지 않다. 그러다 얼마 전 아주 오랜만에 네 식구가 여름휴가를 다녀왔다. 패러글라이딩도 하고 맛집도 찾아다니고 명승지도 찾아다니고 밤에는 맥주 한잔 기울이기도 했다. 그 여행 덕분인지 이후 딸과 아들의 관계도 많이 개선되었다. 물론 식구 간의 관계도 더욱 좋아진 것은 말할 것도 없다.

넷째, 취미를 개발해야 한다. 사람이 나이를 먹어가면서 가져야 할 관심사가 있다고 한다. ① 건(健): 건강만큼 중요한 것은 없다. ② 처(妻): 나이 먹을수록 제일 의지되는 사람, 즉 배우자이다. ③ 재(財): 나이 먹어서 불편하지 않을 정도의 돈은 꼭 필요하다. ④ 사(事): 일이 있어야 한다. 일을 하면 건강도 좋아지고 돈 걱정도 줄일 수 있다. ⑤ 우(友): 나이 먹을수록 서로 얘기하고 자신의 얘기를 들어줄 친구가 필요하다. ⑥ 취(趣): 다양한 취미를 갖고 있으면 좋다. 취미를 통해 다양한 사람들과 교제를 할 수도 있다. 무엇보다 취미는 자신만의 시간을 보낼 수 있어서 좋다.

다섯째, 집안에 자기만의 공간을 만들면 좋다. 시중에서 유행하고 있는 이야기 하나를 소개한다. 어떤 사람이 반평생을 다니던 직장에서 퇴직한 뒤 그동안 소홀했던 자기 충전을 위해 대학원에 다니기 시작했다. 처음 나간 곳은 하바드 대학원. 이름은 그럴싸하지만 사실 하바드 대학원은 '하'는 일도 없이 '바'쁘게 '드'나드는 곳을 이르는 신조어란다. 그는 하바드 대학원을 수료한 뒤에는 동경대학원(동네 경로당)을 다녔다. 동경대학원을 마치고 나니 방콕대학원(방에 콕 들어 박혀 있는 것)이 기다리고 있었다. 그러는 사이 화백(화려한 백수), 장노(장기간 노는 사람), 목사(목적 없이 사는 사람), 지공선사(지하철 공짜로 타고 경로석에 정좌하여 눈감고 참선하는 것) 등의 감투도 썼다.

이런 유머가 유행하고 있는 이유는 퇴직 후 자기만의 자리, 자기만의 공간, 자기만의 보루가 없기 때문이다. 집에 자기만의 공간을 확보한 뒤 책, 음반, 영화 CD, 바둑판, 컴퓨터 등 취미는 물론 새로운 세계나 일과 소통할 수 있는 공간을 만든다면 가족들을 귀찮게 하지 않고 자신만의 시간을 만드는 데 도움이 될 수 있다. 예컨대 필자의 선배 중 하나는 친구 6명이 모여 작은 오피스텔을 구입했다고 한다. 그래서 집에서 아침 식사를 한 뒤에는 오피스텔로 출근을 해 친구들과 바둑이나 장기를 두는 등 취미를 즐긴다고 한다.

제 ❷ 절 퇴직 후 행복한 부부 관계

01 ㅣ 결혼 만족도

일반적으로 결혼 만족도는 신혼기에는 높다가 40세 이후 중년기에 최저점으로 낮아졌다가 자녀가 독립해서 떠나는 50대 후반부터 다시 차츰 높아지는 U자형 곡선 모양을 나타낸다.

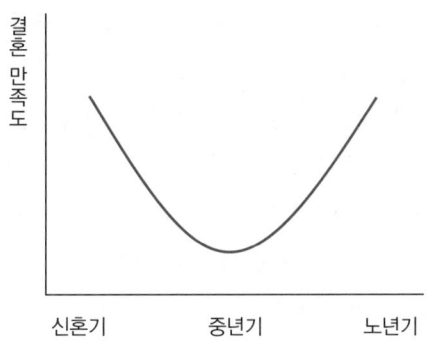

[결혼 만족도 곡선]

은퇴기 결혼 만족도는 부부가 상호 의존적이고 평등한 관계에서 역할을 분담하고 동료애가 높을 때 높아진다고 한다. 은퇴기 부부 관계를 바람직하게 유지하기 위해서는 은퇴기 남녀의 변화 과정을 부부가 잘 수용하는 것이 중요하다. 즉 서로에게 바라고 요구하기만 하는 것에서 벗어나 상대방을 이해하고자 노력해야 한다. 그렇게 해야만 부부 사이에 정신적 공감대가 형성돼 동반자적 부부 관계로 발전할 수 있다.

02 | 퇴직 후 '젖은 낙엽'이 되는 남편들

일본에서는 젖은 낙엽을 일컬어 누레오치바(濡れ落ち葉)라고 부른다고 한다. 가을의 젖은 낙엽은 땅에 착 달라붙어 빗자루로 아무리 쓸어도 치우기가 힘들다. 더군다나 간신히 쓸어 모은 낙엽은 태우려 해도 불도 잘 붙지 않고 잘 타지도 않는다. 일본에서는 퇴직을 한 50대를 이 누레오치바에 비유한다. 이는 치워버리고 싶지만 쉽게 치워지지 않는 존재를 의미한다.

우리나라에서도 조기 퇴직, 희망퇴직 그리고 베이비붐 세대의 은퇴가 본격화되면서 은퇴 후 집에만 있는 남편들이 애물단지, 짐 덩어리가 되어가는 모습을 자주 보게 된다. 남편을 집에 두면 근심 덩어리, 데리고 나가면 짐 덩어리, 마주 앉으면 원수 덩어리, 혼자 내보내면 사고 덩어리, 며느리에게 맡기면 구박 덩어리라는 웃지 못할 얘기도 있다.

특히 남편 얼굴만 봐도 가슴이 막히고 답답해지는 증상을 가리켜 '은퇴 남편 증후군'이라는 신조어도 등장했다. 남편 증후군 증세로 고생하다가 결국 황혼이혼을 하는 경우도 많다. 남편들의 이름도 본래의 이름은 사라지고 몇 가지로 압축이 되었다고 한다. 집에서 하루에 한 끼도 안 먹는 남편을 부를 때는 사랑스러운 영식 씨라고 부른다. 하루에 한 끼를 먹는 남편을 부를 때는 귀여운 일식 씨, 두 끼를 먹는 남편은 두식 씨, 세끼 먹고 간식까지 먹는 남편은 종간나라고 부른다는 것이다. 그리고 아내의 전화에 귀를 기울이고, 어린아이처럼 아내 뒤만 졸졸 쫓아다닌다고 해서 '바둑이'라고도 부른다고 한다. 또 하는 일 없이 모든 것을 아내에게만 의지하고 귀찮게 한다고 해 일본처럼 '젖은 낙엽'이라고 부르기도 한다.

사람마다 차이는 있겠지만 대개 50대가 되면 남자들은 가정에 귀환하게 된다. 문제는 부부가 서로 함께 있는 것에 익숙하지 않다는 것이다. 남편이 직장 생활을 하면서 정신없이 밖으로 도는 동안 아내는 자신만의 네트워크를 구축해 왔기 때문이다. 자녀 친구들의 엄마 모임, 여고 동창 모임, 동네 아줌마 모임, 노래교실 모임, 등산 동호회 등 자신이 편하게 만나고 즐겁게 지낼 수 있는 아줌마 인맥을 형성하고 있는 것이다.

필자의 아내도 동네에서 다양한 휴먼네트워크, 아줌마 인맥을 구축하고 있다. 일주일에 한두 번은 모임에 참석하느라 바빠 나는 그때마다 혼자 저녁을 해 먹거나 바깥에서 해결하는 경우가 많다. 필자는 여자, 특히 아줌마들에게 부러운 것이 한 가지 있는데 아줌마들은 돈을 많이 들이지 않고도 재미있게 노는 방법을 잘 안다는 사실이다. 특별한 일이 없어도 만나면 몇 시간씩 수다를 떨며 재미있게 시간을 보내는 것을 보면 마냥 신기하다. 그런데 더 놀라운 것은 모여 있는 아줌마들이 동시에 떠들어도 대화가 된다는 것이다. 이 어찌 신의 경지라 하지 않을 수 있겠는가!

남자들은 둘만의 대화를 나누어도 상대의 이야기를 알아듣지 못해서 대화의 진도가 잘 나가지 않는 경우가 많다. 또 남자들은 용건이 없으면 서로를 만나는 일에 서툴다. 남자들에게는 그냥 좋아서 만난다는 것은 거의 없다. 그냥 만나서 실컷 수다를 떨고 온다는 것은 불가능하기 때문에 남자들은 막상 갈 곳이 없다. 특히 퇴직 후 백수인 상태에서 친구를 만나러 가는 것은 내키지 않는 일이다. 그리고 만날 사람도 없다. 그래서 퇴직한 남편들이 가장 필요로 하는 것이 다섯 가지가 있다고 한다. 와이프, 집사람, 마누라, 애들 엄마, 여편네, 부인이라는 것이다.

그러나 아내들은 자식들을 다 키우고 이제서야 시간적인 여유를 갖게 된다. 그리고 지금까지 구축한 아줌마 인맥을 활용하여 행복한 시간을 가지려고 하는데 걸림돌, 애물단지, 짐 덩어리, 걱정 덩어리인 남편이 집에 하루 종일 있으면서 아내의 발목을 잡는다. 퇴직한 남편이 애타게 찾는 아내가 필요 없는 것이 한 가지가 있는데, 그것은 바로 남편이라고 한다.

03 | 황혼이혼이 늘고 있다.

필자가 울산의 H자동차에서 현장 관리자들을 대상으로 강의를 할 때 들었던 이야기다. 3교대에서 2교대로 근무 형태를 바꾼 후에 직원들의 이혼이 급증하면서 급기야 울산 시장이 근무 형태를 원래대로 환원하라고 광고를 한 일이 있었다는 것이다. 퇴직을 하지도 않고 단지 회사의 근무 형태가 바뀐 것뿐인데도 이혼이 늘었는데, 막상 퇴직을 한 후에는 어떨까?

30년 동안 가족을 위해 일하고 정년퇴직 후 집으로 돌아온 당일, 배우자가 수고했다는 말 대신 이혼 서류를 내민다면? 이런 황당한 발상은 몇 해 전 일본에서 방영된 「숙년이혼(熟年離婚)」이라는 드라마의 첫 장면이다. 직장에서 최고의 성과를 내고 최고의 자리에 오르고, 수많은 동료와 후배의 존경을 한몸에 받으면서 승승장구했지만, 가족과의 소통은 낙제점이었던 탓에 결국 아내로부터 정리해고 통보를 받는 남편. 대법원(2014 사법연감)에 따르면 오늘날 초혼 이혼은 급감하는 반면 황혼이혼은 급속히 증가하여 전체 이혼에서 차지하는 비중이 최근 5년간 22.8%에서 28.1%로 이혼 1위가 되었다.

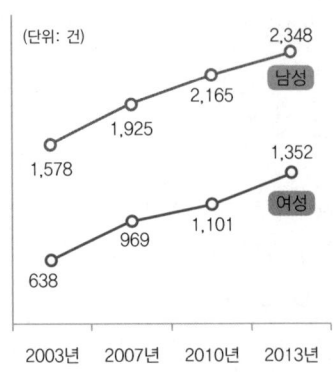

(단위: 건)

2,348
남성
2,165
1,925
1,578

1,352
여성
1,101
969
638

2003년   2007년   2010년   2013년

자료: 통계청, 「경제활동인구조사 및 인구동향조사」

[60세 이상 이혼 건수]

황혼이혼이 늘어난 것은 결혼에 대한 가치관 변화 즉, 비판적 시선 의식, 참고 사는 미덕, 가정만은 지킨다는 신념 등의 변화가 가장 큰 원인이다. 여성의 경제활동이 늘고 부부간 지위가 동등해지면서 결혼과 이혼에 대한 생각이 바뀐 것이다. 예전에는 남편 한 사람만 보고 성격 등이 맞지 않아도 평생을 힘들게 살았지만, 세상이 달라진 지금은 아니라는 것이다. 또한 기대 수명의 증가로 부부가 자녀를 출가시킨 후 함께 지내는 시간이 점점 늘어나고 있지만 가부장적 폐단과 남편에 대한 복수심 등에도 원인이 있다.

대부분 이혼 소송을 제기하는 측은 부인들이다. 황혼이혼에 나서는 부인들은 그동안 가정을 마음대로 통제하는 가부장적이고, 폭력적이며, 부인을 배려할 줄 모르는 남편과 수십 년을 살면서 너무 힘이 들었고, 이제 자식들도 모두 장성하였으니 남은 여생만이라도 남편의 그늘에서 벗어나 행복한 노년을 보내고 싶다고 호소한다.

04 ㅣ 행복한 부부 관계

여보(如寶)라는 말은 '보배와 같다'는 말이고, 당신(堂身)은 '내 몸과 같다'는 말이다. 마누라는 '마주 보고 누워라'의 준말이고, 여편네는 '옆에 있네'에서 왔다고 한다. 결혼식 손님은 부모님 손님이고, 장례식 손님은 자녀들의 손님이라고 한다. 장례식 손님의 대부분은 실상 고인보다는 고인의 가족들과 관계있는 사람들이다. 이렇게 보면 마지막까지 내 곁에 남는 사람은 가족들이요, 그중에서도 아내요, 남편이다. 재미있는 것은 젊을 때 찍은 부부 사진을 보면 대개 아내가 남편 곁에 다 가서 기대어 있는 반면 늙어서 찍은 부부 사진을 보면 남편이 아내 쪽으로 몸을 기울여 있는 모습이 많다고 한다. 젊을 때는 아내가 남편에 기대어 살고, 나이가 들면 남편이 아내의 도움을 받으며 생을 살아가게 된다는 뜻을 담고 있는 듯하다.

부부는 서로에게 가장 귀한 보배요, 끝까지 함께하는 사람이다. 세월이 가면 어릴 적 친구도, 이웃들도, 친척들도 다 곁을 떠나게 된다. 마지막까지 내 곁을 지켜 줄 사람은 아내요, 남편이다. 따라서 서로가 가장 소중하게 여기고, 아끼며 사랑해야 한다. 사랑은 표현을 먹고 산다고 한다. 따라서 서로에게 사랑한다는 표현을 자주 해주는 것이 좋다. 특히 오랫동안 가정과 가족을 위해 희생을 해온 아내의 스트레스와 분노를 적절하게 풀어주어야 한다. 필자는 아내에게 한 살이라도 젊을 때 친구들과 부지런히 여행을 다니라고 적극 권유한다. 물론 아내가 친구들과 여행을 떠난 시간은 나에게는 고생이다. 혼자 밥하고 청소하고 빨래하는 것이 여간 힘든 일이 아니기 때문이다. 하지만 여행을 다녀온 후 아내의 태도가 많이 달라진 것을 보게 된다. 아내는 떨어져 있다 보면 남편이라는 사람이 없는 것보다는 있는 것이 좋다는 생각을 갖게 된다고 한다. 필자 역시 혼자 있는 동안 요리, 빨래, 청소하는 것이 자연스럽게 몸에 익어 익숙하게 가사 분담에 나서곤 한다. 그러면 젊었을 때 느껴보지 못했던 부부간의 애틋함도 생기곤 한다. 퇴직 후 행복한 부부 관계를 위해서는 연애하던 시절처럼 아내와 열심히 교제해야 한다.

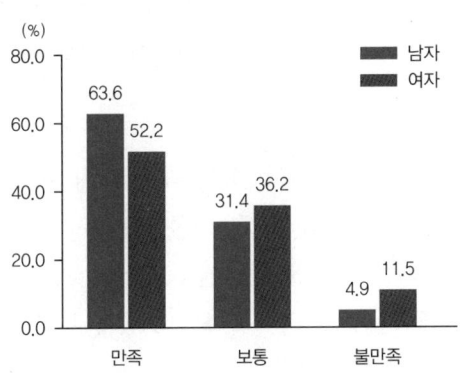

자료: 통계청, 「2016년 고령자 통계」

[배우자와의 관계]

제 ❸ 절 퇴직 후 행복한 자식과의 관계

01 ㅣ 자식 리스크

인생 후반을 좌우하는 5대 리스크에는 은퇴 창업 실패, 금융사기, 중대 질병, 황혼이혼, 성인 미혼자녀 동거 등이 있다. 특히 자식 리스크가 은퇴 후 노후 설계의 발목을 잡는 가장 큰 원인이다. 대학을 졸업하거나 취업을 하고도 부모 곁을 떠나지 않는 캥거루족, 부모가 가진 재산을 쪽쪽 빨아먹는 빨대족, 독립했다가도 이혼이나 실직으로 다시 부모 곁으로 돌아오는 연어족이 회자되는 세상이다. 이런 시대에 자식에게 자신의 노후 때문에 재산을 물려주지 않겠다고 말하는 것은 쉽지 않다.

보건복지부의 2012년 자료에 의하면 자녀 1명의 대학 졸업 때까지 지출하는 돈은 3억 이상이다. 물론 재수, 휴학, 어학연수 등의 비용은 제외한 액수다. 또 대학 졸업 후 결혼 비용, 주택 마련 비용까지 지원하다 보면 1인당 4~5억은 거뜬히 넘어선다.

노후에 조심해야 할 것은 자식과의 관계, 다시 말해 자식 리스크 관리다. 편안한 노후를 바란다면 자녀들을 독립적으로 기를 필요가 있다. 필자의 친구 중에 한 친구는 자녀들에게 들어가는 비용을 날짜별로 상세히 기록한 장부를 갖고 있다고 한다. 그리고 자녀들에게 가끔 그 장부를 보여주면서 부모로부터 독립한 후에 꼭 갚아야 한다고 교육을 시킨다고 한다.

어떤 친구는 어릴 때부터 자녀들에게 나중에 취직해 돈을 벌게 되면 수입의 25%는 꼭 부모에게 갖다 줘야 한다고 교육을 시켰다고 한다. 물론 자녀들이 월급의 25%를 부모에게 가져올 것이라고 생각하는 것은 아니다. 월급의 25%를 내놓을 정도로 여유가 있을 것 같지도 않고, 또 여유가 있더라도 그 여유를 부모의 생활비로 돌릴 정도로 기특할 것 같지도 않다고 한다.

필자가 강의 중에 교육생들에게 가끔 던지는 질문이 있다. 그것도 많은 연봉을 받는 대기업의 관리자들에게 던지는 질문인데, 부모에게 한 달에 30만 원 이상을 드리는 사람이 있으면 손을 들어 보라고 한다. 그러나 손을 드는 사람은 거의 없고, 10% 이내의 사람들이 월 10만 원 정도를 드린다고 한다. 이처럼 앞으로 직장을 잡고 자기의 인생을 개척할 자식들에게 부모의 노후를 기대한다는 것은 어려운 일이다. 퇴직이나 은퇴 이후 자식과의 좋은 관계를 위해선 지금부터라도 부모로부터 독립해야 한다는 생각을 심어주는 것이 좋다. 인생의 지혜, 경제적 교육 등을 시켜 노후의 자식 리스크를 줄이는 것이 행복한 부모-자식 관계의 시작이라고 할 수 있다.

02 ㅣ 자식 교육에 대한 투자를 50% 줄여라.

요즘 유행하는 유머 중에 아들에 대한 농담이 있다. 아들을 낳았을 때 1촌이었다가, 중학생이 되면 4촌이 되고, 대학생이 되면 8촌이 된다고 한다. 애인이 생기면 사돈의 8촌으로 멀어지고 결혼하면 해외 동포라고 한다. 장가간 아들은 며느리의 남편이지 아들이 아니라는 우스개 소리도 있다. 이런 유머들은 노후에 자식에게 기대를 했다가는 큰 낭패를 본다는 메시지를 담고 있다. 반면 딸은 대학생이 되는 순간 엄마의 베스트 프렌드가 된다고 한다. 엄마와 함께 장을 보고 쇼핑을 하고 엄마를 돕기도 하는 등 큰 충족감을 준다는 것이다. 깊이 있는 대화를 나눌 수 있고 세상 살아가는 이야기도 충분히 공유할 수도 있다. 그래서 아들 월급은 몰라도 사위 월급은 끝자리까지 안다는 이야기도 있다. 충분히 공감이 가는 이야기다.

필자 역시 아들이 타인같이 느껴질 때가 많다. 그런데 집사람과 딸의 관계를 보면 부러움이 든다. 딸과 집사람의 관계는 딸이면서 평생의 동반자이고 친구이고 인생의 파트너인 것 같을 정도로 아주 끈끈한 관계다. 그래서인지 필자는 딸을 키우면서 서운했던 것이 많이 있었던 것 같다. 딸에 대한 모든 것을 집사람을 통해서 듣지 않으면 전혀 알 수가 없기 때문이다.

인생의 3대 바보가 있다고 한다. 첫 번째 바보는 손주를 키워 주는 사람이고 두 번째 바보는 상속세가 겁나서 미리 상속을 하고 용돈을 타쓰는 사람이다. 세 번째 바보는 손주들이 놀러오면 집이 좁을까 봐 뒤늦게 집을 늘려가는 사람이라고 한다. 또 인생의 3대 실패도 있다. 청년 출세, 중년 상처, 노년 무전이 그것이다. 청년 출세는 남보다 너무 빠른 출세는 일찍 내려와야 한다는 것이다. 중년 상처는 중년에 배우자를 잃는 것으로, 이는 사람이 평생 살면서 경험하는 가장 큰 스트레스라고 한다. 노년 무전은 노년에 돈이 없는 것으로, 경제적 빈곤에 시달리는 노년에게 있어 장수는 축복이 아닌 저주가 되고 재앙이 된다.

행복한 노후를 위해 자식 교육에 투자할 수 있는 비용을 반으로 줄이고 나머지 반은 노후에 투자하는 사람이 되어야 한다. 자식에 대한 투자를 줄이는 일은 당장 자식에게 미안한 일인지도 모른다. 하지만 자식에게 과도하게 투자하다 노후를 준비하지 못하고 자식에게 짐이 되는 것보다는 현명하다고 할 수 있다.

03 ㅣ 행복한 자식과의 관계

자식이 원수라는 말이 있다. 장인이 요양병원에 있을 때 간호조무사한테 들었던 이야기가 기억이 난다. 요양병원에 입원해 있는 어르신들은 저마다 사연이 있다고 한다. 어떤 어르신의 자녀들은 주말마다 교대로 자기 부모를 보러 오는가 하면, 어떤 자녀들은 자기 부모를 요양원에 버리다시피 하고는 연락도 하지 않는다고 한다. 그런데 충격적인 것은 후자의 사람들이 훨씬 많다는 것이다. 필자 아내의 외삼촌도 그런 경우에 해당된다. 아흔이라는 연세에 농사를 지으면서 재산 등 모든 것을 자식들에게 주었건만 현재 아파서 거동을 못하는데도 자식들은 좀처럼 부모를 찾아오지 않는다. 오히려 아무것도 없는 지금의 아버지를 오히려 부담스러워한다고까지 하니, 안타깝기만 하다.

서양에서는 "부모와 자식은 수프가 식지 않을 정도의 거리에 사는 것이 좋다."라는 속담이 있다. 오늘날 평균 수명이 길어지면서 부모들은 성장기 자녀와 보내는 시간보다 성인이 된 자녀와 보내는 시간이 더 길어지게 되었다. 따라서 이제는 부모와 자식과의 관계도 바뀌어야 한다. 즉, 서로 보호하는 관계가 아닌 대등한 관계로 옮겨가야 한다.

경제학자 베이커는 자녀에 대한 투자는 이타적인 행위이지만, 이러한 이타적 행위가 자신의 복지와 노후에 대한 위협이 된다면 자녀에 대한 투자를 줄여야 한다고 말했다. 자녀의 장래를 위한 투자와 자신의 노후를 위한 투자에 합리적인 균형을 맞춰야 한다. 수명은 길어지고 활용할 수 있는 자원은 한정돼 있다면 양쪽의 복지를 고려해서 자원을 현명하게 배분해 쓰는 지혜가 필요하다. 즉, 자식을 위해 모든 것을 희생하겠다는 자세보다는 자신의 노후와 자녀에 대한 투자 사이에서 균형을 찾아야 한다.

제 ❸ 절 퇴직 후 새로운 휴먼네트워크 관리

01 ㅣ 지금은 우(友)테크 시대

인생 100세 시대! 과학의 진보가 가져다 준 선물이지만 사람에 따라서는 끔찍한 비극이 될 수 있다. 적당한 경제력과 건강이 받쳐주지 않으면 그 긴 세월이 저주와 고통의 시간이 될지도 모른다. 그러나 돈과 건강을 가졌다고 마냥 행복한 것도 아니다. 서로 아끼고 사랑하는 주위 사람들과 함께하는 인생이 없다면 누구든 고독의 만년을 보낼 각오를 해야 한다. 실제 2008년 영국 노팅엄 대학(1,700명 남녀 대상)이 실시한 연구 결과에 의하면 마음을 터놓고 이야기할 수 있는 친구 수는 행복도에 비례한다고 한다. 즉 친구가 많을수록 스트레스는 낮고 인생 만족도는 높았다.

지금은 우(友)테크의 시대라고 할 수 있다. 우리는 지금껏 앞만 보고 달려오느라 공부 잘하는 법, 돈 버는 법에는 귀를 쫑긋 세웠지만 친구 사귀는 법은 등한시했다. 하지만 지금은 재테크에 쏟는 시간과 노력의 몇 분의 일 만이라도 할애해 세상 끝까지 함께할 친구들을 만들고, 확장하고, 엮고, 관리하는 일에 정성을 쏟아야 할 때다.

우(友)테크는 행복하게 사는 전략이다. 그렇다면 무엇을 어떻게 해야 할까? 상대한테서 연락 오기를 기다리지 말고, 자신이 먼저 연락하라. 우테크는 전화하고, 만나고, 어울려서 놀고 하는 등의 시간과 노력을 투자해야 한다. 우테크는 정성을 들인 만큼 성공 확률이 높아진다.

우리는 우연히 마주친 친구와 언제 한번 만나서 밥 한번 먹자라는 말로 인사를 대신하고는 돌아서서는 잊어버린다. "전화해! 밥 한번 먹자."라는 인사치레를 하고 돌아설 것이 아니라 그 자리에서 바로 점심 약속을 잡아야 한다. 아니면 그 다음 날 전화나 이메일로 먼저 연락하라. 그래야 우테크의 실천이라고 할 수 있다. 그리고 지금부터라도 어떤 모임이든 기꺼이, 적극적으로 모임의 총무를 맡아야 한다. 평생 갑으로 살아온 사람들일수록 퇴직하면 더 외롭게 지내는 것을 종종 본다. 항상 남들이 만나자고 하는 약속만 골라서 만났기 때문이다.

체육관에서 같이 운동하는 사람 중에 국세청에서 근무하다가 정년퇴직을 한 사람이 있다. 그는 세무서에서 근무를 했으니 평생 갑의 갑으로 살았을 것이다. 이해관계가 있는 많은 사람들이 약속을 잡자고 아우성이고, 그 사람들이 일정과 시간을 조율하고 장소를 예약하고 밥값도 그 사람들이 계산하고 그랬을 것이다. 이 사람은 오랜 갑의 갑 생활이 몸에 배어서인지 체육관 사람들과 어울려서 식사를 하거나 막걸리 한잔을 해도 계산할 줄 몰랐다. 그러니 체육관에서 서서히 따돌림을 당하게 되고, 어느 순간부터는 체육관에도 잘 나오지 않게 되었다. 그러나 몇 달이 지난 후 필자는 그 사람과 술 한잔을 기울일 기회가 생겼다. 그는 지난 몇 달 동안 살아온 시간에 대해서 많은 생각을 했다는 말을 꺼냈다. 특히 사람들과의 관계에 대해 많은 생각을 했다고 한다. 현직에 있을 때와 달리 퇴직한 지금은 주변에 있는 사람들이 자기를 반기지도 않고 불편해 한다는 것이다. 외롭고, 쓸쓸하고, 갈 데가 없고, 오라는 데도 없이 하루를 보내는 것이 이렇게 힘든 줄 몰랐다는 것이다.

02 | 진정한 친구의 의미를 새겨보자.

친구(親舊)란 오래도록(舊: 옛 구) 친하게(親: 친할 친) 사귀어 온 사람을 말한다. 친구는 가족과 마찬가지로 기쁨과 슬픔, 어려움을 함께할 수 있는 소중한 사람이라고 할 수 있다.

필자가 개인적으로 선배님으로 모시는 전경찬(가명) 씨는 한 제지회사에서 30대에 임원을 하고 또 다른 제지회사에서 전무를 지냈으며 한 대기업에서 사장까지 역임한 사람이다. 그는 인사, 기획, 감사, 홍보를 총괄하던 중역이었기 때문에 주변에 다양한 인맥을 갖고 있었다. 그는 굉장히 낙천적이고 사교적이고 리더십이 넘쳤던 사람이었기 때문에 많은 사람들이 따랐다. 언론계, 정치인, 직장의 동료, 후배, 거래처의 사람들까지 폭넓은 교류를 했고 필자도 그의 다양한 인맥을 부러워했다. 그 선배가 퇴직을 한 몇 달 후에 필자와 저녁을 같이 하게 되었다. 요즘도 바쁘게 지내냐는 필자의 물음에 선배의 답은 뜻밖이었다. 선배는 그 많던 인맥이 퇴직과 동시에 하나둘 연락이 뜸해졌다고 한다. 예전에는 먼저 찾아오고, 먼저 연락하던 사람들이 끈 떨어지기가 무섭게 종적을 감췄다는 것이다. 물론 여전히 연락을 하는 좋은 친구들이 있기는 하지만, 그 많던 사람들이 썰물처럼 사라지니 굉장히 허탈하고 자괴감이 들더라는 것이다. 선배는 누구보다 남들에게 베풀려고 노력했고 배려했기에 폭넓은 인맥을 갖게 되었다는 자부심을 갖고 살았다고 한다. 그런데 요즘에는 모든 게 허무하고 사람들과의 관계도 부질없다는 생각이 든다고 한다.

사람은 살아가면서 수많은 사람과 관계를 맺게 된다. 동네 친구, 학교 친구, 직장 동료 등 다양한 인간관계를 맺고 산다. 그중에는 아주 친하게 지내는 친구들도 있다. 그런데 동네 친구는 이사를 가면 좀처럼 만나기가 어려워진다. 중학교, 고등학교, 대학교 친구들도 졸업과 동시에 연락이 뜸해진다. 일 때문에 어울려 지내던 직장 동료, 거래처 직원들도 퇴직과 동시에 멀어지게 되고 관계가 단절이 되는 경우도 많다.

왜 이런 일이 일어날까? 그것은 진정으로 친한 관계가 아니기 때문이다. 서로의 필요에 의해서 만나고 필요에 의한 친분만 맺다 보니 지속적인 관계로 이어지기 어렵다. 특히 일을 통해 만난 사람들은 일의 관계가 끝나게 되면 만나야 할 동기가 사라지게 된다. 이런 인간관계의 속성을 모르고 직장 동료나 거래처 직원들이 자신의 주변에 많다고 자랑하다가는 퇴직 후에 큰 상실감을 얻게 된다.

어떤 사람들은 자기의 인맥을 과시하기 위해 사회적으로 성공한 동창들을 아주 친한 친구라고 자랑을 한다. 그런데 막상 그 친구의 도움이 필요해 부탁을 하면 거절을 당하곤 한다. 그 이유는 동창이지 친구가 아니라는 것이다. 그래서 인간관계의 관리가 필요하다. 아무리 가깝고 오래된 관계라고 해도 자주 연락하고, 자주 만나지 않으면 지속적인 관계가 이루어지기 어렵다. 지금부터라도 친구의 안부를 살피고 자주 만남을 가지면서 좋은 관계를 유지하기 위한 시간과 노력을 투자해야 한다.

앞에서 이야기했던 전경찬 씨는 요즘 젊은 친구들 만나는 재미에 푹 빠졌다고 한다. 영어 회화를 함께 수강하는 20대의 친구들과 영화도 보고 SNS도 한다고 한다. 그 선배는 젊은 친구들과 잘 어울릴 수 있는 비결을 전해 줬는데, 그 친구들한테 꼭 존댓말을 한다는 것이다. 그리고 대화를 독식하지 않고, 세상 사는 지혜에 대한 교훈적인 이야기로 감동시키려 하지 않는다는 것이다. 처음에는 자식 같아서 여러 이야기를 해줬는데 젊은 친구들이 이를 고리타분한 이야기로 듣고 있다는 것을 알게 되었다는 것이다. 그래서 그들이 좋아하는 피자도 가끔 사고, 젊음의 매력을 유지하기 위해 가능하면 깨끗하고 캐쥬얼한 옷을 입고 다니는 노력을 한다고 한다.

03 | 새로운 친구를 만들자.

현직에 있을 때처럼 자연스럽게 친구가 생기지는 않겠지만 노력하면 얼마든지 좋은 사람과 친구가 될 수 있다. 필자가 아는 사람은 퇴직하기 몇 년 전부터 아파트에서 통장을 했다고 했다. 그 전에는 아래위층의 주민들과도 인사를 나눈 적이 없었다고 한다. 그런데 통장을 하니까 같은 아파트에 사는 주민들에게 먼저 인사를 하게 되고 그 덕분에 많은 사람과 알고 지내게 되었다는 것이다. 그리고 몇 년 후 퇴직을 했는데 가깝게 지내던 주민들이 아파트협의회 회장을 하라고 추천을 하더라는 것이다. 의도한 것은 아니었지만 아파트협의회 회장이 되고 나니 현직에 있을 때보다 더 바쁘고 더 많은 사람들과 교류하게 되더라는 것이다. 그래서 지금 퇴직 후의 외로움과 쓸쓸함 없이 활기찬 나날을 보내고 있다고 한다.

한편, 새로운 친구를 만드는 방법은 아주 다양하다.

첫째, 산악회 등 동호회에 가입하라. 특히 산악회에 가입을 하면 적은 경비로 산의 경치를 감상하는 것은 물론 건강도 좋아진다. 그리고 다양한 사람들을 만날 수 있어 다양한 삶의 모습을 보는 기회도 된다. 어떤 친구는 산악회에서 만난 사람의 도움을 받고 창업을 했는데 아주 안정적으로 경영하고 있다고 한다.

둘째, 동네 체육관을 다녀라. 동네 친구를 많이 사귈 수 있다. 어떤 체육관을 다니던 그곳에는 작은 모임이 있게 마련이다. 체육관에서 새로운 친구를 만나고 운동 후 함께하는 시간들은 삶의 활력소가 된다. 본격적으로 지역에 데뷔하는 것이다.

셋째, 지자체에서 운영하는 문화 센터에 다녀라. 컴퓨터, 악기, 사교춤, 바둑, 요리 등 다양한 취미 생활을 배울 수 있다. 특히 나이 들어 화목한 부부 관계를 위해서는 요리를 배워 두는 것도 좋다. 이런 활동을 통해 새로운 친구도 사귀고 다양한 정보도 얻을 수 있다.

넷째, 교육을 다녀라. 관심 있는 분야의 교육 프로그램에 참여하면 다양한 정보를 얻을 수 있다. 또한 다양한 사람들과의 교류를 통해 살아있는 정보를 얻을 수 있다. 특히 현직에 있을 때는 몰랐던 삶의 지혜를 체득하면서 새로운 인생을 개척할 수도 있다.

진정한 벗, 관포지교(管鮑之交)

관중과 포숙은 고대 중국 춘추 시대 제나라 사람으로, 친구 사이지만 한때는 서로 적대 관계의 입장에 있기도 하였다. 당시 제나라 왕인 양공은 매우 포악하여 왕의 형제들조차 다른 나라로 도망을 갔다. 왕의 동생 규는 노나라로, 그 아래 동생인 소백은 거나라로 도망을 갔는데, 그때 관중은 규를 따라 가고 포숙은 소백을 따라 갔다. 이후 양공이 암살당하면서 왕의 자리가 비게 되었다. 즉, 규와 소백 중 먼저 귀국한 자가 왕권을 차지할 수 있는 상황이 된 것이다. 그런데 규가 있는 노나라는 소백이 있는 거나라보다 제나라에서 멀리 떨어져 있었다. 이에 규는 제나라로 출발했고 관중은 소백을 제거하기 위해 소백이 제나라로 들어가는 길을 앞질러 가 소백을 기다렸다. 그리고 소백을 암살한 뒤 규와 함께 제나라로 돌아왔다.

그런데 제나라는 이미 관중이 죽였다고 생각한 소백이 왕(환공)이 되어 있었다. 당시 관중이 쏜 화살은 소백의 허리띠 쇠장식에 맞았고, 소백은 일부러 말에서 떨어져 죽은 체한 것이었다. 이에 관중은 규와 함께 다시 노나라로 도망을 갔지만 제나라의 공격을 피할 수는 없었다. 소백은 형제인 규는 자신이 차마 죽일 수 없으니 노나라에서 죽이고 관중은 살려서 보내라고 하였다. 그러자 노나라의 시백이라는 대신은 관중은 범상치 않은 인물이니 죽여서 보내야 한다고 말했지만, 노나라 왕은 그 말을 듣지 않고 관중을 제나라로 보냈다. 관중이 제나라로 돌아오자 환공은 자신을 죽이려 했던 그를 죽이려 했고, 이에 포숙은 간곡히 만류했다.

"폐하께서 제나라로 만족하신다면 관중이 없어도 재상과 제가 있으면 충분합니다. 그러나 천하의 패자가 되시려면 반드시 관중이 필요합니다."

이에 환공은 포숙의 말대로 관중을 중용하여 대부의 자리에 앉히고 정사를 맡겼다. 그리고 포숙은 관중의 아래 벼슬에 있었다. 관중은 민생을 안정시키고, 경제를 부흥시켰으며, 환공이 춘추 시대 오패의 최초의 패자가 되는 데 공헌하였다.

후에 관중은 "나를 낳아준 사람은 부모님이고, 나를 알아준 사람은 포숙이다."라며 "같이 장사를 할 때 내가 이익을 더 가져갔어도 내가 가난함을 알기에 포숙은 나를 비난하지 않았으며, 내가 일을 실패해도 상황에 따라 일이 안 될 수도 있음을 알기에 나를 또 비난하지 않았으며, 벼슬길에 나가 임금에게 3번 쫓겨났어도 내가 시운을 만나지 못했음을 알기에 나를 무능하다고 하지 않았으며, 내가 세 번 싸움에 패하여 달아났어도 나에게 늙은 어머니가 있음을 알기에 나를 겁쟁이라고 말하지 않았다."라는 말을 남겼다.

교육적 시사점

관포지교 이야기는 벗의 도리에 대한 큰 교훈을 남기고 있다. 또 우정이란 깊고 너그러운 이해와 믿음이라는 것을 깨닫게 된다. 관중과 포숙, 이 두 사람의 우정이야말로 이해를 초월한 정신적인 사귐이고 신의를 지키는 진정한 벗이다.

당신에게도 관중 같은, 포숙 같은 깊은 우정을 나누는 벗이 있는가? 생각만 해도 편안하고 마음 든든한 산과 같은 친구, 한결같은 마음으로 지지해 주는 땅과 같은 친구를 가진 사람은 행복하다. 세월이 가고 나이를 먹으면서 곁에 있는 사람들이 하나둘씩 떠나갈 때 내게로 다가오는 한 사람, 그 사람이 바로 진정한 벗이다.

1. 가족이 퇴직한 가장의 귀환을 부담스러워 하는 이유에 대해 기술해 보세요.

_____

_____

_____

_____

2. 퇴직 후 집에는 가장의 자리가 없다고 하는데, 그 이유에 대해 기술해 보세요.

_____

_____

_____

_____

3. 은퇴 후 자식 리스크는 무엇인지와 자식 리스크를 줄일 수 있는 방법에 대해 기술해 보세요.

_____

_____

_____

_____

4. 퇴직 후 화목하고 행복한 가족 관계를 만들 수 있는 방법에 대해 기술해 보세요.

_____

_____

_____

_____

5. 우(友)테크의 중요성과 퇴직 후 새로운 친구를 만드는 방법에 대해 기술해 보세요.

_____

_____

_____

_____

우(友)테크 역량 진단

내용	Yes	No
1. 어떤 경우에도 일일이 따지지 않는다.		
2. 다른 사람에 대해 이 말 저 말 옮기지 않는다.		
3. 주변에 아는 사람들과 살고 있다.		
4. 사람들과 문제가 발생했을 때 대부분 양보한다.		
5. 다른 사람의 의견을 대부분 수용한다.		
6. 다른 사람들과 스킨십(인사, 악수, 가벼운 터치 등)을 자주 한다.		
7. 자기의 의견과 생각을 100% 관철시키기보다는 70% 정도에도 만족한다.		
8. 사람들과 자주 어울린다.		
9. 실수나 잘못을 했을 때 변명하지 않고 바로 인정한다.		
10. 술값이나, 식대를 자주 내는 편이다.		
11. 믿고 의논할 수 있는 든든한 선배가 있다.		
12. 무엇을 하자고 해도 믿고 따라오는 후배가 있다.		
13. 쓴소리도 마다하지 않는 냉철한 친구가 있다.		
14. 여행하기 좋은 먼 곳에 사는 친구가 있다.		
15. 어떤 상황에서도 내 편인 친구가 있다.		
16. 언제라도 불러낼 수 있는 술친구가 있다.		
17. 에너지를 충전시켜 주는 친구가 있다.		
18. 부담 없이 돈을 빌려 주는 부자 친구가 있다.		
19. 추억을 많이 공유한 오래된 친구가 있다.		
20. 연애 감정 안 생기는 속 깊은 이성 친구가 있다.		

※ Yes의 답이 80%(16개 이상)는 되어야 우테크를 잘하고 있다고 할 수 있다. 오늘부터 우테크를 실천하자! 친구에게 먼저 전화하고, 카톡을 하고, 문자도 보내자!

멋쟁이 부부를 위한 10가지 지침

1. 매일 한 끼는 함께 식사하라. 부부가 마주 앉아 정답게 식사하면 가족 전체의 평화도 저절로 이뤄진다.

2. 매월 한 번 이상 함께 외출하라. 연애 시절이나 신혼 때 자주 들렀던 곳에 가보면 신선한 느낌을 받을 수 있다.

3. 계절마다 함께 여행을 하라. 철 따라 운치 있는 곳을 찾아나서는 작은 사치는 서로의 애정을 깊게 하는 지름길이다.

4. 서로 유연하게 생각하고 행동하라. 어려운 일을 당할 때 자유분방하게 대처하는 연습이 필요하다.

5. 기념일을 장식하라. 생일, 결혼기념일은 물론 처음 만난 날과 약혼 기념일까지 챙긴다면 금상첨화다.

6. 매주 한 통 이상의 편지를 쓰라. 상대방에 대한 칭찬과 고마움을 글로 나타낸다는 것은 또 다른 흥분과 기쁨을 선사한다.

7. 서로 격려하라. "당신 생각이 옳아요." "당신 차림이 잘 어울려요."라는 등 상대방을 북돋는 말을 자주 하자.

8. 여가에 투자하라. 같이 할 수 있는 취미를 갖게 되면 대화도 늘고 서로 간의 이해도 깊어진다.

9. 계획을 세워라. 일주일에 한 번 정도는 정기적으로 슈퍼에 같이 가거나 식사 또는 다른 가사일을 돕는 것도 좋은 방법이다.

10. 생활을 즐겨라. 욕심을 줄이고 여유 있는 태도를 가지면 주어진 상황이 달라보인다.

04장 우(友)테크와 인맥 관리

학|습|목|표

• 급할 때 찾아갈 수 있는 친구를 만드는 방법을 학습할 수 있다.
• 5R(Reflect, Reconnect, Reposition, Relax, Recruit)을 설명할 수 있다.
• 인맥의 정의, 아줌마 인맥의 특징에 대해서 설명할 수 있다.
• 휴먼네트워킹 성공 전략을 수립할 수 있다.

학|습|열|기

어린 시절 한 동네에 사는 주먹 센 녀석에게 얻어맞거나, 벌에게 손등을 쏘이거나 했을 때 우리는 부모님이나 형제, 자매에게 달려가 도움을 요청하곤 했다. 이처럼 나이 들어 퇴직을 앞두거나 퇴직을 했을 때 찾아갈 수 있는 사람이 몇이나 있는지 헤아려 보아야 한다. 급할 때 찾아갈 수 있는 친구(급난지붕)는 평소에 내가 투자해서 만들어야 한다. 열매를 맺지 않는 꽃은 심지 말고, 의리가 없는 친구는 사귀지 말라는 말이 있다. 따라서 열매를 맺을 수 있는 친구인지를 볼 수 있는 혜안이 있어야 한다.

조선 시대의 추사 김정희에게는 사제 간의 의리를 지키기 위해 두 차례나 북경에서 귀한 책을 구해다 준 이상적이라는 사람이 있었다. 추사는 그의 인품을 날씨가 추워진 뒤에 제일 늦게 낙엽지는 소나무와 잣나무의 지조에 비유하여 「세한도」라는 그림을 남기기도 했다. 세월이 가고 나이를 먹으면서 내 주위의 모든 사람이 떠나갈 때 내게로 다가오는 한 사람. 그 사람이 바로 친구다.

제 ❶ 절 급할 때 찾아갈 수 있는 사람

01 ㅣ 급할 때 찾아갈 수 있는 사람, 몇이나 있는가?

우리 속담에 가까운 사이일수록 돈거래를 하지 말라는 말이 있다. 이는 돈 잃고 친구 잃는다는 의미를 담고 있다. 물론 큰돈 거래(보증, 땅, 집 등)를 잘못해 패가망신하는 경우를 일컬어 주의하라는 뜻일 수도 있다. 그런데 진짜 급한 돈이 필요할 때 누구한테 빌릴 수 있을까? 급할 때 가까운 사이가 아니면 어디 가서 돈 얘기를 꺼내기란 쉽지 않다.

필자와 가깝게 지냈던 직장 동료가 사업을 할 때의 일이다. 어느 날 동료가 직원들 급여를 맞춰야 하기 때문에 필자에게 1,000만 원을 빌려달라고 해서 빌려준 적이 있다. 물론 그는 약속 날짜에 맞춰 빌린 돈을 갚았다. 그러나 얼마 안 가 그 친구는 사업을 접고 돈에 쪼들리게 되면서 100만~200만 원의 돈을 여러 번 빌려 갔다. 물론 약속 기일에는 돈을 갚았다. 그런데 어느 날 그 친구가 10만 원을 빌려달라고 했는데, 필자가 생각하기에 친구가 막다른 코너에 몰린 것 같았다. 이후 연락이 뜸해졌고 시간이 꽤 흐른 뒤에야 그 친구를 만날 수 있었다. 친구는 그간의 힘들었던 사연을 들려 주었다. 친구는 100만 원, 200만 원, 1,000만 원을 빌릴 때는 오히려 말하기가 쉬웠다고 한다. 그런데 막다른 상황에 몰리니까 10만 원도 빌리기 쉽지 않았고, 부탁하기도 쉽지 않았다고 한다. 그러나 다행히 지금은 사업도 잘되고 해서 가끔 만나서 술 한잔할 때 그 친구가 술값을 내곤 한다. 그러면서 힘들 때 꼭 이야기하라고 당부를 한다. 든든한 후원군을 둔 것 같아 좋다.

나는 현재 건강 관리를 위해 동네 체육관을 다니고 있다. 운동을 시작한 지가 엊그제 같은데 벌써 십수 년이 지났다. 현재 체육관에서 같이 운동을 하는 사람 중에 목회 활동을 하는 목사님이 있는데 교회 운영이 어려울 정도로 신도가 적다.

그래서 평일에는 택시 운전을 해서 교회 월세와 생활비를 마련한다고 한다. 그러던 어느 날 그 사람이 내게 돈을 빌려달라고 했다. 그것도 1,000만 원이라는 큰돈을 말이다. 같이 커피 한 잔, 밥 한 번 먹지 않은 사이인데 말이다. 그래서 체육관의 다른 친구들한테 누구인지는 밝히지 않고 상황을 설명하며 어떻게 해야 할지 물었더니 모두 빌려주면 안 된다고 했다. 필자는 고민을 거듭한 끝에 마침 강사료가 입금된 것이 있기에 300만 원을 빌려 주었다. 물론 받지 못할 수도 있다는 생각도 했다. 이후 목사님은 그 빌린 돈으로 했던 일이 잘되었는지 필자에게 제때 상환하고 맛있는 식사도 대접했다. 그 후에도 또 한 번 1,000만 원을 빌려 달라고 부탁해 역시나 빌려줬고, 그분 역시 약속 날짜에 돈을 갚았다. 그러면서 그분이 하는 말이 친구한테 평생 갚아도 모자랄 빚을 지게 되었다며 평생 은혜를 갚겠다고 했다. 그러고 보니 적어도 나는 급할 때 찾아갈 수 있는 친구가 두 명은 되는 것 같다.

어린 시절 한 동네에 사는 주먹 센 녀석에게 얻어맞거나 벌에게 손등을 쏘이거나 했을 때 우리가 달려갈 곳은 단 한군데 밖에 없었다. 어머니나 아버지 그리고 형에게 달려가 편들어 달라고 조르거나 우는 일이었다. 지금은 어떤가? 누군가에게 억울한 일을 당했을 때, 혼자의 힘으로는 도저히 되지 않는 상황에 직면했을 때 직장인들은 어디로 가야 하는가? 특히 나이 들어 퇴직을 앞두거나 퇴직을 했을 때 찾아갈 수 있는 사람이 몇이나 있는지 헤아려 보라!

02 ㅣ 급하고 어려울 때 도와주는 친구는 한 명도 없다.

명심보감(明心寶鑑)을 보면 '급난지붕(急難之朋)'이라는 말이 나온다. 이는 급(急)하고 어려울(難) 때 힘이 되어주는 친구(朋)라는 뜻이다. 명심보감에는 '주식형제천개유(酒食兄弟千個有) 급난지붕일개무(急難之朋一個無)'라는 말이 있는데 이는 '술 먹고 밥 먹을 때 형, 동생하는 친구는 천 명이나 있지만 급하고 어려울 때 막상 나를 도와주는 친구는 한 명도 없다'는 뜻이다. 정말 요즘 현실이 그러하기에 이 말이 더 와닿는다. 대부분의 사람들이 좋을 때는 후하게 선심 쓰며 많은 배려를 해준다. 그러나 평소에 내 앞에서 그렇게 잘하던 사람이 내가 막상 큰 시련을 맞았을 때 나를 외면한다면 어떤 생각이 들까?

나는 대중 사우나가 있는 한 헬스클럽을 16년째 다니고 있다. 그래서 목욕탕에서 일하는 목욕 관리사, 이발사, 기관장, 매점 관리인, 카운터 아주머니, 헬스 회원 등과 허물없이 지내고 있다. 체육관 회원들과 가끔 가지는 회식을 통해 삶의 의욕을 느낄 때도 많다. 특히 회원들 중에 형님, 아우 하는 몇몇 친구들과는 정기적으로 한 달에 한 번씩 산에 가면서 취미도 공유하고 있다. 솔직히 피를 나눈 형제들보다 더 많이 보고, 가깝게 지내고 있다.

그런데 며칠 전 섭섭한 일이 있었다. 헬스클럽의 사장이 오랜 관행으로 굳어진 사물함을 말도 없이 치워버렸다. 몹시 불쾌한 마음에 평소에 그렇게 가깝게 지냈던 친구들한테 등록 기간이 종료되면 다른 헬스클럽으로 가자고 한마디 던졌더니 "형님이나 가세요. 저는 여기를 그냥 다닐랍니다."라면서 다른 헬스클럽을 추천까지 하는 것이 아닌가! 그 순간 오랜 시간 같이 어우러졌던 시간이 의미가 없다는 생각이 들었다.

퇴직 후의 직장인들이 제일 당혹스러워하는 것이 한 가지가 있다고 한다. 그것은 그동안 알고 지냈던 사람들과의 관계, 즉 인간관계(휴먼네트워크)가 아주 빠른 시간에 재정리된다는 것이다. 사장까지 지냈던 한 선배의 말이 새삼스러워진다. 그 많던 사람이 3개월 만에 정리가 되고 남는 것은 고향 친구 몇 명 뿐이더라던 말이 기억에 남는다.

또 창원에 있는 H중공업 연수원에 근무했던 친구의 이야기도 기억이 난다. 그 친구는 1년에 약 100억 가까운 교육 예산을 집행하던 관리자였다. 그래서인지 교육 기관, 영업 사원, 강사 등 무수히 많은 이해관계자가 자기와 자리를 갖기 위해 줄을 서고 온갖 환심을 사기 위해 노력했다고 한다. 그는 적당히 교통 정리를 하면서 교육 과정을 나눠 주고 대접도 받고 했다고 한다. 물론 마음에서 우러나 도와준 사람도 꽤 있었다고 한다. 그런데 다른 기업에서 회사를 인수하게 돼 어쩔 수 없이 희망 퇴직을 하게 되었다. 그는 잠시 여유를 갖고 몇 달 쉬고 난 후에 그동안 도와줬다고 생각했던 사람들을 찾아다녔다고 한다. 그런데 대부분의 사람들이 밥 한 번 사고는 모른 척 하더란다. 그때 깨달은 것이 있었다고 한다. 몇 달의 공백기 동안 진실한 인간관계가 무엇인지 확실히 재정리가 되더라는 것이다.

나의 친구들이 주식형제(酒食兄弟)인지, 급난지붕(急難之朋)인지 생각해 보고, 나 역시 그들에게 진정한 급난지붕(急難之朋)인지 다시 한번 곰곰이 생각해 봐야 한다. 급할 때 찾아갈 수 있는 친구, 급난지붕은 평소 내가 시간과 노력을 투자해서 만들어야 한다. 열매를 맺지 않는 꽃은 심지 말고, 의리가 없는 친구는 사귀지 말라는 말이 있다. 열매를 맺을 수 있는 친구를 볼 수 있는 혜안이 있어야 한다.

03 | 친구란 무엇인가

친구는 오래도록 친하게 사귀어 온 사람을 말한다. 공자는 세 사람이 길을 가면 그중엔 반드시 배움을 주는 스승이 있다고 했다. 이 말은 만나는 사람에게서 좋은 점을 찾아 배우고 부족한 것을 발견하고 나의 모자람을 채운다면 만나는 사람 모두가 나의 스승이 될 수 있다는 의미일 것이다. 다시 말해 내가 하기에 따라서 우리 삶에서 만나는 모든 사람이 스승이 될 수 있다. 우리는 그런 스승을 알아보지 못하고 만나는 사람을 너무 가볍게 생각하고, 무관심으로 스쳐 지나가기까지 한다. 그러나 사람이 온다는 건 실은 어마어마한 일이다. 사람은 그의 과거와 현재 그리고 미래와 함께 오기 때문이다.

몇 년 전 영국의 한 신문사에서 '영국 끝에서 런던까지 가장 빨리 가는 방법'이란 질문에 대한 답을 현상 공모했다고 한다. 그 결과 독자들로부터 비행기, 기차, 도보 등 여러 가지 수단과 방법들이 나왔다고 한다. 그런데 의외의 답이 1등으로 뽑혔다. 1등이 된 답은 '좋은 친구와 함께 가는 것'이라는 글이었다. 또한 미국의 출판협회에서도 친구의 정의를 공모했는데, '모든 사람이 떠나갈 때 내게로 다가오는 한 사람'이라는 글이 1등을 했다고 한다.

친구는 동반자라고 할 수 있다. 그런데 세월이 갈수록, 나이를 먹을수록 곁에 있는 사람들이 하나둘씩 떠나가게 된다. 그렇게 모든 사람이 떠나갈 때 내게로 다가오는 한 사람이 있는 사람은 성공한 삶을 살았다고 할 수 있다.

제 ❷ 절 친구가 많으면 살길도 많다

01 ㅣ 장년 인턴사원 이야기

산업 강사로서 풍부한 경험을 갖고 있는 선배 한 명이 장년 인턴사원 대상의 강의를 하였다. 그러던 중 그 선배가 갑자기 급한 사정이 생겨 강의를 못하게 돼 필자에게 강의를 부탁하게 되었다. 필자는 덕분에 장년 인턴사원에게 8시간의 강의를 두 번 하게 되었다. 교육 내용은 인생 설계, 재취업, 창업 등의 내용으로 이루어졌다.

물론 그 선배한테 교육 자료, 교육 내용에 대한 인수인계는 물론 교육생들의 분위기도 자세히 소개받았다. 그런데 막상 교육장에 도착해서 분위기를 파악해 보니 교육생의 약 50% 정도가 희망퇴직, 조기 퇴직을 한 사람들이었다. 대부분이 퇴직 후 창업했다가 실패를 경험하고 재취업을 위해 구직 활동을 하던 사람들이었다. 실제로 강의를 하면서 느낀 것은 마지 못해 듣고 있는 교육생과 마지 못해 강의를 하고 있는 강사의 모습 뿐이었다. 그리고 대다수 교육생들의 풀이 죽어 있는 모습과 초점 없는 시선에 마음이 무척 아팠던 기억이 난다. 이런 교육생들에게 재취업의 방법, 창업의 방법, 귀농·귀촌·귀어의 방법, 각종 지원 제도 활용과 같은 내용을 강의한다는 것이 공허하다는 생각이 들었다. 그래서 하던 강의 내용을 접고 이야기했던 내용이 있다. 바로 알까기(?)를 하라는 것이었다.

장년 인턴 취업 제도

만 50세 이상 장년 구직자를 대상으로 중소기업에서 3개월간 인턴으로 근무 후 정규직으로 전환시키는 기업에 지원금을 제공(인턴 지원금 + 정규직 전환금)하는 제도. 신청은 장년 인턴 취업 지원 웹사이트(www.work.go.kr/seniorIntern)를 통해 하면 된다.

02 ㅣ 힘들 때 다섯 개의 알까기를 생각하라.

몇 년 전에 마케팅 전문가 케빈 돔의 『한 해를 정리하기 위한 다섯 가지(5R, Reflect·Reconnect·Reposition·Relax·Recruit)』를 읽은 적이 있다. 인생을 살다 보면 오르막이 있고 내리막이 있게 마련인데, 그럴 때마다 나는 다섯 가지 5R을 유용하게 활용하고 있다. 이 글을 읽는 여러분들도 힘들 때 활용하면 상당히 도움이 될 듯하다. 실제로 장년 인턴사원들한테 강의를 하면서 이 방법을 제시했더니 다수의 교육생이 도움이 되었다는 얘기를 전했다.

반성하라(Reflect).

자기 자신을 반성하는 것, 다시 말해 성찰하는 것이다. 고수들은 바둑을 두고 난 다음에 꼭 복기를 한다고 한다. 다음 승부를 위해서 승자는 승자대로, 패자는 패자대로 성공과 실패의 원인을 꼭 되짚어 보고 분석한다는 것이다. 이처럼 성공적이었던 체험과 실패했던 체험 다섯 가지를 정리해 보고 성공과 실패의 직접적인 원인이 무엇인지, 어떤 교훈을 배울 수 있었는지를 조용히 반추해 보면서 정리해 보는 것이다.

중요한 사람에게 다시 연락하라(Reconnect).

나는 일이 잘되지 않고 힘들 때 여러 가지 해결 방법을 생각한다. 그런데 매번 결론이 같다. 내가 알고 있는 사람, 특히 중요한 사람을 찾아 전화를 하게 된다. 그리고 도움을 요청하면서 힘든 고비를 넘기곤 했었다. 그동안 만났던 사람을 생각해 보고 주고받은 명함을 정리하며, 그 사람과의 특별한 인연을 돌이켜 생각해 보는 것이다. 언제 어디서 왜 만났으며, 만남을 통해 받은 인상과 만나면서 있었던 일을 생각해 보는 시간을 가짐으로써 인간관계의 새로운 맥을 형성해 볼 수도 있다.

이미지 전환을 하라(Reposition).

자신의 위치, 자신이 하고 있는 일을 파악하고 재정리해 보는 것도 중요하다. 오랜 세월 직장 생활을 하다 보면 세상을 보는 시야가 편협되고 좁아질 수밖에 없다. 그로 인해 사고가 점점 고착되고 자신도 모르게 고정관념에 사로잡히게 된다. 직장인은 언젠가는 다니던 직장을 떠나야 한다. 그때 가장 힘든 것이 편협된 시야와 고정관념 때문에 새로운 길을 찾기가 어렵다는 것이다. 세상에는 수많은 직업,

직종이 있다. 단지 내가 보지 못하고 알지 못할 뿐이다. 나의 일, 나의 직업에 대한 이미지 전환을 해 볼 필요가 있다.

휴식을 취하면서 재충전을 하라(Relax).

자기 자신에게 스스로 휴식을 주어야 한다. 앞만 보고 달려온 인생이지만 마음의 여유를 가질 필요가 있다는 것이다. 예컨대 바둑을 두다 보면 승부가 불리해질 때가 있는데, 이때는 승부를 뒤집을 수 있는 전기를 마련해야 한다. 이럴 때는 바둑판에 몰입하는 것보다 여유를 갖고 화장실에 다녀오거나, 잠시 전체 바둑판을 보는 것이 좋다. 그렇게 하면 그동안 보지 못했던 묘수를 찾아낼 수 있다.

소상공인 창업 교육을 받을 때 강사가 전한 기억에 남는 내용이 있다. 퇴직자들이 창업을 하면 보통 2~3년 내에 다시 교육을 받으러 온다는 것이다. 이는 강사가 수년 전 강의할 때에 창업 시 유의점, 주의 사항에 대해 강조를 했음에도 교육생은 그것을 듣지 못했기 때문이라고 한다. 교육생이 이를 듣지 못한 것은 생각지도 못했던 퇴직으로 인해서 마음이 조급해져 조언들을 경청할 여유가 없었던 때문이다.

조기 퇴직, 희망퇴직을 하는 나이는 40대 중반에서 50대 초반인 경우가 대부분이다. 이 나이는 인생에서 한창 돈이 들어가는 연령대라고 할 수 있다. 자녀 교육비, 생활비, 아파트 대출 이자 등 지출 항목은 줄 서 있는데 수입이 없어지면 조급한 마음이 생길 수밖에 없다. 그러나 급할수록 돌아가라는 말이 있듯이 이럴 때는 마음의 여유를 갖고 휴식을 취하는 것이 우선이다. 특히 여행을 추천한다. 인생의 새로운 구상을 위해 몸과 마음을 쉬게 하는 것이다. 휴식은 또다른 도약을 위한 발판을 마련하는 시간이라는 것을 기억하자.

도움이 되는 사람에게 연락하라(Recruit).

필자는 중요한 사람에게 다시 연락하는 것을 생활화하고 있다. 친구 중에 대리운전을 하면서 가을철에는 송이버섯 장사를 하는 친구가 있다. 이 친구에게 배울 점은 딱 한 가지가 있는데 수시로 전화를 한다는 것이다. 특별한 이슈가 있어서 전화를 하는 것이 아니고 안부 전화를 하는 것이다. 그래서 늘 가까이에 있는 듯한 느낌을 준다. 그래서 어쩌다 급한 부탁을 하면 거절할 수 없는, 미워할 수 없는 친구라고 할 수 있다.

'연락'은 다섯 개의 알까기(5R) 중 가장 중요한 것이다. 그런데 도움이 될 만한 사람이 없다. 바쁘게 살다보니 주변을 돌아볼 시간이 없었다. 알고 지내는 사람들을 관리할 시간이 없었다. 아니 인간관계의 중요성, 휴먼네트워크의 중요성을 몰랐다고 하는 것이 맞을지도 모른다.

폭넓은 인간관계, 다양한 네트워크를 관리한다는 것은 쉽지 않다. 많은 시간과 노력 그리고 투자가 필요하다. 장년 인턴사원 강의를 하면서 교육생들에게 지금부터라도 아는 사람한테 연락을 하라고 했다. 사람에게 오는 기회는 알고 있는 지인, 친구들에 의해 오는 경우가 많다. 친구가 많으면 살길도 많다는 것은 만고의 진리라고 할 수 있다. 급할 때 찾아갈 수 있는 사람을 지금부터라도 열심히 만들어야 한다.

03 | 세한도 이야기

세한도(歲寒圖)는 추사 김정희(1786~1856)가 1844년 제주도 유배지에서 수묵으로만 간략하게 그린 사의체(寫意體)의 문인화이다. 추사는 영조가 지극히 사랑한 화순 옹주와 김한신의 증손자이다. 그는 왕실의 내척으로서 태어날 때부터 경축 분위기에 싸여 있었을 뿐만 아니라 신비스러운 탄생 설화도 갖고 있다. 추사는 아버지 김노경과 어머니 기계 유씨 사이의 장남으로 24개월 만에 출생했다. 그의 출생 전 그가 태어난 향저(충청남도 예산군 신암면 용궁리)의 뒤뜰에 있는 우물물이 말라버리고 뒷산인 오석산의 원맥인 팔봉산의 초목이 모두 시들었다고 한다. 그러나 그가 태어나자 샘물이 다시 솟고 초목이 생기를 되찾았다고 한다.

추사가 그린 세한도에는 사람들이 잘 알지 못하는 비밀이 있다. 1840년 윤상도 사건에 연루된 추사는 지위와 권력을 박탈당하고 제주도로 귀양을 가게 되었다. 그런데 추사에게는 사제 간의 의리를 지키기 위해 두 차례나 북경으로부터 귀한 책을 구해다 준 역관 이상적(1804~1865)이라는 사람이 있었다. 추사는 그의 인품을 날씨가 추워진 뒤에 제일 늦게 낙엽이 지는 소나무와 잣나무의 지조에 비유하여 세한도를 그렸다. 이러한 내용을 담은 작가의 발문이 그림 끝부분에 붙어 있으며, 이어 이 그림을 받고 감격한 이상적의 글이 적혀 있다. 그리고 1845년 이상적이 북경에 가서 그곳의 명사인 장악진, 조진조 등 16명에게 보이고 받은 찬시와 함께 김석준의 글과 오세창, 이시영의 배관기가 붙어 있어 긴 두루마리를 이루고 있다.

급할 때 찾아갈 수 있는 사람이 내 곁에 있다는 것은 쉽지 않다. 추사가 세한도를 그린 나이는 59세나 60세로 추정된다. 지금의 나이로 치면 팔순이 넘은 진짜 노인이라고 할 수 있다. 특히 그 시절의 제주도는 가는 길도 험하고 자칫 잘못하면 목숨도 잃을 수 있는 아주 험한 뱃길이었다. 인간관계는 주고 받는 관계라고 할 수 있다. 그런데 여러분 같으면 미래를 담보할 수 없는 그것도 끈 떨어진 늙은이를 만나러 가겠는가? 그것도 목숨을 담보하는 험한 뱃길을 마다하지 않고 간다는 것은 절대 쉬운 일이 아니다. 정승집 개가 죽으면 조문객이 문전성시를 이룬다고 한다. 그런데 막상 정승이 죽으면 개미새끼 한 마리 얼씬거리지 않는다는 말이 있다. 직장에 다닐 때 아주 살갑게 대해줬던 사람들도 막상 회사를 퇴직을 하면 아는 척이라도 해주는 사람이 손에 꼽을 정도라고 한다.

세한도라는 그림의 아름다움이 부러운 것이 아니다. 끈 떨어지고 얻을 것 하나 없는 늙은 노인에게 목숨을 담보하고 찾아오는 그런 친구가 있음이 부러운 것이다.

▲ 세한도

제 ❸ 절 인맥 만들기 10계명

01 ㅣ 인맥이란 무엇인가

　인맥이란 정보와 편의를 우선해서 주고받을 수 있는 사람들과의 긴밀한 관계라고 한다. 그런데 개똥도 약에 쓰려면 없다는 속담이 있듯이, 정말 필요할 때 도움이 될 친구가 없다. 아무런 불편 없이 살아갈 때는 사람을 알고 지낸다는 것의 중요성을 잊기가 쉽다. 그러다 막상 자신에게 급한 사정이 생겨 다른 사람의 도움이 필요해지게 되면 비로소 인맥이 얼마나 소중한 것인가를 뼈저리게 깨닫게 된다.

　인간관계는 씨 뿌리며 경작하는 것이지, 사냥하거나 갈취하는 기술이 아니다. 많은 사람들이 인맥을 중시하면서도 소홀히 하는 것이 바로 공감과 교감의 태도이다. 누구를 아느냐가 더 중요한 것은 알지만 정작 내 사람으로 만드는 습관을 익히고 지속하는 것에 대해선 무지하거나 무심하다. 그렇기 때문에 인맥 관리는 기술이 아니라 습관이라고 할 수 있다. 그러므로 내 사람으로 만드는 인간관계는 반짝 효과를 발휘하는 일회성 기술이나 쇼가 아니라 지속성을 가지고 끊임없이 투자하고 유지해야 하는 습관이 중요하다.

> "젊었을 때는 돈을 빌려서라도 좋은 인맥을 만들어야 한다. 물은 어떤 그릇에 담기느냐에 따라 모양이 달라지지만 사람은 어떤 친구를 만나느냐에 따라 운명이 바뀐다."
> 　　　　　　　　　　　　　　　　　　　　　　　－ 히구치 히로타로(아사히 맥주 전 회장)

02 ㅣ 아줌마형 인맥 만들기

　요즘 유행하는 우스개 소리가 있다. 퇴직한 직장인에게 필요한 것이 다섯 가지가 있다고 한다. 첫째는 와이프, 둘째는 집사람, 셋째는 애들 엄마, 넷째는 여편네,

다섯째는 부인이라고 한다. 즉 필요한 다섯 가지 전부가 아내라는 것이다.

그런데 남편들에게 절대적으로 필요한 집사람들도 필요한 것이 다섯 가지가 있고 필요 없는 것이 한 가지가 있다고 한다. 첫째는 건강, 둘째는 돈, 셋째는 딸, 넷째는 찜질방, 다섯째는 노래방이라고 한다. 반면 부인들에게 필요 없는 한 가지는 남편이라고 한다. 웃어야 할지, 울어야 할지 잘 모르겠다. 그런데 중요한 것은 퇴직한 직장인은 집사람한테까지 환영받지 못하는 애물단지라는 것이다. 요즘 주부들은 애들 키우고, 살림하고, 직장까지 다니는 멀티플레이어로 살아간다. 자녀들이 성장해서 엄마의 도움이 필요하지 않으면 아줌마들은 많은 여유가 생긴다. 이 여유를 즐기려고 하는데 난데 없는 불청객이 생긴다. 바로 남편이다.

남자들은 직장 위주로 인맥을 형성하기에 정신없이 바쁘게 지내다가 퇴직하면 모든 인맥이 일시에 사라진다. 결국 믿을 건 가족뿐인데 그간 별로 대화를 안해봤으니 서먹할 뿐이다. 반면 집사람은 그동안 형성한 아줌마 네트워크가 있다. 그 아줌마들은 남자들과 달리 모든 사람들과 잘 어울린다. 아줌마들은 주변의 이야기나 소소한 주제 등 다양한 이야기를 시간 가는 줄 모르고 쏟아낸다. 아줌마들은 나이가 들수록 더 바빠진다. 이제 애들 다 키워내고 동네 아줌마들과 삶의 여유를 즐기려고 하는데 난데 없는 불청객, 원수 같은 남편이 나타나 같이 놀자고 발목을 잡는다.

남편들이여, 지금부터라도 실천하자! 아줌마들처럼 동네 아저씨 인맥을 만들어 보는 것이다. 남편들 화이팅!

03 ｜ 인맥 만들기 10계명

인맥 만들기는 사람들을 대하는 자신을 어떻게 연출할 것인가에 달려 있다고 해도 과언이 아니다. 어떤 마음 자세와 태도를 갖고 사람을 만나느냐에 따라 인맥 만들기의 성패가 달려 있다. 인맥을 만들 수 있는 10계명을 실천에 옮겨 보자!

제1계명: 변화 트렌드를 읽어라.

뜬금없는 소리 같지만, 인맥을 만드는 데는 무엇보다도 먼저 변화의 트렌드를 읽어야 한다. 즉 내가 갖고 있는 직업, 직장의 트렌드, 흐름을 읽어야 한다. 인맥의 목적은 상호간에 도움을 주고받을 수 있어야 하기 때문이다. 그런데 다른 직업, 다른 직종에 종사하면 서로 도움을 주고받을 수 있는 기회가 없다. 상대에 대해 호감을 갖고 있더라도 일의 연관성이 없다면 상대적으로 관심과 접촉이 덜할 수밖에 없다. 그러면 인맥을 만들기가 어렵다.

제2계명: 자주 만나라.

인맥을 만들고 싶으면 자주 만나야 한다. 만남의 종류는 말 그대로 만나는 것만이 아니다. 전화 만남, 메일 만남, 카톡 만남 등 여러 가지의 방법이 있다. 머리 만남, 발 만남, 손 만남을 열심히 실천하라. 실천하는 사람만이 인맥을 만들 수 있다.

제3계명: 말로 받으면 되로 주어라.

인맥 만들기는 Give & Take, 즉 주고 받는다는 정신에 입각해야 한다. 일방적으로 무엇인가를 얻어내려는 사고 방식은 인맥 만들기에 있어서는 금물이다. 받기 전에 주어라. 우리나라 사람 대다수는 남한테 하나를 받으면 갚으려고 하는 습성이 있다. 먼저 뺏으려 하거나 얻어가려면 잘 주지 않는 것이 우리나라 사람의 기질이다.

제4계명: 이익부터 따지지 마라.

사람과 사귀어 그 사람으로부터 이익을 얻고 싶다면 이익을 따지지 말고 어울려야 한다. 비지니스일수록 비즈니스를 떠나서 상대와 어울려야 한다. 사람들은 일을 받을 때는 아는 척하고 일이 없으면 거들떠보지 않는다. 당장 자신에게 이익이 되지 않는다고 모른 척한다면 일은 성사되지 않는다.

제5계명: 상대의 편이 되어라.

내가 먼저 도움을 받으려 하지 말고, 상대에게 먼저 도움을 주어라. 즉, 내 편을 만들지 말고, 먼저 상대방의 편이 되어야 한다. 네 편이 돼 주지 않으면 결코 내 편이 돼 주지 않는 것이 사람의 마음이다.

제6계명: 이미지 연출을 하라.

인간관계는 사람에 대한 호감에서부터 시작된다. 따라서 자기 자신을 먼저 매력적인 사람으로 가꾸어야 한다. 만남이 장기적인 관계로 발전하기 위해서는 항상 좋은 이미지, 좋은 인상을 줄 수 있도록 자신을 가꾸어야 한다. 만남의 시간과 장소에 따라 의상, 표정, 자세를 연출해야 한다.

제7계명: 투자를 아끼지 마라.

인맥의 정의는 정보와 편의를 주고받을 수 있는 사람들 간의 긴밀한 관계다. 자신이 정보와 편의를 갖고 있다면 상대에게 필요한 정보와 편의를 제공해야 한다. 사람은 받으면 꼭 보답하고자 하는 습성이 있다. 정보든 편의든 돈이든 간에 평소에 인맥에 대한 과감한 투자를 해야 한다.

제8계명: 즉효를 기대하지 마라.

인생은 단거리 경주가 아닌 장거리 경주 마라톤이다. 먼 장래를 보고 인맥 만들기를 해야 한다. 조급한 마음에 만나자마자 상대에게 도움을 요청하면 안 된다. 즉, 즉효를 기대하면 안 된다. 인맥은 상호 신뢰가 쌓여야 한다. 신뢰 관계를 형성하는 데는 오랜 시간을 투자해야 한다.

제9계명: 만남의 즐거움을 주어라.

어떤 사람은 만나면 즐겁고 유익한 대화를 통해 많은 것을 얻게 된다. 그런데 어떤 사람은 만나면 부정적이고 우울한 이야기만 해서 재미가 없고 부담만 되는 사람이 있다. 만나서 부담이 된다면 다음에 만날 때 기대보다는 부담만 가중될 것이다. 이런 관계는 장기적인 인맥으로 발전할 수 없다. 상대에게 편하고 즐겁고 유익함을 주기 위한 노력을 해야 한다. 필요하다면 몇 가지의 유머를 준비하는 것도 좋다.

제10계명: 공통의 공감대를 만들어라.

인맥은 무엇보다도 상대를 좋아하는 인간 감정을 바탕으로 맺어가야 한다. 서로에 대해 공감하지 못하면 인간관계가 가까워질 수 없다. 말이 통하고, 느낌이 통하고, 생각이 통하고, 마음이 통해야 한다. 그래야 그 감정이 상대방에게 전달되게 마련이고 좋은 인간관계로 발전하고 인맥으로 발전할 수 있다.

좋은 인맥을 만들고 싶으면 지금 당장 계획하라, 그리고 지금 전화하라! 지금 만나러 나서라! 반드시 좋은 인맥이 만들어질 것이다. 인맥을 만드는 것은 행운이 아니라 노력이다.

제 **4** 절 **휴먼네트워킹 성공 전략**

01 ㅣ 친구의 종류

중국 속담에 친구가 많으면 살길도 많다[다개붕우, 다조로(多個朋友, 多條路)]
는 말이 있다. 친구, 즉 인맥이란 경쟁이 치열한 사회에서 성공하는 데 중요한 자
산이 된다. 그럴수록 친구를 선택하는 데에도 세심한 안목이 필요하다. 목에 칼이
들어와도 우정이 변치 않을 친구가 있고, 아무 조건 없이 진심으로 대할 수 있는
친구가 있고, 큰일을 상의할 수 있는 친구가 있고, 술친구 하기에 좋은 친구가 있
고, 그저 웃고 즐기기 위해 만나는 친구가 있다. 따라서 어떤 친구인지를 볼 줄 아
는 안목, 즉 눈이 있어야 한다. 여기서 친구의 유형을 알아보자.

첫째는 꽃과 같은 친구다. 꽃이 피어서 예쁠 때는 그 아름다움에 찬사를 아끼
지 않는다. 그러나 꽃이 지고 나면 돌아보는 이 하나 없듯이, 자기 좋을 때만 찾아
오는 친구는 바로 꽃과 같은 친구이다.

둘째는 저울과 같은 친구다. 저울처럼 자신에게 이익이 있는지 없는지를 따져
이익이 큰 쪽으로만 움직이는 친구가 바로 저울과 같은 친구이다.

셋째는 산과 같은 친구다. 산이란 온갖 새와 짐승의 안식처이며 멀리 보거나
가까이 가거나 늘 그 자리에서 반겨준다. 그처럼 생각만 해도 편안하고 마음 든든
한 친구가 바로 산과 같은 친구이다.

넷째는 땅과 같은 친구다. 땅은 뭇 생명의 싹을 틔워주고 곡식을 길러 내며 누
구에게도 조건 없이 기쁜 마음으로 은혜를 베풀어 준다. 한결같은 마음으로 지지
해 주는 친구가 바로 땅과 같은 친구이다.

무엇보다 친구는 많은 게 중요한 것이 아니라 깊이가 중요하다. 위에 언급한 산
과 땅 같은 친구가 진정한 친구라고 할 수 있다.

02 ｜ 친구가 많아야 건강하게 오래 산다.

100세 시대는 과학의 진보가 가져다 준 선물이지만 사람에 따라서는 끔찍한 비극이 될 수 있다. 운 좋게 60세에 퇴직한다 해도 40년을 더 살아야 하는데 적당한 경제력과 건강이 받쳐주지 않으면 그 긴 세월이 신산(辛酸)의 고통이 될지도 모르기 때문이다. 그러나 돈과 건강을 가졌다고 마냥 행복한 것도 아니다. 부와 지위와 권력의 정점에 있던 사람들조차 스스로 몰락하는 일을 우리 주변에서 적지 않게 봐 왔기 때문이다.

지금은 우테크 시대다. 즉 재테크에 쏟는 시간과 노력의 몇 분의 일 만이라도 세상 끝까지 함께할 친구들을 만들고, 확장하고, 엮고, 관리하는 일에 정성을 쏟아야 한다는 것이다. 그렇다면 무엇을 어떻게 해야 할까? 당신이 먼저 연락하라. 우테크도 재테크처럼 시간과 노력을 들인 만큼 성공 확률이 높아진다. 우연히 마주친 친구와 언제 한번 만나자는 말로 돌아설 것이 아니라 그 자리에서 점심 약속을 잡아라. 아니면 그 다음 날 전화나 이메일로 먼저 연락하자.

사람이 나이를 먹을수록 반드시 지켜야 할 7가지가 있다고 한다.

첫째, Clean Up. 나이 들수록 집과 환경을 모두 깨끗이 해야 한다. 계획을 세워 주변 정리정돈을 하고, 필요 없는 물건은 과감히 치워야 한다.

둘째, Dress Up. 항상 용모를 단정히 하여 초라해지는 모습을 보여서는 안 된다.

셋째, Shut Up. 말하기보다는 듣기를 많이 해야 한다.

넷째, Show Up. 회의나 모임에 최대한 참석해야 한다. 동창회, 향우회 등 각종 직장 모임에 최대한 참석하며 때로는 새로운 사람들과 만나는 낯선 모임에 가입해 참여하는 것도 좋다.

다섯째, Cheer Up. 언제나 밝고 유쾌한 분위기를 유지해 주변의 환영을 받는 사람이 되어야 한다.

여섯째, Pay Up. 옛말에 지갑은 열수록, 입은 닫을수록 대접받는 사람이 된다는 말이 있는 것처럼 자기 몫에 대해서는 지불을 해야 한다.

일곱째, Give Up. 포기할 것은 미련을 두지 말고 포기해야 한다.

03 ㅣ 성공하는 휴먼네트워킹 전략

　인간관계를 유지하고 인맥 관리, 휴먼네트워크 관리를 한다는 것은 많은 노력을 필요로 한다. 특히 교류의 폭이 넓은 인간관계를 가진 사람들은 자신의 노력 중 상당 부분을 관계 유지를 위해 투자한다. 그런데 누구나 갖고 있는 시간과 노력이라는 자원의 절대량은 한정되어 있다. 따라서 각자의 필요에 따라 자신의 네트워크를 만들어야 하는데, 이를 개인의 네트워킹 전략이라고 한다.

　첫째, 개똥도 약에 쓰려면 없다는 전략을 구사하는 사람이다.

　이런 사람들은 모르는 사람이 없을 정도로 폭넓은 인간관계를 갖고 있다. 언제, 누가, 어디서, 어떻게 도움이 될지 모르기 때문에 다양한 사람과 두루두루 폭넓은 인간관계를 맺는다. 그리고 이런 사람들은 대개 처음 만나는 사람과도 쉽게 친해지고 친구가 된다.

　둘째, 구슬이 서말이어도 꿰어야 보배라는 전략을 구사하는 사람이다.

　아무리 많은 사람을 알아도 도움이 되지 않는다면 의미가 없다. 이런 사람들은 손에 꼽을 정도로 소수의 절친한 친구만을 사귄다. 자신이 활동하고 있는 집단이나 조직 내의 핵심인물 한두 명과 깊고 강한 관계를 갖고 있다.

　이러한 전략들은 개인의 타고난 특성, 개인마다 맺고 있는 사회적 관계의 특성, 개인의 목표와 동기가 무엇이냐에 따라 선택하게 된다. 개인은 자신의 목적을 달성하기 위해 한정된 자원과 시간을 사용하여 최선의 네트워크를 만들어야 한다.

세 가지 방문

미국의 카네기 공대 졸업생을 추적 조사한 결과 그들은 한결같이 성공하는 데 있어 전문적인 지식이나 기술은 15%밖에 영향을 주지 않았으며 85%가 인간관계 덕분이었다고 말했다. 그들은 특히 세 가지 방문에 능했는데 그것은 ▷입의 방문 ▷손의 방문 ▷발의 방문이었다.

첫째, 입의 방문은 전화나 말로써 사람을 부드럽게 하며 칭찬하는 것이다.
둘째, 손의 방문은 편지를 써서 사랑하는 진솔한 마음을 전달하는 것이다.
셋째, 발의 방문은 상대가 아프거나 어려움이 있을 때 찾아가는 것이다.

실제로 우리 주위에서 성공했다고 평가받는 사람들의 인간관계를 들여다보면 이러한 사실을 깨달을 수 있다. 성공하고 싶다면 먼저 내 주변의 사람들부터 살펴야 한다. 인간관계를 소중히 여길 줄 아는 사람이 진정 성공할 수 있고 큰일을 해낼 수 있다.

교육적 시사점

성공하고 싶다면 먼저 인간관계를 소중히 여길 줄 알아야 한다. 지금 당장 다른 이들을 위해 먼저 칭찬하는 입이 되고, 먼저 내미는 손이 되고, 먼저 찾아가는 발이 되자. 내 사람으로 만드는 인간관계는 반짝 효과를 발휘하는 일회성 기술이나 쇼가 아니라 지속성을 가지고 끊임없이 투자하고 유지해야 함을 기억해야 한다. 우테크도 재테크처럼 시간과 노력을 들인 만큼 성공 확률이 높아짐을 명심하고, 세상 끝까지 함께할 친구들을 만들고, 확장하고, 엮고, 관리하는 일에 정성을 쏟도록 하자.

1. 당신이 생각하는 진정한 친구란 어떤 사람인지 기술해 보세요.

_____

_____

_____

_____

2. 급난지붕(急難之朋)의 의미를 기술하고, 자신에게는 몇 명이 있는지 기술해 보세요.

_____

_____

_____

_____

3. 5R 중에서 중요한 사람에게 다시 연락하기(reconnect)에 대해 기술해 보세요.

_____

_____

_____

_____

4. 인맥의 정의에 대해 기술해 보세요.

_____

_____

_____

_____

5. 인맥 만들기 10계명 중 3개를 기술해 보세요.

_____

_____

_____

_____

나에게 중요한 인간관계

자신과 가장 중요한 인간관계를 맺고 있는 사람들을 순서대로 20명의 리스트를 만들어 보세요. 여기서 중요함이란 인간관계의 깊이와 친밀감을 뜻하는데 이것은 다시 말해 그들과의 관계가 인생에 어느 정도의 영향을 미치는지, 인생의 목표에 얼마나 도움을 받는지의 정도를 의미합니다. 그리고 100점을 만점으로 각각의 번호에 점수를 매겨 보세요.

이 름	점 수	이 름	점 수
1.		11.	
2.		12.	
3.		13.	
4.		14.	
5.		15.	
6.		16.	
7.		17.	
8.		18.	
9.		19.	
10		20.	

※ 80/20법칙에 따르면 20명 중에서 20%에 해당하는 1번부터 4번까지의 인간관계가 점수의 대부분을 차지할 것이다. 반면 나머지 80%를 차지하는 사람들과 보내는 시간은 전체 시간의 80%에도 못 미친다. 그러므로 양보다는 질을 중시해야 한다. 친밀한 관계를 만들려면 많은 자원을 투자해야 한다. 그러나 시간과 돈 그리고 노력이라는 자원은 한정돼 있기 때문에 '선택'이 필요하다.

탈무드 인맥 관리

1. 지금 힘없는 사람이라고 우습게 보지 마라. 힘없고 어려운 사람은 백번 도와줘라. 그러나 평판이 좋지 않은 사람은 경계하라.

2. 평소에 잘해라. 평소에 쌓아둔 공덕은 위기 때 빛을 발한다.

3. 내 밥값은 내가 내고 남의 밥값도 내가 내라. 남이 내주는 것을 당연하게 생각하지 마라.

4. 고마우면 고맙다고, 미안하면 미안하다고 큰소리로 말하라. 마음으로 고맙다고 생각하는 것은 인사가 아니다. 남이 내 마음속까지 읽지 못하기 때문이다.

5. 남을 도와줄 때는 화끈하게 도와줘라. 도와주는지 안 도와주는지 흐지부지하거나 조건을 달지 마라. 괜히 품만 팔고 욕만 먹는다.

6. 남의 험담을 하지 마라. 그럴 시간 있으면 팔굽혀펴기나 해라.

7. 직장 바깥 사람들도 골라서 많이 사귀어라. 직장 사람들과만 놀면 우물 안 개구리가 된다.

8. 회사 돈이라고 함부로 쓰지 마라. 사실은 모두가 다 보고 있다.

9. 가능한 옷을 잘 입어라. 외모는 생각보다 훨씬 중요하다.

10. 조의금을 많이 내라. 사람이 슬프면 조그만 일에도 예민해진다.

11. 수위 아저씨, 청소부 아줌마, 음식점 종업원에게 잘해라. 그렇지 않은 사람은 경계하라. 나중에 당신이 어려워지면 배신할 사람이다.

인간관계에 관한 명언들

• 타인과 사이가 좋지 못하거나, 그 사람이 당신과 있는 것을 싫어하거나, 당신이 옳은데도 그 사람이 동조하지 않으면 그 사람이 책망받을 것이 아니라 당신이 책망받아야 한다. 왜냐하면 당신이 그 사람에게 마음과 정성을 다하지 않았기 때문이다.
　　　　　　　　　　　　　　　　　　　　　　　　　　　　　　　　　　　　– 톨스토이

• 친구를 얻는 방법은 친구에게 부탁을 들어달라고 하는 것이 아니라 내가 부탁을 들어주는 것이다.
　　　　　　　　　　　　　　　　　　　　　　　　　　　　　　　　　　　　– 투키디데스

• 우리 모두는 인생의 격차를 줄여 주기 위해 있는 그 누군가가 있기에 힘든 시간을 이겨내곤 합니다.
　　　　　　　　　　　　　　　　　　　　　　　　　　　　　　　　　　　　– 오프라 윈프리

• 모든 것을 가졌다 해도 친구가 없다면 아무도 살기 원치 않을 것이다.
　　　　　　　　　　　　　　　　　　　　　　　　　　　　　　　　　　　　– 아리스토텔레스

참|고|문|헌

김경준, 『군주론』, 서울: 매경미디어센터, 2015.

김경준, 『지금 마흔이라면 군주론』, 서울: 위즈덤하우스, 2012.

김기남, 『인맥관리의 기술』, 서울: 선돌, 2008.

김승길, 『신세대 관상법』, 서울: 한마음사, 1994.

교보생명, 『대한민국 시니어리포트 2014』, 서울: 교보문고, 2014.

양광모, 『인간관계 맥을 짚어라』, 서울: 청년정신, 2007.

곽우가(김민호 역), 『성공하는 리더를 위한 삼국지』, 서울: 도서출판예문, 2001.

김원중, 『한비자의 관계술』, 서울: 위즈덤하우스, 2012.

렁청진(김태성 역), 『변경』, 서울: 더난, 2003.

백기락, 『소셜 네트워크로 10만 인맥 만들기』, 서울: 크레벤지식서비스, 2001.

송형석, 『위험한 관계학』, 서울: 청림출판, 2010.

신동주, 『후흑학』, 서울: 위즈덤하우스, 2011.

신동주, 『초한지 후흑학』, 서울: 을유문화사, 2014.

신영복, 『강의』, 경기: 돌베개, 2004.

릭 브린크먼·릭 커슈너(전상길·류한호 역), 『골치 아픈 사람 다루는 법』, 서울: 창현출판사, 1996.

이영미, 『남이 하면 스캔들 내가 하면 로맨스』, 서울: 도서출판 모아, 1993.

이주형, 『평생 갈 내 사람을 남겨라』, 서울: 비즈니스북스, 2011.

하지현, 『관계의 재구성』, 서울: 궁리출판, 2006.

홍광수, 『관계』, 경기: 아시아코치센터, 2007.

짐 워너·케일리 클렘프(권오열 역), 『골치 아픈 인간 길들이기』, 서울: 좋은책만들기, 2012.

마인춘·우쇠강(마길 역), 『삼국지 인생전략 오디세이』, 서울: 아리샘, 2008.

박내회, 『조직행동론』, 서울: 박영사, 2006.

주희진, 『평판의 힘』, 서울: 위즈덤하우스, 2009.

모리야 히로시(이찬도 역), 『중국 고전의 인간학』, 서울: 을지서적, 1991.

장개춘, 『지금 힘들다면 장자를 읽어라』, 서울: 레몬북스, 2016.

오종남, 『은퇴 후 30년을 준비하라』, 서울: 삼성경제연구소, 2010.

전기보, 『은퇴 후, 40년 어떻게 살 것인가』, 서울: 미래지식, 2013.

카네기(정성호 역), 『효과적인 대화와 인간관계』, 서울: 삼일서적, 1988.

최창환, 『남자 50, 다시 살며 사랑하며 배우며』, 서울: 끌리는 책, 2015.

한국생애설계협회, 『재무 설계 커리어 관리 및 계발』, 서울: 한국생애설계협회, 2015.

한국표준협회 NCS연구회·이기훈, 『자기개발능력』, 서울: 박문각, 2015.

한국표준협회, 『네트워크 관리』, 서울: 한국표준협회, 2015.

Sheldon S. Zalkind and Timothy W. Costello, Perception for Administration, in Kolb and Others eds

S.P. Robbins, 『Organizational Behavior』, Englewood, N.J.: Prentice-Hall, 1983.

저자 소개

한국표준협회 평생교육센터

한국표준협회는 대표적인 지식 서비스 전문 기관으로, 55년간 쌓아온 전문 역량과 노하우를 바탕으로 퇴직(예정)자에게 새로운 삶에 대한 기준과 구체적인 실행 전략을 제시함으로써 행복한 삶을 영위할 수 있도록 지원하고 있습니다. 또한 퇴직 후 사회봉사 및 일자리 등 경제 활동에 참여할 수 있는 역량을 갖춘 인재를 양성함으로써, 사회 안정과 국가 발전에 기여하고 있습니다.

이 밖에 청년층과 중장년층의 취업 및 창업을 위한 진로 설정과 직무 역량 개발을 지원하고 있으며, 이를 위한 교육 프로그램 개발 및 확산, 컨설팅 및 전문 도서 출판 등 전직 및 취업 서비스를 제공하고 있습니다.

<변화 관리> 저자 이만표

이만표 연구위원은 연세대학교 교육대학원에서 산업교육 전공 석사 학위, 인하대학교 교육대학원에서 교육사회학 전공 박사 학위를 취득하였습니다. 만 25년간 한국표준협회에 재직하면서 전 산업계를 대상으로 HRD 분야의 강의와 컨설팅을 수행하였습니다. 또 인하대학교 교육대학원 겸임 교수로 활동하였고, 연세대학교 교육대학원 등에서 HRD 및 평생교육 부문 관련 교과목을 강의하였습니다. 또한 정부에서 추진하는 국가품질상 및 전국품질분임조경진대회 심사위원, 중앙부처 공무원 교육훈련기관 평가위원, 지방자치단체혁신컨설팅단 팀장, 인적자원개발우수기관 인증제 심사위원 및 국가직무능력표준(NCS) 평생교육 분야 전문가 등에 참여하였습니다. 주요 저서 및 역서로는 『교육사회학』, 『성과중심 인적자본 투자전략』, 『글로벌 인적자원개발』, 『CEO가 기대하는 기업교육』 등이 있으며, 다수의 학술논문도 발표하였습니다. 현재는 한국인재경영컨설팅 대표 컨설턴트, 서울디지털평생교육원 개발연구 교수로서 HRD 및 평생교육 분야의 강의와 컨설팅을 수행하고 있습니다.

<경력 / 네트워크 관리> 저자 이기훈

이기훈 연구위원은 연세대학교 경영대학원(EMBA)에서 석사 학위를 취득하였으며, 현재는 한국표준협회 전문위원, 에스아이컨설팅 및 에스포럼의 대표로 재직하고 있습니다. 지난 25년간 약 500개 주요 기업(현대중공업, 현대자동차, 삼성전자, 삼성SDI, 삼성중공업, 대우조선해양, 두산중공업, 하이닉스, 롯데칠성, 현대백화점, 지방행정연수원, 지방공무원연수원, 교육청연수원 등)에서 다양한 업종, 다양한 계층을 대상으로 한 맞춤형 컨텐츠(변화 관리, 리더십, 인간관계, 커뮤니케이션, 협상 스킬, ITC(교수기법), 시간 관리, 셀프리더십, 자기 경영, 자기 개발 등)의 컨설팅과 강의를 수행하고 있으며, HRD·평생교육 및 은퇴 분야의 강의와 컨설팅을 수행하고 있습니다.